松井覺進

ゴルフ場廃残記

藤原書店

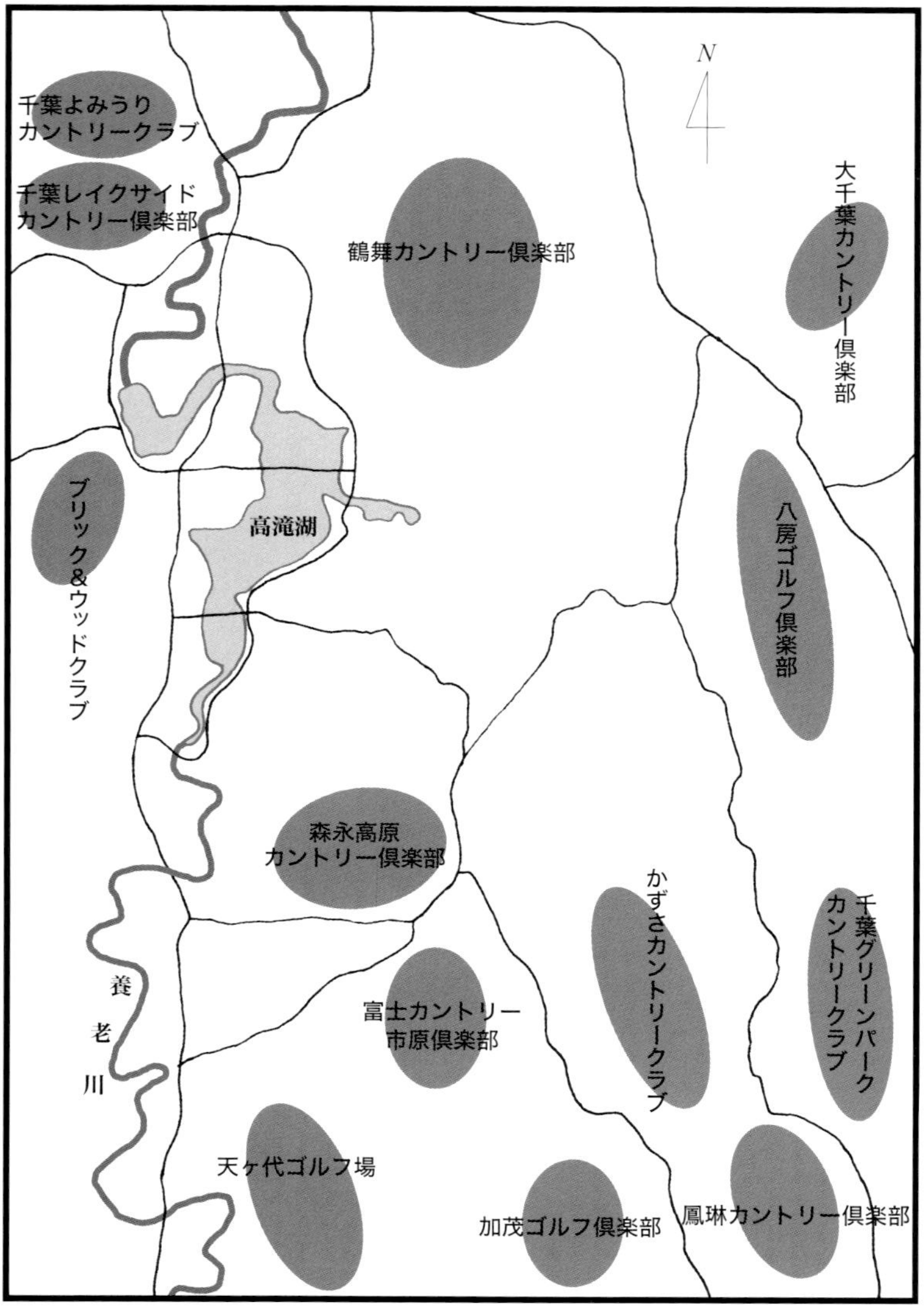

〔前頁の写真〕千葉県市原市の上空から見るとミミズがはったようなゴルフ場が密集している。養老川につくられた高滝湖は市原市民の水道水源である。
（国土地理院提供）

山口敏夫ファミリーが錬金術に利用したプリムローズカントリー倶楽部は工事中断のまま放置されて10年。自然の回復力はすさまじい。(埼玉県比企郡小川町)

「町にゴルフ場が一つもないのは恥ずかしい」として造ったジャパン・ビレッジ・ゴルフ倶楽部。しかし、プレーヤーはまばら。人影は草取りのおばさんだけだった。
(兵庫県篠山市今田町＝旧多紀郡今田町)

千葉県市原市の山地はゴルフ場銀座。ゴルフ場がつくったアクセス道路をつかって大量の産業廃棄物が不法投棄され、野焼きでダイオキシンが空中へ散布される。
（2001年4月27日、撮影＝片田勇氏）

工事中断のゴルフ場は産業廃棄物の捨て場になりやすい。鼻をつく異臭がただよう。
（千葉県君津市笹の君津エースカントリークラブ）

ゴルフ場廃残記／目　次

ゴルフ場廃残記

序章　屍累々

担保価値を超える過大投資

ゴルフ場はバブル崩壊後の日本の状況を象徴的に表現している。ゴルフ場は詐欺まがいの預託金制会員権を発行し、ゴルフ場と結託して提携ローンという形で会員たちに巨額の借金をさせた金融機関は、湯水のように日本銀行券をたれ流した。金融機関は、ゴルフ会員権に土地や施設の担保権がないのをいいことに、ゴルフ場側の融資要請に応じて土地や施設に根抵当権を設定し、担保価値を大幅に超える過大な投資が行った。[1] 現在、どうみても二、三億円しか価値のない山に金融機関が二百数十億円の根抵当権を設定したのは、埼玉県比企郡小川町の、有力政治家がかかわったゴルフ場造成地である。このゴルフ場は結局中断し、最高で四五〇〇万円のゴルフ会員権を購入した人たちは、プレーもできないという見返りゼロの紙くずをつかむ結果となってしまった。[2] 町の小川信用金庫はつぶれて今やない。

（1）バブル当時、余った金は不動産や株に流れた。「銀行が金を貸したがって困るくらいだ」と緑営グループのゴルフ場経営者がいっていた。ゴルフ場経営者は金融機関からの融資を受けたほか、預託金制会員権で金集めをした。一八ホールのゴルフ場を造るのに、日本では山を崩すので多額の工事費を必要とし、一〇〇億円とか一五〇億円かかる。多くのゴルフ場は、会員権の売却によって、それ以上の金を集め、費消した。

（2）あさひ銀行（埼玉銀行と協和銀行の合併行。現りそなホールディングス）をメーンバンクとする元労相・山口敏夫ファミリーの犯罪行為については、第六章で詳述する。また、二〇〇三年一月二十七日、東京地裁は、小川町のこのゴルフ場について「破綻を予見できた」として金融機関が出していた「ローン支払い」の請求を棄却するという画期的な判決を出した。この点についても第六章に譲る。

「一〇年後には償還します」という約束つきの預託金制度によって造成されたゴルフ場は、資金を出した会員との約束を反故にしつつある。世界に類をみない、日本で発明された大規模な詐欺的商法である。警察庁長官となる人物も部長時代にこれに引っ掛かり、「詐欺」という言葉を口にした。(3) それが平然とまかり通っていて、契約社会の法体系の乱れを助長している。

(3) 関口祐弘元警察庁長官が預託金制会員権に引っ掛った件については、第一章で紹介する。

「担保価値を超える過大な投資」と筆者は書いた。もともと日本のゴルフ場の立地が異常なのである。アメリカやイギリスは大半が自然の地形を利用している。ゴルフの聖地といわれるスコットランドのセント・アンドリュース然り、カリフォルニア州のペブル・ビーチ・リンクス然りだ。

筆者が日本のゴルフ場の立地が変だな、と気づいたのは一九八〇年代の新聞の大きな記事だった。(4) その記事は、日本のゴルフ場はほとんどが山岳ゴルフ場だというのだ。この「山岳」という表現が痛く心に響いた。そうか山を崩しているのか。ゴルフ場は山を愛する人の敵ではないか。実際に調べてみたら、ゴルフ場の大半は山岳の中腹や麓、丘陵地帯、里山を破壊して造られていた。

(4) 新聞の名まえは憶えていない。解説面のようなページだった。

そこから筆者のゴルフ場ウォッチが始まった。朝日新聞系の朝日放送は兵庫県に大きなゴルフ場をもっていて、二〇〇二年にもアメリカのタバコ会社の名を冠したフィリップ・モリス・チャンピオンシップを開催している。読売新聞系の「よみうりランド」（正力松太郎創設）は各地に「よみうりカントリークラブ」を展開しており、日本経済新聞は実業団の大きな大会を主催していた。ゴルフ場ウォッチは新聞社の中でほとんどやる記者がいなかった。

土地が急騰しているころは、ゴルフ場の地価も上昇しているかのようにみえ、問題は隠されていた。しかし、よく考えてみると、預託金償還は約束ではあるけれど、会員権自体は無担保債権なのである。土地が担保であるという保証はついていない。後になってその点を、左前になったゴルフ場経営者や買収に乗り出した外資系ファンドによって、会員が不利になるように利用されることになる。

二〇〇二年の会員権相場は、平均してピーク時の一二分の一である。三六〇〇万円の会員権が三〇〇万円になったと考えていい。三三〇〇万円の損失である。破綻のにおいがするゴルフ場のケースでは、三〇〇〇万円だった会員権が一〇〇万円でも買い手がつかない(5)。

(5) インターネットで会員権相場を調べると、一万円でも買い手がないゴルフ場がある。

こうした会員権相場の下落に拍車をかける奇妙な税制がある。仮りに三〇〇〇万円で購入した会員権を一〇〇万円で処分したとすると、確定した損失は二九〇〇万円である。この損失が考慮され、申告すれば相当額の法人税や所得税が還付されるという税制である。

ゴルフ会員権は、法人でも個人でも処分して損失を確定すれば、税が多額な人ほど還付額も大きく、実際の損失を軽減できる。だから、確定申告の時期や決算期が近づくと会員権の売りものがふえ、相場が下落するという現象が見られる。企業が持っている会員権が次々と処分され、比較的若い世代が安値で拾っているというのが最近の傾向だ。

税のあり方としては不公平な制度であり、税制度の退廃現象のように思われる。なぜ退廃かというと、半ば投資として購入したゴルフ会員権の所持者にも、判断を誤った自己責任があるはずだからだ。それを税制で救済するのは退廃そのものであり、それを認める大蔵省＝財務省のあり方にも疑問を持たざるをえない。

法人の場合でいえば、こうである。一九九〇年の春、ゴルフ会員権の相場がピークに達したころに会員権大手の桜ゴルフの佐川八重子社長は筆者にこう話した。

「待てば値下がりすることがわかっていても、高値の会員権が売れるのです。就任したばかりの社長が二年か三年の任期中に好きなコースの会員権でプレーがしたいと、社費で幾つか購入させるのです(6)」

(6) 自分のポケットマネーで購入しない。結局は会社に損害を与え、社員と株主に対する背信行為となった、と筆者はみる。

こういうことが一般に行われていた。NTTの真藤恒社長は、電話料金を払っている利用者から集めた金で、熊取谷《いすたに》稔(7)という人物が経営するゴルフ場の会員権を五〇口も購入しようとした。この人物に疑念をもった財界トップの示唆で別の業者が動き、熊取谷系の会員権購入は阻止されたが、五〇口は別ルートで購入されたという。この一件だけでも株式の公募価格に責任を持たず、それを大きく割って平然としているNTTの社風・内情が見える気がする(8)。政府が保有するNT

T株の売却収入は、第三セクターによるリゾート開発に無利子融資としても使われ、株主は高いNTT株をつかまされることによってゴルフ場開発に貢献しているともいえる。

（7）真藤恒はリクルート事件にからみ収賄で逮捕された。一九八八年六月に発覚したリクルート事件は、リクルート系列の不動産会社リクルートコスモスの未公開株を政治家などへばらまいた大スキャンダル事件で、宮沢蔵相、長谷川法相についで竹下首相も退陣に追い込まれた。熊取谷稔のコスモワールドグループは、カリフォルニア州のペブル・ビーチ・リンクスを買収、二年後に手離している。

（8）株式の公募価格割れもまた、その企業と主幹事証券の詐欺的行為である。なかには一度も公募価格に達しないで推移している公募株も相当ある。銀行などの株式評価損の一因でもあり、株主が追及しないのが不思議だ。

会社の社長がこの有様なら社員は右へならえで、社内は「ゴルフをしなければ人にあらず」という雰囲気になるだろう。一九九〇年前後の東京・銀座の喫茶店に昼どきに入ろうものなら、周囲はサラリーマンのゴルフ談義ばかりだった。

週末や休日の早朝の新幹線「こだま」の一カット。東京から静岡方面へ行く四人連れは会社の上司と部下である。若い部下はビールやつまみのサービスにつとめる。彼らの妻たちはゴルフ・ウイドウ（未亡人）だ。休日まで会社の上下関係に身を捧げる。四人は三島で降りた。

三島の富士山麓はゴルフ場開発がすすみ、樹林の伐採は目をおおいたくなるほどだった。農薬や化学肥料の散布による伏流水の汚染も気づかわれた。ふもとには国立遺伝学研究所もあって、小麦の研究で知られる木原均博士らが「富士山麓の生態系を破壊する」として詳細な報告書を出していた。そんなことは露知らない四人の会社人間の姿だった。

社費で自分が好むコースの会員権を買うというのは企業の私物化そのものである。消費者や株主に背を向けた企業の私物化は、消費者や株主の了解なしに特定政党に政治献金をつづけてきた土壌に芽生えた。(9) こうした風潮に拍車をかけたのがリゾート法（総合保養地域整備法、一九八七年制定）である。

（9）「企業の政治献金は制約しない方がいい」というのが堺屋太一元経企庁長官の意見だった。筆者は「株主は必ずしも献金先の政党を支持していないから、献金は個人に限るべきだ。個人は無制限でいい」という意見。拙著『人物十一景』（一九九九年、青木書店）を参照。

社業よりゴルフ三昧。株主蔑視の企業経営。今日の状況からすれば、こんな会社は破綻して当り前、ということになろう。いくつかの金融機関がそうであるように、株主からは見離され、日本経済のために早く退場してもらいたいと多くの人びとが念じている。

集団順応主義《コンセントレート・コンフォーミズム》の社員たち。筆者が経営者だったら、こんな社員はいらない。筆者の学生時代に、日立製作所に入社した先輩がいた。その先輩は、大会社に入社するということは企業の歯車になることだと自覚していた。彼は、「歯車でも大きな歯車になる」と言い切って、その場にいた教授をひどく感心させた。理想よりも現実感覚に根ざした発言だったからだ。ある日、『会社四季報』を見ていたら、彼は日立製作所の副社長の一人になっていて、「大きな歯車」を実現していた。

日本経済が右肩上がりで、富が富を生む循環が続いている間は歯車でよかったかもしれない。しかし、時代は変わった。二〇〇二年のノーベル化学賞を受けた三人のうちの一人、田中耕一は島津製作所の中では変人といわれていた。小泉純一郎を変人と命名したのは田中真紀子で、マスメディアのおかげで広く知られるようになった。田中耕一の場合は社内で自然に認知されていた変人なので、こちらの方が本物だと筆者は思う。(10) 変人というのは、集団順応主義ではなく、個人主義《インディビジュアリズム》に立脚しているということだ。必ずしも他に同調せず、研究によって自己実現をめざすということである。そういう個人主義者が、結果として世の中に大きく貢献し、世の中に貢献することによって製品の売上も伸び、所属する企業の価値を高めるのである。さらにおまけがある。大々的な報道によって、島津製作所は換算すれば巨額の広告費を節約したことになり、企業イメージが高まったので株価も上昇した。優秀な人材がその研究環境に目をつけて入社を希望するという副次効果を生んでいる。もし田中耕一がゴルフに興じ、彼の話題がゴルフばかりだったら、世の中を変えるような画期的研究が生まれるはずがない。個を喪失した集団順応主義の社員はいらない理由《わけ》である。トヨタ自動車の関連会社の経営者である筆者の友人が顔をしかめて話していたことがある。「定年退職したのに、会社の引けどきになると麻雀仲間をさがしにやってくる元社員がいる」と。会社にいるときから自己を失っているから、定年退職後に何をしていいかわからないのである。こういう社員が多数を占めているのが日本の企業の現状である。

(10) 副社長の名は熊谷一雄。教授は西洋政治史の松本馨。二〇〇二年十一月に、熊谷副社長に会ったら、「大きな歯車」の話は忘れていた。ノーベル化学賞発表の日、日本人からバイオ関係で受賞者が出るとあらかじめ情報が入り、日立製作所にも候補者がいたので熊谷はしばらく待機していた、と話していた。田中耕一の受賞は、日立の技術者にも大変勇気を与えたという。

以上のような筆者の考えを、作家の阿部牧郎が「ゴルフ嫌い」と題してうまく表現していた。

（一九八八年八月一五日付『日本経済新聞』）

「私にいわせると、ゴルフはあまりに俗臭ふんぷんである。あれをやる人の顔には、例外なく（得意気な）トクトクとした感じがつきまとう。戦前のゴルフは特権階級のたしなみだった。華族、財界巨頭、高級官僚など富と地位の権化みたいな階層が、芝生で球をころがして庶民との断絶感を楽しんだ。……それが戦後、とくに高度成長期に大衆化した。エライ人たちのまねをしたがる人が殖えたのである。個人では会員権を買えないから、企業（や銀行）の資金の世話になる。用具や服装はなんとかそろえる。実体のない、かたちだけの特権階級になる。エライ人の仲間に入ったような錯覚に酔うわけである」

「むかし私のつとめていた会社は、社長、専務がシングル級の腕前だった。追髄してゴルフにいそしむ管理職が多かった。課長に昇進すると、『さて、おれもそろそろ』という感じで用具を買う。練習場へ通いはじめる。自己愛にあふれた顔つきになっている。声高にゴルフ用語で話す。ウエアを着て、数人づれではしゃぎまくってゴルフ場へ向かう。どうも私はついていけなかった」

「スポーツとしても、ゴルフは三流だろう。球を打って走らないなんて、私のような野球好きからみるとダラクのきわみである。どこから見ても老人向きの運動でしかない。血気さかんな三十代、四十代がたまにあれをやって、体が元気づくわけがない。そのへんをゴルフ愛好者は意識していて、商売に役立つだの社交に有用だのと口実をつける。三流スポーツであるゆえんだろう」

「(自宅近くの運動公園の芝生やクローバーの上で)禁止の掲示を無視してパターだのアイアンだのをやっている。うしろめたいとみえて、こそこそ打っている。それでも草や土の削られることに変りはない。最悪な男は、子供をつれてきてコーチしている。なにを考えて生きているのだろう。練習場へいく金が惜しいなら、なぜゴルフなんかやるのか。こそこそ練習してもみじめなだけではないのか。そんな疑念さえ、その男たちは抱かなくなっている。球を打って『上流の下』『中流の上』あたりの気分を味わっている。日本のほとんどのゴルフ族の姿を、彼らは端的にあらわしている」

阿部は、日本の貧乏ゴルフの生態を的確にとらえている。私たちの周辺で見慣れた情景であり、こういう人たちが企業の中枢にいる限り、「陽はまた沈む」(11)とアメリカにいわれるのもやむをえない、と筆者は思う。

(11)「THE SUN ALSO SETS」。*TIME* 誌、二〇〇二年二月十八日号の特集の表題。ホームレスの写真をフロントページに掲げ、高値で買ったゴッホ、ピカソ、ルノアールの絵画の写真と購入価格を記し、その多くは再び欧米に流出していると書いている。「小泉純一郎首相は構造改革をいうけれど、信じる人は少ない」ともコメントしている。

大手の倒産相次ぐ

本論で事例を書くことになるけれど、ゴルフ場には暴力団の影がある。暴力団が介在しなければゴルフ場の用地買収がままならないケースが相当あるからだ。都道府県の許認可には政治家が動く。自治体の首長には買収の手が伸びる。巨額のカネが動くゴルフ場は政治汚染の源の一つである。

接待ゴルフで賞金という名目の賄賂を手にする役人もいる。田谷広明とか中島義雄とか、スキャンダルにまみれた大蔵官僚が接待されて軽井沢や箱根などのゴルフ場に出かけている。「役人の子はにぎにぎをよく覚え」というのは、江戸時代から今日まで続いている。「にぎにぎ」とは「賄賂」「まいない」「袖の下」のこと。英語でいえば「アンダー・テーブル」。こういうゴルフは、中央官庁の官僚や自治体の役人を無能にする。無能な公務員を税金で養うことはない、と筆者は考える。読者はどう判断しますか。

なぜ官僚や自治体の役人が無能なのかというと、「税金の取り方、使い方が政治である」という基本理念を忘れているからだ。[12] 私たちは、自分や家族の人生をまっとうするために働いているのであり、税金を払うために働いているのではない。したがって、税金は本来ゼロの方がいいし、安ければ安いほどいい。しかし、必要悪として私たちは払っている。アダム・スミスがいうように、必要な公共投資・治安（アダム・スミスは国防といった）・外交など公益に資するもの（公共財）は個人では実現不可能だから、政府や自治体に委託する。その経費として税金を払っている。

(12) 王侯・貴族という税の収奪階層がなかったスイスでは、コミュニティ内で個人ではできない事業の必要が起こったとき、長老たちが大きな木の下に集まって人びとから必要なだけの金を徴収することを決めたのが税金の始まり、といういい伝えがある。ほとんどの「百科事典」の「税」とか「税金」の項目には、この種の税のあるべき姿とか税哲学の発想がない。いわゆる「政治」記事とか政治評論家と称する人たちの言辞は、三国志流の権謀術だが、官々接待でゴルフ狂いをする官僚や役人たちを税金をもって養う義務はないはずだ。中央官僚を税金で接待した自治体の役人は、ポケットマネーで税金を返還すべきであろう。このようにして決まっていく税金の使い途は、もともと住民本位の発想がないから、無駄な公共事業となって、政治家やゼネコン、やがて天下る官僚の私益に奉仕し、公益をもたらさない。ダム建設がいい例で、ダムの出現は町や村を荒廃させる。福井県和泉村は九頭竜ダムができてから一三〇〇戸が三分の一の戸数に激減した。福島県只見町も田子倉ダムの出現で一三〇〇〇人の人口が半分以下になった。水没によるはじめはさほど目立たない人口減でも、人びとが土地を離れることによって商店がなり立たなくなる。商店がなくなると生活がきわめて不便となり、歯が抜けるように人びとは去っていく。豪雪地帯で暮らした人が実感するのは、暖房用の灯油が買えない恐怖である。我慢も限界で、そこを去るしかない。マイナス効果が次々と波及する。

ゴルフ場の立地は大都市周辺が多い。大都市周辺は交通の便がいいからベッドタウンとして発達する。そういう点はダムとはちがう。しかし、かなりの共通性もある。ゴルフ場の誘致は住民の住環境にとってマイナスだ。市原市や君津市など周辺がゴルフ場だらけの千葉県木更津市のケースは参考になるだろう。木更津市の市街地のさびれ方は一見の価値がある。駅前の再開発ビルに入居していた大手百貨店そごうは、店をたたんだ。スーパーのダイエーも撤退した。そのほか店を閉じた店舗がいくつか。東京湾を横断するアクアラインの玄関口として不動産業者が投資に動いた土地なので、さぞにぎわっているだろうと先入観をもっていた筆者には、ゴーストタウンとして映った。今、日本の賢い人びとは業者の思惑通りには動かない。木更津に住むくらいなら都心へ、と都心回帰が起こっている。アクアラインの経済効果を過大に胸算用して失敗したのだ。木更津市の基準地価は、三年連続で下落率が日本一である。(13)

(13) 木更津駅西口(海寄り)の中央一丁目四の三の地点でみると、東京湾アクアラインへの期待感とバブルで上昇した基準地価(毎年七月一日付)がピークに達したのは一九九三年で、平方メートル当たり一三五・〇万円。アクアラインは九七年に開通したものの、地価は、一九九九年三六・〇万円、二〇〇〇年二六・〇万円、二〇〇一年一八・八万円、二〇〇二年一三・六万円と下落はやまず、現在はピーク時の十分の一になっている。

ゴルファーはといえば、高速道路でやってきて、高速道路周辺のゴルフ場でプレーし、また高速道路で帰っていく。街には立寄らない。ゴルフ場がつくったアクセス道路は、残土や産業廃棄物のダンプカーの通路として利用されている。残土・産廃は工事中断のゴルフ場用地に棄てられ、悪臭を放っている。開業中のゴルフ場周辺の空地に不法投棄された残土・産廃は〝産廃富士〟を形づくり、それを見ながらプレーをしなければならないゴルフ場もある。数十万トンの産廃が野焼きされ、ダイオキシンを空中にまき散らしたこともあった。雨水は〝産廃富士〟をなめながら、あるいは産廃の山に浸透して下流に流れ下り、水田を汚染しているにちがいない。しかし、稲の汚染度が調べられたことはない。役所の商工観光課と観光協会とゴルフ場連絡協議会は一体化しているから、役所がゴルフ場に不利になるように動くはずがない。ここでも公益は侵害されているのに、私たちは彼ら役人に税金を払いつづけているお目出度さである。

自然の環境がいいとはいえないので、ゴルフの人気が落ちるのは必然である。地価の下落で人びとの資産価値も減る。ゴルフ場は資産デフレを促進するともいえる存在である。

民間の接待ゴルフは、接待先の企業から大きな仕事を取るべく、金を自由に使える特権を持った営業マンが、目ざす企業の課長クラスにねらいをつけ賞金を賭けるゴルフに招く。営業マンはわざと上手に負けて、賞金を配布するという仕掛けである。賞金に名を借りたにぎにぎである。ゴルフのために一営業マンが月に三〇〇万円使っても、二億円とか三億円の仕事がとれれば上出来という計算である。とてもスポーツとはいえないこうしたゴルフのツケは、製品やサービスの値段にハネ返ってきて、日本の高コスト体質の一因となっているにちがいない。

「ゴルファーといわれたい」と会社人間たちは思った。「かみさん」といわれた階層の女性たちが「おらも奥様と呼ばれたい」と中流意識をもつようになったのと同じように、上昇志向からせっせと休日も会社幹部に捧げることになる。そうした行動の集積が会社を衰弱させ、日本社会をダメにしていることに気がつかない。ゴルフが大衆化することによって、ゴルフ産業がハッスルし、ゴルフの産業化が進むことによってゴルフはいっそう大衆に浸透していった。

かつて「紳士のスポーツ」といわれたゴルフ。今日の紳士たちは何を考えてプレーをしているのかというと、東京・渋谷のある女性会員権業者がいうには、こうである。「会員権を持つ紳士たちには、必ず心配ごとが一つあります。会員権の価値が上昇するかどうかの一点です。ゴルフをしながら、こういう紳士たちの相談にのるのも仕事のうちなの」

筆者は、この話を一九九〇年に直接彼女から聞いた。紳士たちは会員権相場の暴落とともにいま元気がない。後述するように彼女自身が会員権を購入して多額の損失をこうむっている。

ステータスシンボルでもあったゴルフには、いまやその面影すらない。むしろ環境汚染をもたらし、地上げやカネのばらまきで地域社会を破壊したとして住民から嫌われる存在ともなっている。住民の反対運動によってゴルフ場開発が頓挫し、アセスメント調査の費用の何億円かを費消したものの、本業に戻って救われた別荘地開発業者が長野県諏訪郡富士見町にある。全国的にもそうした業者はいくつもあるだろう。時代の流れは変わったのである。いつまでも会社人間をひきずっているゴルファーには起業家精神は皆無だから、新しい時代には〝遅れた人間〟にならざるをえない。

個人としてゴルフ会員権を何口か、三億円とか一億円とか数千万円を投じて購入した人たちの多くは会社経営者や会社幹部、自営業者、医者などである。銀行のローンを組んでの購入であるから、バブルが崩壊して会員権の価格が一〇分の一以下になっても毎月ローンを返済しなければならない。ローン地獄にあえぐ人たちが企業の中枢にいるのだから、企業が衰弱・衰退するのは目に見えている。医者の乱診・乱療の原因も案外こんなところに潜んでいるかもしれない。ある会社幹部は「とても女房にはいえない話だ」と筆者に語った。製品偽装・データー隠し・税金横領をした一流の牛乳屋、肉屋、電気屋、貿易屋の退廃の背後には、案外こうした経営者や幹部の惨状があるのかもしれない。預託金のような詐欺まがいの商法は欧米にはない。そのかわり、パ

ゴルフ場業者の倒産の推移

（帝国データバンク情報部調べ）

年	件数	負債総額（単位・百万円）
1987	1	1,150
88	1	700
89	1	61,893
90	0	0
91	3	87,100
92	5	348,200
93	3	212,800
94	8	420,15
95	7	112,124
96	6	47,640
97	8	360,371
98	22	460,842
99	20	477,081
2000	26	1,601,170（初の1兆円台）
01	53	936,377
02	109	2,195,430（初の2兆円台）

ゴルフ場の負債総額については、東京商工リサーチも調べていて、東京商工リサーチの調査では、2000年に33件692,932百万円、2002年は108件2,769,435百万円と、帝国データバンクと大きく異なる。2000年の場合は西洋環境開発などを帝国データバンクは入れているため、2002年は地産などゴルフ場産業でない会社の倒産を入れていないためであり、このように調査機関によって負債総額のとり方に違いがある。

ブリック・コースが発達していたり、年会費が高額で一定のステータスを維持していたり、ゴルフのあり方がまったくちがう。自然もできるだけそのまま活用している。ゴルフが企業や国の退廃をもたらすようなことは少ないだろう。

ゴルフ場の過剰とプレーヤーの退廃でゴルフの人気は落ち、日本のゴルフ場は倒産ラッシュである。一九九一年以降二〇〇二年一二月までに二七〇件倒産している。とくに二〇〇二年は異常なほど大口倒産が相次ぎ、負債総額は帝国データバンク調べで二兆二〇〇〇億円、東京商工リサーチ調べで二兆七七〇〇億円に膨らんでいる（別表参照）。

二〇〇二年一月二八日、整理回収機構（RCC）は、大阪地裁にスポーツ振興に対する会社更生法の適用を申請した。木下俊雄社長の経営責任をきびしく問うたのである。スポーツ振興は数多くの金融機関から借入れをし、そのうちいくつかの金融機関が倒れたため、その債権がRCCに渡っていた。経営者がそのまま居残る民事再生法ではなく、経営者の退陣を求める会社更生法で

スポーツ振興が豪華なホテルとともに買収したカリフォルニアのゴルフ場。プカラニ・カントリー・クラブ。

なければ再建は無理と判断したのだ。スポーツ振興グループは国内三〇ヵ所、海外五ヵ所にゴルフ場を展開、そのほかホテル、スキー場、テニスコートも経営していた。「アメリカのカリフォルニア州やフロリダ州のリゾートの損失も大きかった」と、会社更生法の申立代理人にされた今中利昭弁護士は話している。

スポーツ振興側も二月一日付で会社更生法の適用を申請、木下社長は二月四日に辞任した。ゴルフ場の会員は六万五〇〇〇人。預託金は一二三〇億円にのぼる。グループ全体の負債総額は三六五〇億円であった。アメリカの投資ファンドであるゴールドマン・サックスが再建のスポンサーに決まっている。

スポーツ振興が盛んなころの資料が、筆

者の手元にある。木下は「関西大学工学部研究生修了」という変な学歴になっている。実際は高校卒で、大学の通信教育を受けたのである。社長・会長の肩書はグループ企業の三二を数え、日経連の常任理事、日本ゴルフ場事業協会理事などの肩書もある。後に、スポーツ振興が左前になっているのに、日本ゴルフ場事業協会は彼を理事長に選任している。スポーツ振興の取締役には木下の息子たちが三、四人連っている。海外でも、アメリカのフロリダ州とカリフォルニア州にゴルフ場付きリゾート施設を有し、ハワイにも三コースを保有していた。このほか、国内にスキー場二ヵ所、テニスコート三ヵ所、ホテルとロッジ六ヵ所、東京都内に貸ビル四ヵ所。いくら経営手腕があっても全てに目がとどかず、心身の疲労が重なり、まともな判断ができなくなるだろう。スタッフに有能な者がさほどいるとは思われないワンマン企業は危険をはらんでいる。

木下俊雄には『人生逆転の瞑想法』という著書があり、「大地のエネルギーを背骨に沿って吸い上げ頭上から天のエネルギーを受けた後……」などと書いてある。ゴルフ場でこんな呼吸法をやったら、農薬を吸い込んで中枢神経を侵されるのがオチだ。

七月一五日になると、日東興業が会員との間で決めた和議を反故にして、民事再生法の適用を東京地裁に申請、再倒産した。日東興業グループは、すでにほかの事業を切り捨て、ゴルフ場に特化していた。国内三〇ヵ所、海外は五ヵ所で、スポーツ振興と並ぶ最大手であった。会員は七万三〇〇〇人。負債総額は四二六九億円、このうち預託金債務は二六四一億円である。

民事再生法は経営者をそのまま存続させる。こちらも、ゴールドマン・サックスがすでに日東興業の全株式を取得して再建を図ろうと乗り出している。しかし、日東興業のゴルフ場の一つである千葉県の浜野ゴルフクラブの会員八〇〇人以上が会社更生法をめざして、清水直弁護士を中心に動きだした。経営責任を明確にするとともに、外資の手に渡ってしまっては会員の権利は保証できないという危機感からである。「民事再生法」対「会社更生法」の構図で、東京地裁がどう整合性のある判断をするか。ゴールドマン・サックスは民事再生法に反対する浜野の会員切り崩しにあの手この手を使ったようだ。しかし、浜野の会員の団結は維持され、二〇〇三年一月三十日、東京地裁は民事再生法の適用を否決、二月七日に会社更生法の手続き開始を決定した。浜野以外の二九ヵ所については、二月六日に会社が申請した民事再生法が認められた。

二〇〇二年八月二十六日、地産が会社更生法の適用を東京地裁に申請した。ゴルフ場は国内一四ヵ所、海外二ヵ所を有し、ホテルは二七ヵ所、さらに霊園も経営している。マンション分譲や不動産業も手掛けていたが、この事業は同社の関連企業に譲渡している。負債総額は三二〇〇億円だった。このうち四万一〇〇〇人のゴルフ場会員の預託金債務は二九〇億円である。金融債務があさひ銀行を筆頭に一七〇〇億円、保証債務一一〇〇億円、その他一一〇億円となっている。

竹井博友元会長が、地産の保証で株投機に走って、バブル崩壊で失敗した。その結果、地産は巨額の負債を抱え込み、相談役に退いた竹井も九一年六月に三三億円にものぼる脱税容疑で逮捕され、その後有罪が確定した。対外的な信用は失墜し、売上高も激減、毎期赤字決算を繰り返して自主再建を断念した。債務超過額は二〇八四億円に達している。竹井はかつて読売新聞の社会部記者だった。名古屋に中部読売新聞社（現・読売新聞中部支社）を創設、不動産会社社長と新聞社社長を兼ねていた。創業者の中沢勤が亡くなって求心力を失っていたエスティティ開発が十月十八日に民事再生法を申請して倒産した。東京地裁はすぐ財産保全命令を出した。名門といわれた千代田カントリークラブ（茨城県）をはじめ一一ヵ所のゴルフ場を経営していた。会員は一万四〇〇〇人だった。親会社エスティティコーポレーションへの債務保証も含め負債総額は四九二二億円だった。

大手だけでも二〇〇二年にはこれだけの破綻が相次いだ。橋本龍太郎首相とエリツィン大統領の日露首脳会談が開かれた川奈ホテルも川奈ゴルフクラブと共にコクドの手に落ちた。(14) リゾート法にかかわるゴルフ場も、宮崎県のシーガイアをはじめすでに破綻し、シーガイアは外資に安売りされた。屍累々というのがゴルフ場の現状である。

(14) 株式会社「川奈ホテル」は二〇〇二年五月に民事再生法の適用を申請して倒産した。負債総額は六七〇億円。旧大倉財閥系で、一九二八年にゴルフ場の大島コースをオープン。さらに富士コースが、イギリス人チャールズ・ヒュー・アリソンによって設計され、一九三六年に完成した。川奈ホテルもこの年にできる。日露首脳会談は九八年四月に開かれた。格式高い名門コースで、約五〇〇社の法人会員以外では、ホテル宿泊者に限りプレー可能としたものの、「大島コース」は宿泊者以外のビジター客も受け入れるなど方向転換、預託金返還猶予を繰り返したが、ついに自主再建を断念した。

『銀行法務21』誌（二〇〇二年十月増刊号）が「ゴルフ場の倒産・再生と金融機関」という特集をしている。その中の座談会で、服部弘志弁護士は「営業利益のレベルで黒字を出しているゴルフ場は、二四〇〇近いゴルフ場のうち一割あるかないかではないか。破綻している企業が、キャッシュフローがあるために何とかもっているというのが実態と考えています」と語っている。また、三和銀行から外資系の投資会社カーギルインベストメンツジャパンに移った田井雅巳は「収入面では、来場者数が減り、単価が下がることにより売上が減少し、経費節減も売上減少を賄うほどではない。その結果、収益は減少している。バランスシートの方は、過大な固定設備と預託金という過大な負債を抱えている」とし、「債権者としての銀行からみても、破綻先、実質破綻先、破綻懸念先に相当する会社（ゴルフ場）が大半であるという状況のようです」と指摘している。[15]

(15) 田井雅巳は、三和銀行で債権回収を担当、ゴルフ場経営企業には債権者の立場でかかわった。破綻先、実質破綻先、破綻懸念先というのは、債権の分類で、いずれも不良債権。それよりましな要注意先債権の中にも実態は不良債権がたくさん含まれていて、そごうもマイカルも要注意先だったのに倒産している。最上位の分類は正常先債権。要注意先債権まで含めた問題債権は日本全体で一五一兆円あり、筆者はその大半が不良債権だとみている。『レジャー白書二〇〇二』（財団法人・自由時間デザイン協会）によれば、レジャー市場が縮小傾向にあるなかで、ゴルフコースの落ち込みが目立つ。業界天気図によると、ここ数年ずっと「大雨」である。参加人口は、一九九三年に一四四〇万人だったのが、二〇〇一年には一三四〇万人に減り、年間平均費用も一八万四六〇〇円だったのが一六万五二〇〇円に落ちている。一八七ヵ所のゴルフ場を調べたところ、赤字が五四%、バランスしているのが三五・三%、黒字はわずか九・六%である。年間平均売上高は五億四八〇〇万円である。不振の最大の要因は過当競争である。

ゴルフ場のあり方として参考になるのは、スコットランドのセント・アンドリュースであり、埼玉・狭山市の東京ゴルフ倶楽部であるかもしれない。ゴルフ場は存続するであろう。しかし、相当数が淘汰されるであろう。破綻したゴルフ場をゴールドマン・サックスやローン・スターやドイツ銀行といった外資が手中にしつつある。再生して株式を上場しキャピタル・ゲインを得るか、切り売りして儲けるか、一獲千金の手法は成功するかどうか。こうした投資ファンドは投資家への利益還元を第一に考えていて、会員は二の次、三の次であることを念頭においておけば、判断を誤ることはない。日本には、①ゴルフ場は預託金によって建設されたため、預託金の九割以上のカットはゴルファーの支持を得にくい、②自然環境を破壊したゴルフ場は住民の支持を得にくい、③投資銀行は会員の権利を反故にするハゲタカファンドといわれている――という特殊な状況がある。だからといってゴルフ場をハゲ山（宇宙から見たら砂漠と同じ色）のまま放置しておくと、残土・産廃の捨て場になりかねない。ゴルフ場問題は、日本のかかえるジレンマである。

筆者は、先に述べたように、新聞の「山岳ゴルフ場」の記事を契機に、一九八八年からゴルフ場をウォッチしてきた。環境破壊だけでなく人間破壊をもたらしている今日の異常な状況をドキュメントとして報告する。

第1章　崩壊した預託金制度

日本人が発明した詐欺的商法

二三〇〇余のゴルフ場のうち一八〇〇ほどが預託金制度によってできたゴルフ場である。無一文でも、預託金でゴルフ場をつくり、オーナーになれるという異常がまかり通った。ゴルフ会員権の相場が上昇しているときは、表面に浮かび出てこなかった預託金制会員権の弱点が、一九九〇年春以降の下降トレンドのなかでクローズアップされてきた。日弁連の機関誌『自由と正義』の「ゴルフ場をめぐる諸問題」という特集（一九九〇年七月刊）のなかで、筆者はゴルフ場の過当競争を指摘し、香川県は「経営不振で荒廃ゴルフ場が出てくる恐れがある」として九〇年四月から新設申請を認めない全面凍結の方針を打ち出した、と書いた。

谷山鉄郎（三重大学生物資源学部）と井口克彦弁護士は、ゴルフ場の造成は住民の健康にマイナスであることを指摘している。その論理の行きつく結論は「人間社会の倫理にもとる」ということになる。二〇〇二年秋、千葉県と兵庫県のゴルフ場を回ってみて、クラブハウスの正面のポールに日の丸がはためいているのが目立った。さしたる理由もなく日の丸を掲げるのは、右翼や暴力団系政治結社の街頭宣伝車や、老人を欺して荒稼ぎした豊田商事の総会や、長野県でいえば田中康夫長野県知事の不信任案を出した県政会（自民党と羽田系民主党）の議員総会など、住民の意思を逆なでするような場面や場所で見られる現象である。実際、ゴルフ場にはベンツのような高級車が目立ち、闇の世界の親分がゴルフをしている間、子分たちがブラインドを降して中でバクチに興じているという光景もある。後述するように、ゴルフ場用地の地上げの際に暴力団を使う例がいくつもある。そういう観点にたてば、ゴルフ場に掲げられた日の丸は意味がある、ともいえる。(1)

(1)例えば指定暴力団の山口組系の政治結社に「現代塾」がある。全体を白く塗った街宣車には菊の紋章の中に「現」という字があしらわれ、その横に日の丸がデザインされている。暴力団と右翼の区別がない。

今中利昭、高山征治郎、服部弘志の三弁護士は、それぞれの立場から預託金制会員権の権利の脆弱《ぜいじゃく》さを指摘していた。会員権の投機性に疑問をもっていた今中は「ゴルフ会員権の売買価格も、株式の場合と同様に、天井を打って、下落を開始して来ていることは、筆者の立場からすれば、極めて歓迎すべき傾向といわなければならない」とさえ書いている。高山は「ゴルフ営利事業と会員との利益は本質的に相反している」と指摘していた。服部は、預託金制のゴルフクラブは「クラブもどき」で、欧米のクラブのような主体性をもっていないと書いていた。

よく状況を観察し、これらの論述を読んでいれば、少なくとも九〇年夏以降に預託金制会員権を購入しようという意欲はわかないはずである。ところが、九一年十一月をすぎて、捜査畑をずっと歩んできた警察庁刑事局保安部長(後に警察庁長官)がゴルフ場と提携している京葉銀行からの借入金で二八〇〇万円の預託金制会員権を買ったのである。このような経歴の人ですら、将来会員権は上昇すると考えていた。他は推して知るべしである。

日本人が発明した巧妙な詐欺的商法の預託金制度というのは、ゴルフ場の開発業者が無利息、無担保、無税で開発費を調達できる方法である。預託金は返還しなければならない金だから、いくら集めても所得にはならないのだ。しかし、返還期日がきて返還しなかったら、世間ではそれを詐欺というのである。集めた一〇〇億円単位の巨額な預託金が、他に流用されるケースもしばしばみられる。同じグループ企業の不振部門に回したり、新規事業の資金に当てたり、株やデリバティブの投機に失敗した穴埋めだったり、流用の形はさまざまある。

ゴルフ会員権の大半は、預託金制度を利用して発行されてきた。一般に会員権の購入価格は一割ほどの入会金と九割ほどの預託金からなっていて、預託金のことを入会保証金と称する所もある。会員証や預託金証書には期限付きで償還義務が明記されていて、期限は一〇年が多いが、五年という所もある。

償還義務が生ずるピークは二〇〇一年であった。二〇〇一年と、その前後三年の予想償還額を記してみよう。（ただ「返還猶予」という先送りが相当行われている。この数字はそれをふまえて見る必要がある。）

一九九八年　　四八六〇億円
一九九九年　一兆　六一三億円
二〇〇〇年　一兆二二六六億円
二〇〇一年　一兆四一三二億円
二〇〇二年　一兆　九七二億円
二〇〇三年　一兆　　　七億円

二〇〇四年　　六七八六億円
二〇〇五年　　六四〇四億円

今から一〇年余り前の一九九〇年前後に、いかに会員権が乱発されたか、この数字から歴然と読み取れる。蓄積された償還総額（預託金債務総額）は一〇兆八〇〇〇億円（二〇〇〇年の通産省「サービス産業実態調査」）になっている。近ごろでは、一兆円とか一〇兆円という数字が何のこだわりもなく安易に使われている。しかし、庶民感覚で一兆円という数字をとらえると、毎日一〇〇万円ずつ使っても約三〇〇〇年かかる巨大な額なのだ。それがその一〇倍蓄積され、ほとんどが全額は返還できない状況になっている。カットして返還するのだが、カット率は八〇%、九〇%、九五%、一〇〇%というのもある。工事中断で全額パーというゴルフ場も相当ある。

信用第一に考える株式市場に上場しているような会社が、ゴルフ場経営に手を出した場合は悲惨である。預託金返済不能となれば即信用に傷がつくので、無理しても償還に応じようとする。そして倒産するケースもある。

ゴルフ場経営会社は、預託金の負債のほか、ゴルフ場を担保にして銀行から借入れをしている場合が多く、日東興業・スポーツ振興・地産の三つの例を見ると、「預託金プラスその他の負債」は一ゴルフ場当たり一〇〇億円～一五〇億円となる。ゴルフ場開発に熱心だった佐藤工業、大日本土木、東海興業、村本建設などは破綻してしまった。株価が五〇円という額面を割っているゼネコンの飛島建設・熊谷組・ハザマなどは例外なく自前のゴルフ場を開発しており、あさひ銀行、日本長期信用銀行、日本債券銀行などはゴルフ場やリゾート開発に無謀な投資をしていた。金融機関の不良債権額のバカにできない部分がゴルフ場に起因している、と筆者はみている。金融債務は、預託金債務と同じくらいあるとすると、約一〇兆円。服部のいうように、営業利益のレベルで黒字なのは一割とすれば、九割は赤字かトントン。二三〇〇余りのゴルフ場のうち二〇〇〇ヵ所が赤字か赤字予備軍ということになる。「一〇兆円」というのは一ゴルフ場当たり平均して五〇億円の金融債務ということになり、倒産の事例からみて無理な数字ではない。しかし、スポーツ振興のように預託金債務が一二三〇億なのに対し、金融債務は二六〇〇億円と二倍強あるから、一〇兆円をかなりオーバーするかもしれない。

ゴルフ場の預託金債務が一〇兆八〇〇〇億円なのに対して、全国のゴルフ場の売上高は一兆四〇〇〇億円である。金融債務を加えた債務総額が二〇兆円とすると、売上を全部返済に回しても一六年かかる。収益が売上の二〇分の一（五％）あったとして七〇〇億円。債務の返済に三〇〇年かかることになる。初めから巨大な詐欺の構造を有していたといえる。

一九九七年二月、ゴルフ場経営最大手の日東興業が倒産、和議を申請したのは、預託金返還の資金繰りがつかなかったからだ。ゴルフ会員権の相場が上昇していれば、市場で有利に売却できるので問題は生じない。しかし、このとき、相場はピーク時の五分の一に下落していた。二〇〇二年十月時点では、ピーク時の一二分の一だから、事態はもっと深刻である。

日東興業の預託金債務は、約二六〇〇億円で、ほとんど変化はない。しかし、一九九七年明ら

全国ゴルフ場分布状況

『ゴルフマネジメント』誌基準(9H、2000Y、16.5ha)による集計。改造中で閉鎖中(破産等での暫定閉鎖も含む)も既設に算入。2001年閉鎖の揖斐高原CC(岐阜)、函館CC横津C(北海道)、柏GC(千葉)は削除済み。昭和の森G場(群馬)が規模適合し既設に算入。

都道府県名	2001年末既設数	建設中コース数	認可済未着工	2002年開場予定数	申請中計画数
北海道	178	11	9	2	23
青森	14	0	0	0	0
秋田	17	1	3	0	0
岩手	25	0	2	0	0
山形	19	0	0	0	1
宮城	41	0	1	0	4
福島	62	5	5	0	1
茨城	128	5	6	0	4
栃木	137	10	0	3	3
群馬	83	5	4	0	20
埼玉	83	5	0	1	0
千葉	153	21	10	3	3
東京	20	0	0	0	0
神奈川	51	0	0	0	0
新潟	45	1	0	0	17
長野	77	0	1	0	5
山梨	41	3	1	0	0
静岡	89	1	1	0	3
愛知	53	2	0	1	0
岐阜	88	4	0	0	7
富山	16	0	0	0	0
石川	25	3	2	0	4
福井	11	0	1	0	4
三重	79	5	0	0	8
滋賀	42	1	0	0	2
京都	33	2	1	0	1
奈良	34	0	3	0	1
和歌山	22	4	6	0	12
大阪	38	0	0	0	0
兵庫	157	7	5	0	3
岡山	55	2	0	0	11
広島	53	2	3	0	1
鳥取	14	0	0	0	1
島根	11	1	0	0	2
山口	37	1	2	0	1
香川	20	0	0	0	3
徳島	14	0	1	0	2
高知	11	0	2	0	3
愛媛	22	1	0	0	0
福岡	57	0	0	0	4
佐賀	21	1	0	0	3
長崎	26	2	2	0	3
大分	25	3	4	0	3
熊本	43	3	2	0	3
宮崎	29	1	1	0	0
鹿児島	32	7	3	0	2
沖縄	23	3	1	1	11
合　計	2354	123	82	11	179

かにされた他の金融債務などは約七〇〇億円だったのに、二〇〇二年七月の債権者説明会では一〇〇〇億円さらに増えていた。時が進むにつれて負債総額がふえるのは、この種の倒産劇の一般的傾向である。

日東興業は、この時点で、国の内外で三六ヵ所のゴルフ場を経営、尾崎将司、尾崎直道、樋口久子らが所属し、会員は七万三〇〇〇人いた。日東興業の破綻は、「会則通りに預託金の返還に応じたら経営が危ない」という危機感を他のゴルフ場経営者に植え付けた。大手会員権業者にいわせると、日東興業の破綻が会員権相場の下落に拍車をかけたという。会員権は投機性を失ったため、プレーより投機に関心のあった人びとはゴルフから離れていった。

警察庁長官も欺される

筆者は、別冊『環』③の「生活‐環境革命」(二〇〇一年十二月、藤原書店)で「ゴルフ場問題の現在」と題して執筆した際、筆者の知り合いの女性会員権業者の話を報告した。彼女は個人で営業している会員権業者で、バブルのころは毎年二月に女友だちが何人か集まって確定申告書をつくる。そのなかで最も羽振りがよかったのが彼女だ。しかし、近ごろは連絡も途絶えがちで、事務所も引っ越してしまった。彼女の話はこうである。

預託金の八〇%、九〇%カットというのは一般に広く行われています。会員権の預託金部分が一〇〇〇万円の人は二〇〇万円とか一〇〇万円しか償還してもらえず、あとはドブに捨てたという結果になっています。当然、裁判に訴える人が続出しています。しかし、会員権相場は暴落しており、個人で訴訟を起こしても訴訟費用に見合わずあきらめるケースも出ています。

私は、一九九〇年四月に着工した千葉県芝山町の東京財資ゴルフ倶楽部（事業主体も同名）の会員権を、京葉銀行にすすめられて二八〇〇万円（入会金二八〇万円＋預託金二五二〇万円）で買いました。資金は銀行からの借り入れです。ところが、親会社の「愛時資」が倒産、着工から二年後の一九九二年に工事は中断します。私は入会費と約一年分のローン合わせて六〇〇万円ほどをすでに銀行に払い込んでいました。解約を迫りましたが、銀行は応じるような返事をしながら、結局は応じません。

一方、ゴルフ場側の申請した和議が九七年五月に裁判所によって認可され、預託金は四分の一に減価されましたが、さらに一〇分の一程度に減らされる状況です。東京財資にかわって京葉銀行と昭和リース（あさひ銀行系）、千代田生命（その後倒産）などがシンジケートを組み、熊谷組による工事が九八年六月に再開され、二〇〇〇年九月に芝山ゴルフ倶楽部としてオープンしました。

私は銀行側のローン返済要求に対して損失の弁済を求めて裁判を争いましたが、弁護費用がかさむのであきらめ、結局、ゴルフを一度もすることなく六〇〇万円をドブに捨てました。

この本を書くにあたって、新聞・雑誌の古い切り抜きを調べていたら、『週刊文春』(一九九九年六月十日号)に、関口祐弘《ゆうこう》警察庁長官が彼女と同じゴルフ会員権を彼女と同じ方法で買っていたのを知った。そして、当然の結果として彼女と同じように損害を受けた。体面を気にして、彼女のようにローンの支払いは拒否せず、残金を銀行に一括支払っていた。

『週刊文春』は、東京都目黒区にある関口長官の豪邸(土地一三〇坪)と国家公務員給与との関係でも論じているが、自宅の部分は当面筆者の関心の外なので、ゴルフ会員権の部分についてだけ『週刊文春』の記事を筆者なりにまとめて紹介する。

都心から車で一時間、千葉県山武《さんぶ》郡芝山町にゴルフ場建設を計画中だった株式会社東京財資ゴルフクラブが一九九六年(平成八年)和議を東京地裁に申請して倒産する。その際、東京財資ゴルフ倶楽部は、ゴルフ会員権を購入していた債権者の名前を資料として提出した。七四〇人の住所、氏名、電話番号が記載された名簿のなかに《No.357・関口祐弘》というのがあった。『週刊文春』が取材した当時は、全国二三万人からなる警察組織のトップ「警察庁長官」であった。狙撃された國松孝次長官のあとを受けて就任していた。

一九九一年十一月に第一次会員募集で入会金二八〇万円、入会保証金(預託金)二五二〇万円、合わせて二八〇〇万円を投じて購入した関口祐弘は、当時、警察庁刑事局保安部長だった。

この会員権は、募集開始からわずか八ヵ月後の九二年六月に募集をやめてしまった。九二年夏になると東京財資ゴルフ倶楽部の資金繰りが悪化、造成工事の代金が支払えなくなり、工事は中断してしまう。

会員権を買った関口警察庁保安部長も、筆者の知人である女性会員権業者も、ローンを組んで二八〇〇万円を支払い、一年もたたないうちにゴルフ場完成のメドが立たなくなったとの通知を受けたのだ。

『週刊文春』には、当時の状況を示す以下のような幾人かの談話が記されている。

「二八〇〇万円の売出しでも、将来は五〇〇〇万〜八〇〇〇万円にもなると宣伝。預託金は即時返還してくれる。三越など大手企業が出資しているから絶対大丈夫だとのことでした」（会員権仲介業者）

「会員権の購入には、千葉にある京葉銀行の提携ローンが利用できた。これが無審査、無担保で貸してくれる。今から考えると旨《うま》すぎる話だった」（債権者の一人）

第一次募集の名簿にある七四〇人が二八〇〇万円ずつ支払ったとすると、二〇七億二〇〇〇万円となる。この巨額な入会金と預託金の総額はどこへ消えたのか。

「会員権募集とほぼ同じ時期に、東京財資ゴルフ倶楽部は、グループの親会社である愛時資に対して二八〇億円の融資をしていた。つまり、会員権募集で集めた我々のおカネは、ゴルフ場の造成工事ではなく、親会社に吸いとられていたんです」（前出の債権者）

まさに詐欺そのものではないかと筆者は思う。ローンの残金を支払ってしまった関口祐弘より、知人の女性の方が正当性があるようにみえる。

『週刊文春』の取材談話がつづく。

「愛時資は平成三年（九一年）九月期の売り上げ総利益が一三四億円だったのに、平成四年度は逆に三四〇〇万円の赤字に転落している。なぜ、わずか一年間でこんなに急速に悪化するのか、わけがわからない。債権者が調べても、伝票が紛失したといって詳細がわからない」（別の債権者）

カラクリの一端が推測できる事実がわかったのが九二年十一月だった。

「愛時資は、ある広域指定暴力団の関連企業から、適正価格の一〇倍もの値段で土地を買い上げ、届け出義務を怠ったため国土利用法違反で副社長ら二人が静岡県警に逮捕されたのです。不起訴でしたが、捜査サイドはこの土地取引で暴力団にカネが流れたと見ています」（大手新聞の社会部記者）

「愛時資の創設者は松井凡太氏。彼は（子会社である）東京財資ゴルフ倶楽部の代表取締役も務めていましたが、平和相互銀行事件で注目された小宮山英蔵[2]（平和相銀元頭取）の番頭役だった人物。愛時資はその後、東京佐川急便事件で名前の出た北祥産業とも不動産取引をしたり、土地ころがしでも噂の出た企業」（前出の社会部記者）

（2）北祥産業は、長野刑務所を出所した暴力団の稲川会会長・石井進が東京佐川急便の債務保証を得て八五年二月に設立した不動産会社。平和相互銀行事件は、創業者・小宮山英蔵の信頼厚く「伊坂天皇」といわれた同銀行の伊坂重昭監査役、稲井田隆社長ら四人が、八六年七月、特別背任容疑で逮捕された事件。同銀行系のゴルフ場会社・太平洋クラブ（現・三井住友系）が売却した神戸市郊外「屏風地区」の山林を担保に、売却先の大阪の不動産会社に約一一六億円（担保価値四一億円余）を不正融資していた。伊坂は元東京地検特捜部検事で、弁護士として石井進を助けた。

東京佐川急便事件は、九二年二月、元佐川急便社長・渡辺広康《ひろやす》、元常務・早乙女潤ら四人と北祥産業の庄司宗信社長が特別背任で逮捕された事件。渡辺の依頼で稲川会の石井会長は日本皇民党の「竹下登ほめ殺し」をやめさせた。竹下は右翼の皇民党の指示で謝罪のため田中角栄邸を訪れ、門前払いを食う。渡辺は、石井の北祥産業にゴルフ場開発などのからみで債務保証や融資を行った。渡辺から自民党副総裁の金丸信に九〇年二月、五億円がヤミで献金されたことも発覚した。（ここまでは共同通信社社会部著『野望の系譜　闇の支配者　腐った権力者』〔講談社＋α文庫〕参照）なお、金丸の金庫にあった金の延棒は北朝鮮から贈られたものである。

京葉銀行は、ローンの支払いをやめていた債権者に対し、ローン代金の未払い訴訟をつぎつぎに始めた。債権者の有志は「京葉銀行は東京財資ゴルフ倶楽部の経営実態を知る立場にありながら、我々に提携ローンを組ませた。東京財資ゴルフ倶楽部の片棒を担いだも同然である」と主張して「京葉銀行被害者の会」を発足させた。関口祐弘は、こうした動きに同調せず、おとなしくローンの残金を一括支払った。

『週刊文春』記者と関口祐弘警察庁長官の電話による一問一答。

――会員権購入の経緯は？

「知り合いの方から勧められてね。将来のために欲しいなあ、と思った。私は貧乏なもので、京葉銀行でローンを組んで買えるということも言われました」

――二八〇〇万円は、国家公務員の給料ではかなり高いのでは？

「私の場合は、自分の家もありますしね。若干なりの借金はあっても、ローンで返済可能だなと思ったんですよ」

――自宅もかなり立派ですね。率直に申し上げて高い買い物がどうしてできたのか？

「自宅新築の問題と（ゴルフ会員権）は関係ないでしょ。それは失礼だよ。私はオヤジから貰った土地に家を建てた。それは一等地かもしれないけれど可能でしょう。個人の事情をよく考えて下さい」

――会員権は給料のなかから、将来を見込んで買った？

「そうだよ」

――工事は中断され、その後、会員とゴルフ場との間でトラブルになったのをご存知ですか？

「うすうす知ってます」

――工事中断になって、長官にも通知が来たはずです。ほかの皆さんは立ち上がって戦う姿勢を見せているのに、なぜ、戦わないのでしょうか。戦ってほしいと思っている人もいるのでは？

「私のような立場になると、かえって（京葉銀行が起こした）訴訟の対象者にはなりにくい……。だから、そういう立場を取らなかったんです」

――捜査のベテランでありながら（関口は大阪府警捜査二課など捜査畑を歴任）、そういった会員権に引っ掛かったんですか？

「うんうん、まあ、そうねえ。詐欺商法というのを仮に言うとすればね、まあ、そこまでは行かないだろうけどね」

——やはり立ち上がるべきでは？

「それは、それぞれの考え方があって……。私の性格として、ローンの残額を全部払っちゃったんです」

——いつですか。いくらですか。

「一八〇〇万か二〇〇〇万か、そんな感じ」

——全部一度に？

「貯金をおろして。京葉銀行も支払いを延ばしてもいいというんだよね。だけど利息がつくわけなんだよ。女房にも頭下げたんですよ」

——一度に二〇〇〇万円とはおカネ持ちですね？

「払ったことは事実です」

——東京財資のグループ親会社の愛時資という企業を知っていますか。

「正直いって、ほとんど知りません。その後、調べようともしてませんし、調べてもいません」

——広域指定暴力団の関連会社との土地取引で、静岡県警に愛時資の人間が逮捕されています。

「それは知らんね。知らなかったのはおまえ情けないじゃないかといわれちゃえば、それまでだけど」

――〝知り合いの方〟とは沢井プロ（ダクション）の沢井（唯一）社長のことですね？

「沢井さんとか、まあ、その辺の、そうね」

――どういう風に紹介を？

「それは、いいゴルフ場があるからどうでしょうか、というんじゃないですか」

――かなり仲がいい？

「うーん、昔から。でも今は付き合いがないですけどね」

――一緒にクラブに行った？

「酒飲んだことはありましたね。だいぶ昔の話ですけど」

――会員権も沢井さんから譲渡されたのでは？

「そんなことは全くない。沢井がそんなことをいっているなら対決する」

関口が自宅の土地は「父親から貰った」と語っている点について、『週刊文春』記者が登記を調べると、前の所有者は全くの他人だった。その人の家人は「長官には土地を売った。私は親戚でも何でもない」と証言しているという。記者は、豪邸とゴルフ会員権をからめて、会員権の譲渡があったのではないか、それと便宜供与の関係を追及しようとしている。もし譲渡であれば、森喜朗首相と同じように贈与税を脱税していたことにもなり、ゴルフ会員権がらみで一国の治安の最高責任者が汚名をしょって辞任に追い込まれる。当の芝山ゴルフ倶楽部はオープンしたものの、間もなく民事再生法を申請して倒産、その後、富士カントリーグループ(3)の経営となっている。それにしても、捜査のトップに立つ人が、預託金制会員権の怪しさに気づかず、会員権相場が下降トレンドに入っている九一年十一月時点でなお将来上がると業者の口車にのったように見受けられるのは不思議である。日本全体が腐りかけてきた一つの象徴的な出来事なのかもしれない。

(3) 国内二五ヵ所、海外四ヵ所を展開するゴルフ場会社（名古屋に本社）。フジパン専務の舟橋彪《たけし》（現・富士カントリー会長）らが一九七一年に創業。千葉県の芝山ゴルフ倶楽部も、破産後の競売で落札した。母体のフジパン（名古屋市に本社）は「全く関係がない」と懸命に否定する。「預託金返還期限がくるので、火の粉が降りかかるのを怖れているから」という業界通の見方がある。

会員権＝チューリップ論

ゴルフ衰退の最大の原因は、乱発された会員権の暴落、相次ぐゴルフ場の倒産、詐欺的な預託金の償還拒否といったマネーゲームの終焉である。

「ゴルフ会員権」は、一六三〇年代にオランダ国民を熱狂《ユーフォーリア》の渦に巻き込んだ「チューリップの球根」と同じである。

この「ゴルフ会員権＝チューリップ球根」という見方について、学生時代にゴルフ部でゴルフを始めゴルフ歴四五年の元長銀マンと筆者の意見が一致した。そのことを彼が紹介してくれた大手ゴルフ会員権会社の白髪の専務に話したところ、専務はこういった。

「チューリップの球根とゴルフ会員権が同じだという人に初めて会いました。実は私も、口には出さないものの、ずっとそう思っていたんです」

チューリップは、チューリパという学名を持ち地中海東部より東に野生するユリ科の植物であった。一五六二年、トルコのコンスタンチノープルからベルギーのアントワープに着いたチューリップの球根は、非常に高く評価されるようになり、チューリップを所有し栽培することは大変な名声を得ることになった。ゴルフをすることがステータスを得ることだという幻想が生まれたように、チューリップも大衆の幻想をかき立てる対象になろうとしていた。

チューリップのうちでも特に凝った品種を所有し、展示することに関心が集中した。観賞ブームとなり、さらに美しさと稀少性による価格上昇が人びとの心を浮き立たせた。

このへんの心理は、今日でもランの栽培にみられるし、ひところ東京・日本橋の三越で一鉢五〇〇万円の万年青《おもと》（ユリ科）が売られたように万年青ブームというのがあったので、理解できないことはない。「万年青一鉢五〇〇万円」に驚いていたら、「そんなものじゃない。一〇〇〇万円のもあった」と、父親が万年青を栽培していた知人がいった。万年青狂は、それを植付ける鉢にも凝るから、経費は万年青の価格プラスαとなって、このあたりの感覚はオランダと違って日本的な凝り方である。

しかし、オランダのチューリップ狂は、ランや万年青とはスケールが全然ちがっていた。チューリップの価格上昇は際限がないようにみえ、われ先に投資しようとする機運がオランダ全体を呑み込んだ。

一六三四年から始まったチューリップ投機は、四年間つづくのだが、一六三六年にはさして価値があるとは思われない球根一個で「新しい馬車一台、葦毛の馬二頭、馬具一式」と交換できるほど高騰した。

投機はますます激しくなり、地下にあって人目にふれることのない球根一個が何回となく転売され、新しい人手に渡るたびに値段が高くなっていった。

ジョン・K・ガルブレイスは、一九九〇年に『財テク熱病《ユーフォリア》物語――暴落前の財テク・ノウハウ』（"A SHORT HISTORY OF FINANCIAL EUPHORIA : Financial Genius is Before the Fall"）を書き、投機の問題を歴史的に記述している。この本は翻訳され、九一年五月に『バブルの物語――暴落の前に天才がいる』（鈴木啓太郎訳、ダイヤモンド社）と題して出版された。この本を読んでいれば、日本のバブルの終焉とゴルフ会員権相場もその例外ではないことに気づいたかもしれない。

ガルブレイスは、一八四一年に出版されたチャールズ・マッケイの『常軌を逸した大衆的幻想と群衆の狂気』の一節を〝殊のほか忘れがたいもの〟として引用している。

■　チューリップの稀な品種に対する需要は一六三六年に非常に増大した。その結果、それを売るための常設の市場がアムステルダムの株式市場に設けられたほか、ロッテルダム、ハルレム、ライデン、アルクマール、ホールン、その他の町でも常設市場ができた。……すべてこの種のギャンブルの場合と同じく、はじめのうちは信頼感が最高の状態にあり、すべての人が儲けた。チューリップの仲買業者はその価格の上昇・下落について投機をし、下落した時に買って上昇した時に売ることによって大儲けをした。多くの個人が突然に金持ちになった。人々の前に金の餌が気をそそるように釣り下げられていたわけで、人々は蜜の壺に群がるハエのように次から次へとチューリップの市場へ殺到した。誰しもチューリップ熱は永久に続くだろうと思った。そして、世界中のあらゆる所から金持ちがオランダへ注文を出し、どんな言い値でも支払いをするだろうと考えた。ヨーロッパの富はゾイデル海の沿岸に集まり、恵まれたオランダの地域から貧困は追放されるだろうと思った。貴族、市民、農民、職人、水夫、従僕、女中、さらには煙突掃除夫や古着屋のおばさんまでがチューリップに手を出した。あらゆる階層の人々がその財産を現金に換え、それをこの花に投資した。土地・建物はとんでもない安値で売りに出され、あるいはまたチューリップ市場でなされた取引の支払いのために譲渡された。外国人も同じ熱に襲われ、あらゆる所からオランダへ金《かね》が流入した。日用必需品の価格は次第に上昇した。それに伴って、土地・建物、馬と馬車、そしてあらゆる種類のぜいたく品の価格も高くなった。こうして数ヵ月の間、オランダは富の神プルートスの控えの間であるかのように見えた。チューリップの取引が非常に広汎におこなわれ、取引のやり方も非常に手の込んだものとなったので、業者を指導するための法律を作る必要が認められるまでになった。……取引所のない小さな町では、大きな居酒屋が「名所」として選ばれ、そこでは貴賤を問わず各種の人がチューリップの取引をし、豪華な宴会を楽しみながら取引の確認をした。こうした夕食パーティには、二、三百人もの人が出席することもあった。そこでは、食事の間の満悦感を高めるために、満開のチューリップを入れた大きな花瓶が食卓と食器棚の上に等間隔で並べられていた。

「オランダ人の歴史を通じて、彼らがこれほど恵まれたように思われたことはなかった」とガルブレイスは書く。価格が上昇するごとに、さらに多くの人が投機に参入していった。買うために借金が行われ、小さな球根が巨額の貸付を保証する「てこ《レバレッジ》」になった。

ゴルフ場問題の核心の一つである会員権を考えるとき、マッケイの本の題名にある「大衆的幻想」とか「群衆の狂気」といった集団心理の側面がポイントである。

投機では、ババ抜きのババを抜く人たちが九〇%以上存在する。目ざとい人は儲けるだけ儲けて、サッと走り抜ける。こういう才覚のある人は全体の数%だ。

一九二九年十月のウォール街の株暴落に始まる世界大恐慌の際、ケネディ大統領の父親ジョセフ・P・ケネディは、暴落を予見した。二九年初頭、銀行家のポール・M・ウォーバーグは、株の無軌道な投機の果てに悲惨な崩壊がおとずれ、深刻な不況に突入すると話していた。けれども、他の銀行家や学者、投資家は彼をアザ笑い、攻撃した。「真理は少数から始まる」というのは真理である。ジョセフ・ケネディは、ウォーバーグの見通しを記憶していたのかもしれない。しかし、彼が危機感を抱いた直接のきっかけは、いつも靴を磨いてもらっている青年が、得意気に自分の株を買い、あれは上がる、これも上がると銘柄の講釈をするのを聞いたときだった。彼は全部の株を売り払う決断をし、儲けた金はフランクリン・ルーズベルトを大統領にするために使った。靴磨きの青年はウォール街から姿を消してしまった。

ゴルフ会員権も恐ろしいほどの勢いで大衆化していった。人びとは銀行にすすめられてローンを組み、金利を払ってでも手に入れようとした。金利を加えてもなお価格は上昇するとみていたからである。実際、縁故募集で七〇〇万円だったものが、最終募集で三〇〇〇万円、あるいはそれ以上となり、濡れ手にアワのマネーゲームが展開されていた。ブームに悪乗りした最たるゴルフ場が、常陸観光開発の茨城カントリークラブ（高萩市）である。一九八八年十一月から一八〇万円の低価格で五万二〇〇〇人の会員を募集した。一八ホールで一五〇〇人前後が適正といわれているのに、その三〇倍以上である。価格を安くして数でこなせ、というわけで、総計九三六億円を集めた。一体何に使ったのだろうか。茨城カントリークラブは、会員募集を始めてからわずか三年後の九一年十月に、まだ建設中なのに破産してしまった。

ゴルフ場関係の資料を調べていたら、筆者のところにも茨城カントリークラブ西横浜支店名（支店長・鈴木年男）のＤＭが届いていた。「オープン記念は一五〇〇万円募集を予定（高くなるから早く買った方が得という意味)」「最終人数は一八三〇名」と書いてある。筆者は二次募集の対象者で二八〇万円とあった。一八〇万円というのは一次募集の預託金の額のようである。したがって、五万二〇〇〇人という人数が動かないとすれば、募集した金額は一〇〇〇億円をゆうに超えることになる。

茨城カントリークラブのオーナーの水野健ケン・インターナショナル元社長(元近鉄のプロ野球選手)は詐欺罪と法人税法違反で摘発され、九九年一月、東京高裁で懲役一〇年、罰金七億円の判決を受けた。[4]

(4) 茨城CC事件は、悪徳商法の典型的な例としてノミネートされている。熊谷組が工事を請け負ったので信用して会員権を購入した人もいた。一九九四年に完成したものの、二〇〇三年になっても営業開始のメドが立っていない。メンテナンスは、芝の刈り込み、肥料散布、病気対策の農薬散布などで月に六〇〇万円から一〇〇〇万円かかる。一九九〇年の衆院選挙の際、茨城CCのオーナー水野健から三〇〇〇万円を陣中見舞として受け取った政治家もいた。

チューリップの球根を珍しい花を咲かせるためではなく、買った値段より高く売れるという希望的観測にとらわれて売買したのと同じ状況がゴルフ会員権にも起こったのである。元長銀マンの言葉を借りれば、「会員権は、一〇〇〇万円で買ったのを一一〇〇万円で買うバカがいる。次はそれを一二〇〇万円で買うバカが出てくる……」というネズミ講モードで膨張していったのである。

チューリップ投機は、一六三七年になって少数の賢明な人や神経質な人が手を引き始めた。それを知った大多数の人たちが売りに殺到してパニックになった。価格は断崖を滑り落ちるように暴落。多くの人が資産を担保に借金をしていたため、突然一文なしになったり、破産したりした。

「裕福な商人が乞食同然となり、多くの貴族の家産が回復不能の破滅に陥った」とマッケイは書いている。

崩壊直後の時期には、恨みつらみ、非難の応酬、他人に罪をかぶせる、という風潮がつのった。投機が崩壊するときにみられる一般的な現象であり、今日のゴルフ場問題でも例外ではない。根本原因は「大衆の狂気」であるのに、そのことを人びとは論じたがらなかった。ゴルフ場問題は今日の日本の経済状況の一断面であるが、経済状況の根本原因を究明しないために常に政策や対策が上滑りしているように筆者には映る。

とてつもなく膨張した価格でチューリップの球根を買う契約をしていた人たちの契約不履行が大量に発生した。とてつもなく高額な預託金を返還する契約をしていたゴルフ場業者の契約不履行が大量に発生した。

悲しいかな、チューリップの価格を暴落前の水準に戻すことが唯一の救済策なのだが、これは明らかに実現不可能であった。悲しいかな、ゴルフ会員権の価格を暴落前の水準に戻すことが唯一の救済策なのだが、これは明らかに実現不可能であった。

オランダ国民の貧困化がすすみ、国民の購売力が激減したため、国全体が長期間不況に見舞われることになった。

このチューリップ物語はまるで日本のことのような錯覚にとらわれる。しかし、一つだけオランダは日本とちがっていた。チューリップ投機は「オランダはチューリップの国」という世界的名声（国益）を残したのである。日本のゴルフ場は、日本に何を残してくれるのだろうか。

触手を伸ばす欧米のファンド

死に体の日本のゴルフ場を生き返らせ、高値で売る「破綻ビジネス」で大儲けしようと、欧米のファンドが触手を伸ばしている。外資系のファンドで日本のゴルフ場に最初に目をつけたのは、アメリカのローン・スターで、アメリカで不良債権を買い取って急成長していた。ローン・スターは、二〇〇〇年十月、伊藤忠商事関連のパブリックコース、兵庫県のフォレスト三木ゴルフ倶楽部（一八ホール）の経営会社を約三〇億円で傘下におさめた。

前述のゴールドマン・サックスは、二〇〇三年一月末現在、日東興業の二九ヵ所のほか、スポーツ振興の三〇ヵ所、シャロンという焼肉レストラン所有の一ヵ所、合計六〇ヵ所を手中にし、比較的少ない資本投下で短期間に日本最大のゴルフ場業者にのし上がった。前にも書いたように、別名〝ハゲタカファンド〟と呼ばれるように、ゴールドマン・サックスは会員権をもっている六〇ヵ所の十数万人の会員たちのことを考えて破綻ビジネスをしているわけではない。その使命は、なによりも巨額の投資資金を出してくれた投資家たちに二〇％とか三〇％の高額配当をすることである。この低金利時代にそんな高額の配当が可能なのか、と疑問を持つ読者もいるだろう。しかし、株の相場が低迷するなか株式の運用を主としてメリルリンチ系の投資信託は元本に対して一八％プラスの成績を残したことがあるのをみれば、ゾンビと化したゴルフ場を再生させて二〇％とか三〇％の利益をあげるのは、あながち不可能なことではない。金融債務やその他の債務を値切るだけ値切って担保権をはずさせ、もともと担保付きでない会員権の預託金は九五％〜一〇〇％カットすれば、格安のゴルフ場を獲得できる。それなりのグレードがあるゴルフ場なら、一ヵ所二〇億円〜二五億円で買い手があるから、どうころんでも損はしない計算はしているであろう。ファンドの投資回収期間は三年〜五年というのが普通だ。ゴールドマン・サックスの担当者も「五年」といっており、その間に上場してキャピタル・ゲインを得るか、切り売りして儲けるか、いずれにせよ資金を出してくれた金持ちたちに高配当を保証するような方法を実行するはずである。しかし、二〇〇三年になって黒字経営の浜野ゴルフクラブの会員が民事再生法を否決、会社更生法が認められ独立して再建されることになったため、その影響がどう出てくるか、目がはなせない。

新興のローン・スター・ファンドは、規模のうえでは二番手である。ローン・スターは一九九一年にアメリカのテキサス州ダラスで創設され、世界各国で不動産、金融商品、有価証券などに投資、州政府や企業の年金基金、大学の財団など多くの機関投資家に利益をもたらすべく活動している。ローン・スター・ジャパン会長の寺澤芳男は、元野村証券副社長、元経済企画庁長官であり、一にも二にもアメリカやヨーロッパの投資家のために、働いている。日本は、ハゲタカの絶好のエサ場である、というわけだ。そうしたゴルフ場のクラブハウスの前に日の丸を掲げてあるとすれば、なんともチグハグな風景ということになる。

ローン・スターはすでに、六九〇〇億円の債務超過に陥った東京相和銀行（五六店舗）を買収、二〇〇一年六月から東京スター銀行としてスタートさせている。銀行買収と平行して、ゴルフ場の買収もすすめた。東京三菱銀行系の富貴GC（埼玉県）、大都工業系の桂ヶ丘GC（茨城県）、日産グループの赤坂レイクサイドCC（岡山県）……さらに、秦野CC（神奈川県）、大日向CC（栃木県）、二〇〇三年になってからは地産のゴルフ場も手中にする予定で、獲得をめざすゴルフ場は約三〇ヵ所となっている。また倒産したエスティティ開発の一一ヵ所にも触手を伸ばしているが、ここはゴールドマン・サックスもねらっている。

日本で最大の証券会社である野村証券系の幹部がどんな知性と経営能力の持主であったか。上条俊昭野村投資顧問社長の「人間の牧場づくり」と題する以下の文章はバブル最盛期の政治家や経済人やエコノミストの空気を伝えている典型である。

最近、兜町や北浜でレジャー・リゾート関連株が人気をはくしている。週休二日制の普及とあいまって、日本人の余暇重視意識も急速に高まってきたようである。

余暇開発センターの『レジャー白書'88』によると、余暇こそ生きがいという者から仕事と余暇はともに大切という層までいれると、日本人の大半（約五五％）がこのグループに入るという。年代別には若い世代ほど余暇重視の考え方が強い。したがって時代が進めばこの傾向が一層はっきりしてくるだろう。

大部分の日本人が余暇生活の充実に、時間とお金を使うようになれば、余暇市場が拡大し、関連産業が発展する道理である。前述のレジャー白書の中にも、いくつかの有望余暇関連産業の示唆がある。その中で最も有望なのがゴルフ場経営の見通しである。

ゴルフはすでに国民スポーツとなり、需要が拡大しているにもかかわらず、供給が極端におさえられている。こういう状況下では事業採算がよくなるのは当然であろう。

あるゴルフ専門家の話では人口比でアメリカなみにもっていくには、現在の三倍の数が必要だという。三倍はともかく、せめて二倍にしてほしいと述べていた。実数でいえば、ざっと二千五百ヵ所、二十五万ヘクタールの広さである。

一見不可能に近い数字に思えるが、ゴルフ場を準農地とみなして、農業団体に経営をゆるせば、実現可能だと考える。有事の際に農地転用を条件にしておけばよい。計算上では準農地転用分だけ休耕地を減らせるし、直接、間接に農家収入の増加が期待できる。

ロンドンやパリのような大都会でも、都心から三十分も車を走らせれば、大きな草原や牧場がみえてくる。草原で牛や馬が草をはみ、老若男女が球を追いかけている。

日本のような過密社会では、大都市の周辺に牛馬のための草原は無理かもしれない。しかし、人間専用の牧場（ゴルフ場やスポーツ広場）はつくりだせるように思う。

（一九八八年六月二十一日付『日本経済新聞』夕刊、コラム「あすへの話題」）

「野村証券グループのエライ人がいうのだから間違いなくその通りだろう」。

このような煽りに乗って、ゴルフ場の開発計画をつくり、推進した業者も多かったはずだ。完成するまでに数年を要するから、ゴルフ場が完成する前に、バブルは崩壊してしまった。この文章にはいくつかの矛盾があり、矛盾が潜む事業は失敗する確率が極めて高いから、この種の煽りに乗った業者も大半は失敗したはずである。

「矛盾」の発見は、けっこう面白い謎解きゲームだ。「レジャー白書の中にある余暇関連産業の中で最も有望なのがゴルフ場経営だ」といっている。しかし、この一文は、すでに各地でゴルフ場反対運動が起こり、農薬汚染でゴルフ場の下流の水だけでなく、ゴルファーやキャディー自身も汚染されているという警告を無視している。ゴルフ場の周辺を歩いただけで筆者は農薬の臭気を感じたことがあり、この社長はそうした感覚がマヒしているのである。「ゴルフは国民スポーツ」であろうか。動植物を無為に殺し、環境汚染に目を向けない国民は、世界有数の残酷な国民ということになる。大半のゴルファーは会員権相場のことを考えながらプレーしており、実態は金儲けのためのスポーツであった。それから一四年を経た『レジャー白書二〇〇二』は、ゴルフはスポーツとして費用がかかりすぎ、人気が凋落、ゴルフ経営も振るわない数字がずらりと並んでいる。

また、上条社長は「人口比でアメリカなみ、現在の三倍の数のゴルフ場が必要」という専門家の意見を鵜呑みにして紹介している。「面積比」にまでは頭脳が働かない。また、日本の森林面積が六七％で、森林を伐採しなければゴルフ場ができないのが現実である。森林浴などはレジャーではないと考えているようだ。「せめて現在の二倍の二千五百ヵ所、二五万ヘクタールの広さにしてほしい」という専門家の意見を肯定している。二五万ヘクタールは、どのくらいの広さなのか、わかっているのか。二五万ヘクタールというのは、埼玉県境の雲取山から千葉県境の江戸川までを含む東京都の全域をゆうに超す広大な面積である。いまゴルフ場は二三五〇ヵ所ほどで、それでも供給過剰でアップアップだ。野村投資顧問社長は見通しを誤ったことになる。

「ゴルフ場を準農地とみなして、農業団体に経営をゆるす。有事の際に農地転用を条件に」というのは、ゴルフはするけれどゴルフ場の構造についてはまったく無知であることを暴露している。ゴルフ場の地面の構造は、細砂や粗い砂、排水施設や土壌改良資材で農地には適さないように変えられている。現在、造園プランナーたちが、ゴルフ場が廃墟になることを見越して植樹を考えているが、すぐには手をつけられない地面の構造になっているのだ。

「ゴルフ場は人間専用の牧場」だという。これは見方を変えれば至言である。山梨県小淵沢町の八ヶ岳南麓には、肉牛の放牧場があり、黒い牛たちが群れている。すぐ近くに小淵沢カントリー倶楽部があって、ゴルファーが球を打っている。どれも有刺鉄線で囲ってある。編笠山の中腹から俯瞰する風景は、牧場もゴルフ場も酷似している。人間は自然を自由に歩き回っているのではない。囲い込まれた牛と同じにみえる。

セゾングループの西洋環境開発は、本来、建売住宅とマンションの分譲が本業である。しかし、野村投資顧問社長がいうように余暇産業に色気を出し、全国的にリゾート事業を展開する計画を立てた。すでに株価が頂点を打ち（一九八九年末）、ゴルフ会員権も天井をつけた（一九九〇年三月）あとの一九九一年に、たけべの森ゴルフ倶楽部（岡山県建部町）、若木ゴルフ倶楽部（佐賀県）、嵐山ゴルフ倶楽部（沖縄県）を次々とオープンさせたのである。このとき、一九九〇年九月の段階で西洋環境開発は、財務諸表に表われたかぎりですでに二二五〇億円の借入金を抱えていた。短期借入金、一年以内返済長期借入金、長期借入金の合計であるが、未払金、長期未払金、買掛金の合計は一〇〇〇億円もあり、売上高七八〇億円、経常利益一四億円では墜落寸前の低空飛行にみえた。

しかし、メーンバンクである第一勧業銀行（現・みずほホールディングス）の宮崎邦次頭取は「西洋環境開発は利益を上げているし、問題はない」と断言していた。第一勧業銀行は、宮崎県のシーガイアでもメーンバンクとして巨額の融資を実行して焦げ付かせたし、銀行検査をごまかしてもらうためにノーパンシャブシャブの大蔵省検査官を接待づけにしたことでも知られる。会長を経て相談役になっていた宮崎は、総会屋・小池隆一に利益供与をした件で九七年六月に東京地検特捜部の事情聴取を受け、自宅に帰ったのち首吊り自殺をしてしまった。悪の解明に力を貸すよりも、事件の鍵を墓場まで運んでしまった会社人間の典型であった。

セゾングループのように、百貨店やスーパーを擁し、顧客の信用を得なければ成り立たない企業体にとって、預託金の返還要求は悩ましい問題である。上記三つのゴルフ場と桂ゴルフ倶楽部（北海道）、美浦ゴルフ倶楽部（茨城県）の計五ヵ所は関連会社のゴルフ西洋の経営となっており、ゴルフ西洋は後にプレミアゴルフに商号を変更した。

このプレミアゴルフが所有する五ヵ所のゴルフ場は、ドイツ銀行が取得してしまう。セゾン側にいわせれば、連結経営の観点からお荷物となったので手離したのだ。ゴルフ場経営は本業の性質上、本業のイメージダウンを招くという判断もあった、と筆者は見ている。水の汚染源であるゴルフ場を経営している菓子会社やハミガキ会社があるが、本業のイメージダウンにならないのだろうか。味の素(5)のような賢明な企業は、深手を負わないうちに撤退、本業での業績を伸ばしている。経営資源、つまり人材や資金を本業でないゴルフ場に投入するのは最悪の選択であろう。

(5) 味の素は千葉県の富津方面にゴルフ場を造ろうと用地を取得していた。東京湾アクアラインの開通(一九九七年)を見こしての開発だった。しかし、近辺の地価は九三年をピークに下がり始めていた。「おかしい」と悟った味の素は、精算して開発から退いた。

ドイツ銀行は「銀行」とはいっても、ゴールドマン・サックスやローン・スターと同じように機関投資家の資金を集めて高配当をめざすファンド部門をもっている。ドイツ銀行は、プレミアゴルフの全株式を取得したものの、その五〇%をローン・スターに譲渡、ゴルフ場の運営はローン・スターにまかせることにした。会員に対してアメリカ流のドライな条件が提示されることになる。会員は預託金部分の五%をプレミアゴルフの株主会員になるという形で出資し、残りの九五%の預託金は放棄するというのだ。若木ゴルフ倶楽部の会員は、最高で二〇〇〇万円の預託金である。その五%、一〇〇万円は株式となり、一九〇〇万円は捨てるという内容である。会員側は大半が同意しなかったため、二〇〇一年十二月、プレミアゴルフは法的整理で預託金をカットするため東京地裁に民事再生法の適用を申請した。日東興業が和議を放棄して民事再生法に訴えたのも同じ意図であることが、この事例からもわかる。

アメリカの投資ファンドのリップルウッド・ホールディングスは、九五年にニューヨークに設立された新興組で、破綻企業を対象にしたビジネスの処女地・日本に狙いをつけ、三菱商事を水先案内人として、投資家からかき集めた資金の半分以上二六〇〇億円をまず日本に注ぎ込んだ。

何兆円という税金を食べてしまった怪物のようなタックスイーター日本長期信用銀行をたった一〇億円で買収した勢いで、倒産した宮崎県の第三セクター「シーガイア」を一六二億円で獲得した。シーガイアは、三重県と福島県のリゾート構想と並んで、いまや悪名高い総合保養地域整備法（リゾート法）の指定第一号（一九八八年）で、九四年に全面開業、二〇〇〇年七月にはサミット外相会議の舞台ともなった。工事費は二〇〇〇億円、負債総額は三五〇〇億円。開発からわずか七年で巨大リゾートが崩壊したのである。

リップルウッドの買収対象の中には、オーシャンドームやホテルなどのほかに次の四つのゴルフ場が含まれている。

フェニックスCC	二七ホール
フェニックス高原CC	三六ホール
北郷フェニックスCC	一八ホール

トム・ワトソンGC　一八ホール

一九八〇年代の日本では『ジャパン・アズ・ナンバーワン』というハーバード大学の社会学教授エズラ・ヴォーゲルの本が爆発的に売れた。執筆は一九七九年である。その後八四年に『カムバック』（日本訳の題名は『ジャパン・アズ・ナンバーワン再考』）という本が書かれた。最初の本が「ジャパン・イズ・ナンバーワン」ではなく「アズ」となっているところに、日本の成功をアメリカ人は教訓として受けとめてほしいという著者の意図がにじみ出ている。『カムバック』はもちろん、アメリカの「カムバック」を意味した。しかし、一九九〇年代になって、日本の経済が下降に入り、太平洋戦争につぐ第二の敗戦とまでいわれるようになる。ゴルフ場をめぐる状況も如実にそのことを示している。太平洋戦争の開戦決定や各作戦にみられた特徴と経済における今日の敗戦には共通する点がある。それは、希望的観測によって物事を判断し、現実を直視しないということである。野村投資顧問社長の上条俊昭もそうだった。熱海沖に浮ぶ初島のリゾート開発に三七〇億円を融資、七〇〇〇万円の会員権を二〇〇〇口募集するという日本海洋計画の事業に乗った長銀の堀江鉄弥頭取もまたそうだった。開業した九四年七月にはバブルは崩壊していた。九九年四月、日本海洋計画は負債総額五八〇億円を抱えたまま倒産した。大手ゼネコンも一五三億円を日本海洋計画に融資していた。

メディアもまた、先見性に欠けていた。リゾート法（総合保養地域整備法）は国土の荒廃をもたらすとして、その危険性について藤原信宇都宮大学教授（森林学）が国土庁を訪れて質していたころ、メディアはほとんど無視していた。一九八七年五月二十二日に可決成立したリゾート法について、翌日の『朝日新聞』は、二面の片隅にある成立法案一覧の中に名があがっているだけで、短信記事より粗末な扱いであった。つまり、今日「天下の悪法」のようにいわれる法律についてまったく注目していなかったのだ。

エズラ・ヴォーゲルに戻ると、彼は二〇〇〇年になって『ジャパン・アズ・ナンバーワン？』(日本訳の題名は『ジャパン・アズ・ナンバーワン――それからどうなった』)という本を書く。日本の経済的墜落が明らかとなり、ヴォーゲルの周辺の人たちが彼に対して「あなたは、ジャパン・アズ・ナンバーワンといったのに」と質問するので、それに答えるために書かれた。一口にいうと、「日本人は傲慢にふるまうようになった。それが失敗の原因だ」ということである。セゾングループの創業者・堤清二に筆者がインタビューしたとき、堤は西武百貨店・西洋環境開発などセゾングループの業績不振部門について「おごり」という言葉を使ってこういった。

「イトマン事件にからむ絵画取引や医療機器架空取引事件の影響も大きいですね。それに、ずーっと好景気が続くという前提に立った放漫経営。収益性をきっちり計算しないで、おだてられてホイホイ、果実を生まない投資をする。放漫になる時代的雰囲気があったことは認めます。でも、それに気がついて、不名誉な赤字決算がつづいても早くきれいにした方が勝ちです。先天的にソロバンの甘い人っているんですよ。その点では会社自体にもおごりがあったんじゃないですかね。うちがやれば何とかなるという。一流になったというおごり、その瞬間から急速に堕落が始まり

ます」（拙著『人物十一景』青木書店より）

一九八五年、三菱地所はニューヨークを象徴するロックフェラーセンタービルを買収した。一九二九年に始まった大恐慌のとき、アメリカ復活《カムバック》の象徴となれという願いをこめて建てられたビルである。「ついに日本は、札束でアメリカの魂まで買うのか」とアメリカのメディアは酷評した。ロックフェラーセンタービルの前の巨大なクリスマスツリーは、毎年ニュースになるほど有名である。「ホーム・アローン」という映画では、一家で旅行に出て家族と離れ離れになった坊やが、数々の冒険のすえ、淋しくなってそのクリスマスツリーのところへ行く。「坊やはきっとあそこにいる」と信じて探しに来た母親と再会する。それほど市民に親しまれた場所なのである。ロックフェラーセンタービルを中心に一群のビル群を所有していた三菱地所の子会社の赤字が続いた。三菱地所の経営会議では「一〇〇年単位で考えるべきだ」という事業存続派が大勢を占めた。経理担当専務の高木茂（現・社長）は「眠れない日々が続いた」という。悩んだ末に出た結論は「撤退」。一九九五年のことだった。親会社は上場以来初の赤字になったが、翌年は親子とも黒字に転換した。

ソニーは、八八年にCBSレコーズ（後のソニー・ミュージックエンタテインメント）、八九年にコロンビア映画（後にソニー・ピクチャーズエンタテインメント）を買収した。やはり「アメリカの魂を札束で……」と非難の声が聞こえてきた。これに対して盛田昭夫ソニー会長は「アメリカの魂を問題にするなら、売った方にも問題がある」と反論している。

ソニーに追随して、松下電器産業は九〇年十一月にMCAを六一億ドル（七八〇〇億円）で買収することに乗り出した。MCAはMusic Corporation of Americaの略で、一九二四年にシカゴで設立され、映画とエンタテイメントの大手にのし上がっていた。「うちはハード屋、ソフトは必要ない」という社内からの疑問をよそに、経営トップは買収に踏み切った。MCAの映画「ジュラシック・パーク」は大当たりしたものの、その後ヒット作が出ず、経営の自由度をめぐって松下電器とMCAが対立、九五年四月に松下電器に保有するMCA株の八〇%をカナダの大手飲料会社シーグラムに五七億ドルで売却、わずか四年余りでMCA買収劇は挫折した。シーグラムはキリン・シーグラムでおなじみの会社であり、ウイスキーの「シーバス・リーガル」はよく知られている。

このような日本企業のアメリカ買いのムードのなかで、九〇年に熊取谷《いすたに》稔のコスモワールドグループがカリフォルニア州の名門ゴルフ場「ペブル・ビーチ・リンクス」を八億五〇〇〇万ドル（一二五〇億円）で買収した。ゴルフコース四つ、ホテルとロッジもある海辺のリゾートである。

このアメリカのゴルフ場も、イギリスと同じように「あらゆる自然美を残し、自然の地形を活用したコースにする。人工的なことは最小限にとどめる」という考えのもとに設計されているという。四つのゴルフコースは、もともとパブリック運営であった。しかし、熊取谷は日本式に一口一億円の会員権を発行する計画を発表して、アメリカ人ばかりでなく心ある日本人のヒンシュクを買った。熊取谷の一二五〇億円という買収資金は一体どこから出たのか。三〇〇〇億円が流出した破綻商社イトマンからというのが有力な説である。もとは住友銀行であろう。熊取谷は早くも二年後にペブル・ビーチ・リンクスを手離さざるをえなくなり、九二年春住友銀行グループが五億ドルで買い取った。

アメリカでは、ペブル・ビーチ・リンクスを日本から取り戻そうと、「魅せるゴルフの元祖」といわれたアーノルド・パーマーや俳優のクリント・イーストウッドらが出資して、九九年七月に住友銀行グループから八億二〇〇〇万ドルで買い戻した。住友銀行は一見儲けたようにみえるかもしれない。しかし、イトマンへの融資の一部を回収したと取れないこともない長期にわたる取引劇であった。

九九年八月には、アメリカに帰ってきたペブル・ビーチで全米アマチュア選手権が開催された。

以上は、日本人のおごりの軌跡の一端である。日本のゴルフ場やその他の不動産、企業を対象に破綻ビジネスを展開する外資を〝ハゲタカファンド〟と呼ぶのはいい。しかし、かつての日本は何だったのか、自らを省ることも必要だろう。

第2章

倒産業者と会員の対立

二転三転の倒産劇

日東興業の浜野ゴルフクラブの経営主体は国際友情倶楽部という。松浦均社長名で一九八四年に発行された預託金（入会時の預り保証金）の証書がある。「金　八百五十萬円也（拾年間据置）」とあり、こう書いてある。「右金額は浜野ゴルフクラブ個人正会員の保証金として貴殿より会則に基き正にお預り致しました。右金額には会則により利息をおつけいたしません。尚譲渡は理事会の承認を得て譲渡することができます。右金額について貴殿から請求があった場合会則に基き本証と引換にお返し致します」。

二〇〇二年七月十九日、東京・渋谷公会堂のホールは、千人以上の債権者で埋まった。ゴルフ場業界最大手の一角、日東興業（本社・東京都千代田区、鎌田隆介社長）が和議を反故にして一転民事再生法に切り替え再倒産したため聞かれた債権者説明会である。

日東興業は、国内だけで三〇ヵ所のゴルフ場を所有し、会員は七万三〇〇〇人にのぼる。

すでに一九九七年十二月、日東興業とグループ三社は東京地裁に和議開始を申請している。このとき事実上の倒産をした。会員の預託金返還要求に耐えられなくなったためである。

第一章で述べたように、預託金制度というのは、ゴルフ場業者の建設資金集めの方法で、結果からみれば詐欺まがいの商法である。担保の裏付けすらないから、預託金が返還できなくなるのは、当然の結末である。会員権の相場が泡立つように上昇していれば、会員は高値で売り抜けることができるから、問題をはらんでいても表面化しないだろう。しかし、会員権の暴落場面では必ずババを引く者が続出する。投機で儲ける者は小数である。「儲ける」という欲望が前面に出たとき、ゴルフはもはやスポーツではなく、ギャンブルと化してしまった。

日東興業の提示した和議の内容は「預託金の一律八〇％カット」であった。三〇〇〇万円の会員権で入会金部分が一割の三〇〇万円とすれば、預託金部分は二七〇〇万円となる。その八〇％は二一六〇万円である。返還されるのは、たったの五四〇万円で、二一六〇万円は捨てた、あるいは欺し取られたことになる。ただ金額の損失だけでなく、人間の尊厳を否定されたようなものだ。高額な会員権を購入した人びとの中には、社会的地位のある面々が相当数いるが、そうした人たちの人格にツバをひっかけるようなものである。だから浜野ゴルフクラブの会員たちを中心に「納得しない」と立ち上がった。和議よりも会社更生法で出直し、プレー権は確保した方が、いいというわけだ。

そこに登場したのが元日本弁護士連合会会長の阿部三郎弁護士[1]である。会社側の新しい弁護団の団長に就任する。

（1）オウム真理教（現・宗教団体アレフ）の破産管財人として有名。オウム真理教側と被害者・遺族への賠償金として三〇億七〇〇〇万円を支払うことで合意。また総額一〇億円余といわれる「そごう」前会長・水島広雄の私財提供の手続きを委任された。中央大学出身で、現在は中央大学の理事長でもある。

阿部弁護士の提示した新しい和議条件は、「プレーをつづける会員の預託金はノーカット。一五年後の二〇一三年十月以降、年間一〇億円を限度に返還請求に応じる。即時退会する会員の預託金は八二%カットする」という内容であった。

大幅な修正である。預託金が一応全額保証されたため、反対していた会員の多くが賛成に回り、一九九九年五月、和議が成立した。

だが、よく考えてみると、阿部弁護士の提示した和議条件には、大きな落し穴がある。返還すべき預託金の総額は約二六〇〇億円だから、二〇一三年から毎年抽選で一〇億円ずつ返していっても二六〇年かかる計算だ。日東興業はその間、毎年一〇億円以上の利益をあげつづけなければならず、会員権所有者の平均余命を二〇年として、その一〇倍もの歳月を延々と返還をつづけるというのは実際は不可能である。

二度目の和議条件が生まれるまでの間に、松浦均オーナー[2]が退陣し、山持《やまじ》巌[3]が社長、金石清禅《しょうぜん》[4]が専務に就任した。会社更生法をめざし、会員約一万人を結集した「日東興業グループ全国ゴルフ場会員連絡協議会」(会員連絡協と略す)が結成された。

(2) 松浦均オーナーのファミリー企業にゴルフ場の資金が還流した疑惑が報道されたことがある。社長をやめざるをえなくなったときも、長男に株をいくらか持たせ、時期を見て復縁させたい意向だった。和議がととのったころ、長男の雇用を申し入れたが、当時の経営陣に拒否された。

(3) 三井信託銀行代表取締役常務、三井不動産販売専務を歴任。妻は田中真紀子元外相の姉で、旧姓・田中静子といい、田中角栄の養女。

（4）日本航空総務部長、燃料部長を経て、海部俊樹首相の首席秘書官に。日航時代に日東興業の浜野ゴルフクラブの会員権を購入している。

しかし、会社側の和議を条件付きで受け入れようというグループが会員連絡協を脱退した。このなかに、事務局長だった緑野《みどの》カントリークラブ会員の深堀浩二(5)もいた。彼は会社寄りにクラ替えしたものの、最後には会社を徹底的に批判して突然死んでしまうことになる。会員連絡協の方は会社経営者の責任を問う会社更生法の適用を東京地裁に申立てた。和議というあいまいな解決ではなく、これまでの経営者が退陣することによって会員の権利を維持しつつゴルフ場を再建しようというもくろみである。深堀ら条件付き和議受け入れのグループは、会社更生法を求めるグループからは裏切り、寝返りとみられた。

（5）小金井、府中、立川などにコンビニエンスストアなど五、六店舗を展開していた経営者。

条件付き和議受け入れグループは、会社側と「和議条件に賛成するための条件に関する合意公正証書」を取り交わした。現在の鎌田隆介社長は、このころ和議対策室長として「預託金はノーカットである」と会員説得に積極的に関与していた。

先に述べたように、もともと実現性に無理がある和議が二〇〇〇年五月に確定する一方、翌六月に会員連絡協側の会社更生法の適用申請が東京地裁で棄却された。この段階では、裁判所の判断は整合性があるようにみえる。だが、この和議や合意公正証書が後に反故とされ、会社側は民事再生法の申請という再倒産の手段に出ることになる。民事再生法では経営者はそのまま居残ることができる。

日東興業は腐りかけていた。上空にはハゲタカが舞っていた。腐肉をねらう外資系ファンドは不動産を買いたたき、再生させて高値で売り抜けるのが一般的な手法だ。この手法はゴルフ場だけではなく日本の銀行のかかえる不良債権にも同様に使われる。外資系ファンドにとって整理回収機構（ＲＣＣ）が比較的高く不良債権を買い取ってしまっては儲けの妙味はない。ファンドには多数の出資者がおり、その出資者の利益を考えることがファンドの第一の目的であるから、外部に対しては容赦しない。弱肉強食の世界が展開することになる。非情といえば非情、日本人的な情緒的な反応は何の効果も生まない。日東興業の事例は、今日の日本の金融問題を見るのに大変役に立つと思い、詳細に記すことにする。

腐りかけた日東興業の上空を虎視眈々と旋回していたファンドは、ゴールドマン・サックス（ＧＳ）、ドイツ銀行、ローン・スターなどである。日本の旅行会社のエイチ・アイ・エスとも接触があったが、結局、ゴールドマン・サックスが日東興業の全株式を取得したのが二〇〇一年十二月であった。

創業者の松浦均オーナーは預託金の八〇％カットからノーカットへ修正された新しい和議条件が示された一九九八年六月に退陣、山持巌が社長、金石清禅が専務（後に副社長）となった。しかし、松浦前オーナーの息のかかった会社幹部が新しい経営陣と対立、〝日東興業グループ社員の会〟の名で山持社長と金石副社長の退陣を要求した。二〇〇〇年五月、金石副社長は解任され、山持社長は翌六月に海外へ逃れ、日東興業へ辞表を郵送した。三ヵ月後の九月、奈良県の万寿ゴルフクラブの会員である田中健夫が社長に就任する。

ちなみに、この万寿ゴルフクラブは、奈良県山添村の浜田耕作らが批判したゴルフ場の一つで、山田國廣編『ゴルフ場亡国論』(一九八九年、新評論刊行、後に藤原書店から刊行)には「万寿ゴルフクラブ排水口付近の川底に堆積した赤いヘドロ」の口絵写真が掲載されている。

ゴールドマン・サックスが日東興業の全株式を取得すると、松浦前オーナー子飼いの鎌田隆介が社長に就任する。会員側の利益を図るとみられ、会員の中から経営能力をかわれて社長、副社長になった山持、金石らは追われ、ゴールドマン・サックスの意のままになる経営陣が形成された。このゴールドマン・サックスからは取締役として四人も名を連ね、にらみを効かせるようになった。この人事から見えることは、松浦均らは日東興業という名を残し、ゴールドマン・サックスが実際には牛耳るという構図である。

二〇〇二年となって、ゴルフ場業界には嵐が吹き荒れた。関西を中心に国内に三〇ヵ所のゴルフ場を有するスポーツ振興が倒産、会社更生法を申請した。負債総額三五六〇億円。会員は六万人を超えている。

代表者の木下俊雄(6)にはバブル華やかなりしころ筆者は会っている。そのころの名刺には「日本経営者団体連盟常任理事」とあった。高卒でスポーツ振興を創業、日経連の常任理事に。関西では立志伝中の人物とされ、本人の姓を生かして木下藤吉郎ともいわれていた。二〇〇一年には日本ゴルフ場事業協会理事長に就任したばかりだった。整理回収機構からも見離された形で会社更生法を申請して倒産したスポーツ振興のスポンサーに、ゴールドマン・サックスが決定、ゴールドマン・サックスの支援のもとに更生計画が進められていくことになった。

（6）筆者が一九八八年に木下俊雄に会ったとき、木下は得意の絶頂だった。カリフォルニア州の「ラコスタ・ホテル・アンド・スパ」を二億五〇〇〇万ドル（為替換算三二五億円）、フロリダ州の「グレンリーフ・リゾート・アンド・カンファレンス・センター」を二七五〇万ドル（同四〇億円）で買収していた。いずれも銀行が話をもってきたという。ハワイでも「ミリラニ・ゴルフ・クラブ」「キアフナ・ゴルフ・クラブ」「プカラニ・カントリー・クラブ」の三ヵ所を直営していた。「ラコスタを中心に世界的戦略を組みたい」と木下は語っていた。スペインやコートジボアールの候補地をあげた。

大阪地裁から更生手続きの開始決定を受けたのは二〇〇二年五月三十一日で、ゴールドマン・サックスはシャロングループのゴルフ場（京都府）[7]も獲得にしており、日東興業とスポーツ振興の各三〇ヵ所と合わせて日本国内で六一ヵ所を手中に収め、一挙に国内最大のゴルフ場企業に踊り出るはずだった。

ところが、二〇〇三年二月になって、日東興業の黒字の優良ゴルフ場「浜野ゴルフクラブ」の会員の多数が会社側の民事再生法に反対、これを東京地裁が認めて、多数の会員が支持した会社更生法の適用の開始を決定した。日東興業とゴールドマン・サックスに叛旗をひるがえした「浜野」の会員は、自力更生の道を歩むことになる。したがって、ゴールドマン・サックスが手中にしたのは日東興業の一ヵ所が減って、六〇ヵ所となる。

（7）ファミリー・レストランが経営していたゴルフ場「レイク・ホレスト・ゴルフ倶楽部」で、京都府南山城村にあり、二〇〇一年十二月に会社更生法を申請して倒産した。

ゴールドマン・サックスの経営理念

ゴールドマン・サックスのような投資銀行は、普通の銀行とちがってカネを出した投資家の利益を最大限に考えて行動する。投資家の利益とゴルフ場の会員の利益が相反する場合は、会員の利益を犠牲にして最大限の利益をあげようと図る。弱肉強食の論理に貫かれていて、土下座や懇願の泣き落としは効かない。

世界で四〇兆円の資産を運用するゴールドマン・サックスの経営理念の第一項には「ビジネス遂行上最優先すべきは、顧客の利益である。ビジネスの成功は、顧客への貢献の結果得られるものであり、これはわが社の発展の歴史を見ても明らかである」とある。第三項には「わが社は、株主に大きな投資利益を還元することを目標としている。大きな投資利益を実現し、資本を強化し、かつ最も優秀な人材を雇用し確保するためには、収益性を高めることが重要である」とある。第一〇項には「わが社の規模は資産であり、その規模を維持するために我々にはたゆまぬ努力を求められる。わが社は顧客の最大規模のプロジェクトをも遂行し得る十分な規模を備える必要がある」とある。顧客とは、世界の大金持ちのことであり、大金持ちがますます富を増殖させるという強者の論理に貫かれている。

なぜ筆者がゴールドマン・サックスの経営理念を紹介するかというと、この理念にそって日東興業やスポーツ振興にも対処しているからだ。繰り返しいうが、ゴルフ会員権の所持者のことは二の次三の次なのである。ゴルフ会員権が無担保債権であることが決定的な弱点である。ゴルフ場の土地には銀行が根抵当権を設定して融資している。ゴルフ場経営者との約束だけを頼りに高額の預託金を差し出すこと自体が振り返ってみると奇妙な出来事だったのだ。ゴルフ場経営者側からみれば、金融債務と預託金債務をかかえていることになる。倒産ゴルフ場を手中にした外資は、まず金融債務を値切って買い取り、担保をはずす。次に預託金については「会社が破産をすれば元も子もない。ペンペン草が生えるだけ」と日本人弁護士の口からいわせて、九〇％以上のカット、雀の涙ほどのカネ、あるいはプレー権だけ認めるゼロ回答で納得させようとする。一種の脅しである。「アンダー・デュラス（脅迫のもとで）」というのは、日米間の外交だけでなく、こういうケースでも発揮されるようだ。

「おとなしい」とか「あいまい」というのは日本人の美徳でもなんでもない、と筆者は思う。とくにビジネスの世界ではそうだ。日本人はおとなしくてあいまいだから、外資は自らの信用を傷つけることなく、思い通りのことができる。ゴルフ場問題で大きく信用に傷がつくと思えば、外資はサッと身を退くだろう。信用問題が外資の唯一の弱点で、法廷闘争は有効な対抗手段の一つだ。

話を戻すと、日東興業の債権者説明会がなぜ急いで七月十九日に開かれたのかについては、スポーツ振興が倒産してゴールドマン・サックスがスポンサーになったことと関連があると筆者はみている。会員に通知を出したのが七月十五日であり、渋谷公会堂に正式にホール使用を申し込んだのが七月十七日、そして二日後に債権者説明会というあわただしさである。電話で会場を探し回り、たまたま渋谷公会堂が開いていたので使用の許可を取り付け、会員に通知してから正式に申込んだのであろう。スポーツ振興の方にもエネルギーをそそがなければならないので、日東興業の方は早く片付けたいと考えたにちがいない。

筆者は、七月十九日の債権者説明会の全容を収録したテープを入手した。不良債権と化したゴルフ場の問題の実態がどんなものかを、ケーススタディとして知ることができるので、ここに詳しく紹介しよう。

日東興業の債権者説明会

代表取締役・社長　鎌田隆介　日東グループ一二社の民事再生法手続きについては、みなさまに大変ご迷惑をおかけしており、深くお詫び申し上げます。日東興業、日東ライフ、福島富岡ゴルフクラブの三社につきましては、平成九年（一九九七年）十二月に和議申立てを行い、平成十一年（一九九九年）五月に和議の認可決定となり、当面の危機でありました破産をまぬがれたわけでございます。

私どもは、会社の再建のために日東興業のゴルフ場以外の事業、たとえば不動産・外食・ホテルはすべて撤退または閉鎖ということで、事業縮小を積極的に行ってまいり、現在はゴルフ場に特化しております。その後三年の月日が経過しているなかで（二〇〇二年七月になった）、日本全体の経済の停滞・下降というなかで、ゴルフ業界におきましてもそれ以上に厳しい経営の環境下にさらされてまいりました。平成九年（一九九七年）当時、国内のゴルフ場の数は二三七〇コースございました。現在は二四〇〇コースを超えておるということです（この数字はゴルフ場事業協会の集計によっているようだ。事業協会のゴルフ場数は、都道府県にまたがっている場合は一ヵ所としないで重複してカウントしており、実数より多くなっている）。逆に、ゴルフ場を利用された方は、平成九年（一九九七年）当時では年間、国内で（延べ）一億人を超える方がおりましたけれど、昨年度（二〇〇一年度）は九〇〇〇万人を切るということでした。一ゴルフ場当たりの入場者も、平成九年当時ですと四万二〇〇〇名というのに、昨年ですと三万六〇〇〇名という状況です。この四年間でゴルフ場の数はふえている。利用者は減っている。マーケットが縮小傾向にあり、いわゆる供給が過剰になっている。

日東興業においても然りでありまして、平成九年度の日東興業グループ利用者数は一六七万四〇〇〇名でございました。一ゴルフ場当たりですと五万七〇〇〇名ございました。昨年度は一三八万一〇〇〇名ということで、一ゴルフ場当たりに直しますと四万六〇〇〇名の入場者でございます。また売上につきましては、平成九年度はゴルフ事業だけで二六四億円ございましたけれども、昨年度は、一七四億円ということで、平成九年度より九〇億円（三四%）も減少しております。当然、客単価につきましても、当初一万五〇〇〇円台をキープしておりましたものが、今一万二〇〇〇円ぎりぎりということで、おのずと売上の低下という構図になってまいっております。

私どもは経営の合理化につとめてまいりました。社員の雇用条件を変更するなど、いろんな意味でのコスト削減を図り、昨年度は日東興業グループ全体の経常利益で、なんとか九億円の黒字を確保できたしだいでございます。平成九年度当時は、グループ全体で五四〇〇名近く社員・従業員がおり、ゴルフ場関係だけでも四〇〇〇名からの社員がありました。現在は二七二四名で、ゴルフ場に特化しております。ゴルフ事業だけで一三〇〇名、三三%減らし、リストラを進めてまいったわけでございます。

平成十三年度（二〇〇一年度）の経常利益で九億円ということでありまして、この九億円のなかで和議条件にもとづく、いわゆる担保権者への弁済、そして和議債権者への弁済が平成二十五年（二〇一三年）まで続きます。現在の厳しい状況のなかで、和議条件にもとづいた弁済を長期に自力で行っていくことは困難であろうと考えております。

平成二十五年以降につきましては、和議条件にもとづきまして、会員のみなさま方へのいわゆる預託金につきましては、抽選で年間一〇億円のワクのなかでお返しするという計画になっておりました。すべての和議条件を履行するには二〇〇年以上かかってしまうことになります。実際問題として、二百何十年間、会社は債務超過の状況がつづいていくということになろうかと思います。

そういうなかで、会社を再建させる方法として、スポンサー選定ということがございました。昨年十二月三日、グループ全体として支援をしていただけるということで、ゴールドマン・サックスの経営権をあおぐことにいたったわけでございます。

会員様[8]のプレー権の確保につきましては、ゴールドマン・サックス社のスポンサー就任と同時に、みなさま方にご通知申し上げて現在にいたっております。とくに、金融機関に担保がついている部分がございます。抵当権を実行されるということは、それこそプレー権がなくなるということで、ゴールドマン・サックス・グループは非常に積極的また精力的に私どもの金融機関二六行と交渉していただき、交渉は非常にスムーズにいっておるということで、現実に担保権を実行されてプレー権が危機に頻するということは現在起こっておらないのであります。

（8）鎌田社長の口癖なのか「会員様」という言葉づかいが気になる。豊田商事が老人たちを欺したときも、この種の言葉づかいですり寄った。また「平成」という元号は、時系列で事柄を認識するとき合理性がなく、日本の遅れの一因、と筆者はみている。

会社のなかで一番大きな問題は何なんだろう。いろいろ検討したなかで、やはり債務超過[9]、この状態を脱出しなければ健全な会社になりえないということでありまして、四二六九億円という大きな負債総額、債務超過も大変大きな会社でございます。この債務超過の状態を脱却し、財務内容を健全化していくということが、私ども経営に与えられた一番大きな課題というわけで、今回の民事再生法にいたったわけでございます。

（9）四二六九億円という負債総額が、資産をはるかに上回っている状態をいう。過剰融資を受ければ、債務超過になりやすい。ゴルフ場は、預託金制度で無一文でもゴルフ場のオーナーになれるが、巨額の預託金を償還できるほど利益があがる事業ではない。結果として詐欺的商法になりやすい。

これは経営の安定化を図るということと、債務超過を脱却し財務構造を改革していく、はたまた会員様が一番望んでおられますプレー権の確保、そしてコースクオリティの充実につきましては当然日東興業の収益のなかから会員様にご満足のいただけるコースサービスを提供するという形で設備投資も積極的にやっていこうという趣旨でございます。

したがいまして、和議条件にもとづく、いわゆる弁済を履行していくことになりますと、会員様の望まれているようなコースに対する設備投資、またいろんな意味での資金手当てのできなくなる状況になってまいりまして、それは会員様にとって好ましくない状況になるのではないかと考えております。

コースのクオリティを高めていくことが、日東興業が（過当競争の状況下で）勝ち抜いていくための競争力をつける（ために必要）という観点もありまして、今回の（民事再生法の）申立てにいたった経緯もございます。

それからもう一つ、日東興業の会員権の市場での評価でございますけれども、これは私どもが期待したより非常に低い評価しかいただいておりません。(10)

（10）例えば、日東興業の浜野ゴルフクラブ（千葉県）の会員権は、ピーク時には八五〇〇万円だった。再倒産で名義変更停止になる前の二〇〇二年六月の正会員価格は三〇〇万円である。

どこに原因があるのか、ということで、私どもなりに分析をしたところ、やはり経営会社・運営会社が和議会社だからということにつきようかと思います。プレーヤーが会員権をご購入になる判断基準では、まず一つは経営母体の経営の安定化、それからクラブ運営も含めてコースのクオリティでございます。もう一つは立地条件ということになろうかと思います。そのなかでも一番大きな比重を占めておりますのが経営の安定化、これにつきるのではないかと思います。したがいまして、今回の民事再生法での経営の安定化ということで会員権の市場の評価も高まってくるのではないかなと考えております。……（拍手なし）

申立代理人の弁護士・才口千晴《ちはる》　私ども申立代理人の方からは、民事再生法申立てに踏み切った経過、民事再生法そのものの特徴、今後の展開についてご説明を申し上げたいと思います。

鎌田社長からもご説明がございましたように、ゴルフ業界の環境は悪化しておりまして、陸続とゴルフ場の倒産、再生手続きの報道がなされており、名門川奈（ゴルフクラブ）におきましても大変な事態になっているということでございます。ただ当社においては、非常に多くのコースを持ち、多数の会員、債権者がいらっしゃるという特異な事件でございます。七月十五日に民事再生法の申立てを行い、即日保全命令ということで、大変申訳ございませんが、みなさま方の権利を拘束するような決定をいただいたわけでございます。

和議手続きにおきましては、その内容は二〇〇年たたないと完済できないという私ども法律家にとりましてはとても容認できない内容でございました。和議という手続きは、当時は容認されており、これで乗り切るというのが債権者のご意向だったとうかがっております。二〇〇〇年四月一日から和議法はなくなりました。中小企業の再建手続きとしてできたのが民事再生法という新しい法律で、私も立案に参加しまして二年前から施行されました。和議のふるさと（和議法のこと）はすでに消滅しております。もちろん、従前通り和議条件を履行している会社もございますし、また破綻している会社もございます。

現在では民事再生法か会社更生法[11]しかないのでございます。昭和二十七年（一九五二年）に施行された会社更生法は、大企業を対象にしており、非常に時間がかかり、弁済期間も二〇年をもってよろしいということになっています。二〇年間、どのような形で会社を再建するか危惧されるところであります。

(11) 民事再生法の施行された二〇〇〇年四月一日から二〇〇二年七月末までの間に、ゴルフ場の倒産は一七五件である。このうち民事再生法開始申立が一〇二件、会社更生法開始申立が二九件、特別清算手続開始申立が二六件、破産申立てが一八件となっている。預託金返還請求権を極端に圧縮し、プレー権は保証するという方向にトレンドが変わりつつあることを示している。しかし、民事再生法では、会員権の無担保債権の状態から会員の財産権を認める担保債権への移行や株主会員制への移行は困難との意見がある。もしこのような移行が行われたら、外国の投資ファンドにとっては荒稼ぎの妙味のないことになる。したがって、会員権の財産価値は限りなくゼロに近いものとなる。預託金制会員権で資産を減らした犠牲者は、整理回収機構が抱える二〇〇コースも含めると、これまでに七〇万人と推定され、今後も増加することが予想される。

民事再生法は経営者がそのまま存続する手続きで、問題のある経営者ではできないことになっております。私どもがお引受けした段階では、旧役員は退任しておりまして、現鎌田社長以下は健全な経営のために選ばれてゴルフ場経営に特化した経営をされている方々であると理解しております。（「ウソだ」の声）

ここにスポンサーといっていいかどうかわかりませんが、ゴールドマン・サックス社が登場してくるわけでございます。ゴールドマン・サックス社のご意向も、一体化したゴルフ場運営を展開していくということでは、みなさま方と運命共同体であると私どもは理解いたしました。その結果、選択肢としては民事再生法の手続きをもってほかないという結論にいたりました。

もう一点、こちらにお見えの方の中には、和議手続きを経ておりません債権者、すなわち浜野（ゴルフクラブ）の会員の方々もいらっしゃるわけでございます。浜野につきましては、一部の会員のみなさま方が東京地方裁判所に会社更生手続きの申立てをされております。これにつきましては、この三月中間に東京地裁の方から手続き棄却の決定が出ております。このような経過をふまえれば、私どもは会社更生法ではなく一体としたものとして民事再生法がよろしいという決断をしたわけでございます。

東京地裁の採用しております民事再生手続きは短期即裁でございまして、申立てから原則六ヵ月、近ごろは五ヵ月で認可までこぎつけたり、そうしなければ企業は存立維持できない、劣化してしまうというのは理論でもありますし、実証的な結果でございます。

私、このような事件に多く関与している経験者として申上げますれば、ゴルフそのものの認識はそろそろ意識改革をしなければいけないのじゃないかと思います。場合によれば、会員権を剥奪してパブリック化するという方策もないわけではございません。しかし、そのようなことになれば、みなさま方が懸命に自分のお金をつぎ込んでプレーをしようとした権利はないがしろになります。そういうことは避けなければならない。

もし民事再生手続きが頓挫すれば、いきつく先は破産でございます。破産ということになりますと、これは多分、破産管財人が営業権、物権を処分することになり、みなさま方の権利が保護されることがなくなることは自明でございます。このままの状態にしておきますと、ゴルフ場はぜんぶ劣化します。会員権は紙切れと化し、ゴルフ場にはペンペン草が生えるということになりかねないと思います。（拍手なし）

つづいて、同じく申立代理人の弁護士、片山英二が民事再生法手続きの今後の推移について説明、質疑に入った。

質問者・サトウ　和議条件の進行中に民事再生法の手続きを申立てた。裁判所の認可がおりれば、和議という現在の状況よりも会社の負担が軽くてすむ。半面、債権者の権利へのいっそうの切り込みを意味するのじゃないか。預託金のカット率を九〇%、あるいは一〇〇%にし会社の荷を軽くするというのであれば、今後の進行過程において債権者の協力を得ることができるかどうかということに非常に危惧の念を持つ者でございます。(「そうだ」の声)

債権者の協力が得られなければ、裁判所の認可が得られないということも予想されないことではない、と思います。そうなった場合、行きつく先はどうなるのか。ペンペン草が生えるのか、二〇〇〇年かかって和議条件の達成になるのか、お答えください。

才口千晴　ご指摘ごもっとも、と私は理解しております。債権者の権利の切り込み、カット、申訳ありませんが、その通りだと思います。民事再生法手続きでは、必ず財産評定をやりなさいよ(保証金の回収可能額なども含めて現状価値を確定すること)、財産評定を下回るような弁済ではいかんのですよ(負債総額が四〇〇〇億円として、現状の財産が四〇億円なら破産した場合は一%配当ができる。それに収益もあるのだから、それより優利な弁済をすること)、いってみれば(破産した場合の)精算価値の保証はしてくださいよ、ということを予定としていっている。少なくとも破産よりよくなければいけないという手続きです。(債権者の同意が得られず)破産した場合、ただちにペンペン草が生えるとは申しませんけれど、少くとも破産管財人としてはこの有機的な組織をどうやって処分するかというと、通常考えられますことは営業譲渡、あるいはそれに準ずる方式、それもダメならば、そのままの状態で物件を処分するということになるだろうと思います。宅地造成して売ると考えているところもございます。ただそれではよろしくないのではないかと思います。

質問者・セイドウ　あなた方のやっていることは会員の方を向いていない。本当に会員のことを思うのであれば、ゴールドマン・サックスに株式を譲渡する前に会員に相談すべきですよ。そう思いませんか、みなさん。（拍手）

あなた方はそこに座っているけれど、ゴールドマン・サックスの利益追求のお手伝いをしているんですよ。そうでしょ、みなさん。（拍手）

恥しいと思いませんか。そこに日本人がずーっと並んで、ゴールドマン・サックスの計画をセレモニー的に進めているだけなんです。ゴールドマン・サックスが今すすめていることは、まさしく私たちの預託金をカットして、これから好きなように利益追求をしていく、そういう手だてになっているんですよ。このことを裁判所が認めることは、日本の司法における情けないことじゃないですか。したがって、裁判所はこれをする前に、もういっぺん考えなさいと仕切り直しをすべきです。民事再生法が頓挫したら破産になるよというのは脅しであって、その前に私たちはがんばって、裁判所は民事再生法を認めるべきじゃないと。これは外資を儲けさせるための手だて、私たちを泣かせながらゴールドマン・サックスが儲ける、

それだけのことなんです。そうなると思いませんか、みなさん。（拍手）

よくもまあ、ここまで私たちを欺し欺しきたなと、私は憤りを持っているんですよ。私たちの権利をもう少し示さなければ同意しませんよ。（拍手）

鎌田隆介　和議条件でいけば二〇〇年以上かかります。会社を健全化することが、コースの設備投資ができる、クオリティを高めることができるということで、会員様の利益に適合していると考えております。説明するなかで、ご理解いただけると思っております。

質問者・深堀浩二　緑野《みどの》（カントリークラブ、群馬県）の深堀といいます。ぜひこの場を借りまして、ゴールドマン・サックスがとった行動、（和議進行下における）日東興業の監督委員会、諮問委員会における内容をみなさまにお知らせしたいと思います。

私は、日東興業が倒産したときに、全国十数ヵ所のゴルフ場で和議に反対する会をつくりました。そのときに事務局をやっておりまして（事務局長）、その後、最初の和議条件が預託金の八二％全額カットということで、猛烈な反対運動が起こりました。その後、阿部（三郎）弁護士が出てきまして、「預託金は保証するよ」ということで和議が反対から賛成に回った大きな一つだったと思います。鎌田さんは、そのときの和議対策室長ということで、全国のゴルフ場を回って「和議（内容）は絶対履行できるから」ということで、会員のみなさんに和議に賛同してくれということで、説明されたはずなんです。ところが、ここにきて、プレー権は保証しますよ、預託金はね、九五％カットですよと。和議に賛成した二大柱というのは、プレー権の確保と預託金の確保であったはずなんですよ。諮問委員会におきましても、諮問委員会というのは監督委員会から三名、阿部弁護士、会社側から三名、(合わせて)七名から構成されていまして、スポンサーを選定するいろんな条件を詰めました。そのなかで経過説明はありましたけれども、一番肝心な契約の条件の部分はすべて事後報告。そのなかに預託金問題が一切ふれられていなかったので、「なぜなんですか」と阿部弁護士、会社側にたずねましたけれど、「それについては和議の条件のなかに記載されているから、あえて書く必要はない」と。それと同時に、和議を完全に履行してもらうために、私たち会員側は松浦さん(松浦均前社長)の五二〇万株の株を大関(次夫)さんという緑野の守る会の会員の名で預りました。青島(宮崎県内の青島ゴルフクラブ)、万寿(奈良県内の万寿ゴルフクラブ)、緑野と日東興業とで「和議条件を完全に履行する」ということで公正証書[12]をつくりました。

(12) 丸の内公証役場の水上寛治公証人(元検事、緑野CCの会員)が作成した「和議条件に賛成するための条件に関する合意公正証書」。
内容は「日東興業及び山持巌社長は全会員に対し、和議条件を完全に履行することを確約し、履行できなかった場合には、山持社長は個人として損害賠償責任を負うことを確約する」「日東興業は所有するゴルフ場を将来にわたり売却しないことを確約するとともに、会員にゴルフ場が売却されてプレーできなくなるのではないかとの不安を抱かせないために、会員のプレー権が確保できるよう日東興業以外の第三者に対抗できる処置を講ずるために、最大限の努力をする(株主会員権にすることなどを指すとみられる)」

ところが、ゴールドマン・サックスは、この公正証書は破棄しなければ契約ができないということで、公正証書を破棄させられました。私は「この公正証書を破棄したら、会員のゴールドマン・サックスに対する呰がなくなってしまうじゃないか」と、再三会社側と阿部先生にも話したけれども、「いや間違いはない」ということで……。

万寿の場合は、南（三徳）さんという会長が[13]「ここでは同意できない。理事会にかける」といって、話を万寿にもっていきました。そのときの（日東興業の）社長が万寿の会員であった田中（健夫）さん[14]です。田中さんは万寿の理事会に行って三時間、「日東興業とゴールドマン・サックスはでたらめなことはしないから、和議同意書の公正証書を破棄するという署名捺印をしてくれ」というので、南さんもそれに同意してハンコを押しました。

(13)「万寿ゴルフクラブを考える会」の会長。理事会の副理事長。金融業のワールド商事社長。

(14) 万寿ゴルフクラブの理事会の理事。東レを経て段ボールのトップ企業であるレンゴーに移り嘱託。現在は日東興業顧問。万寿ゴルフクラブの理事長は伏見博昭。

私は四年間こうしたことにたずさわってきましたけれども、すべて、日東興業、ゴールドマン・サックス、嘘のかたまりです。（「そうだ」の声と拍手）

それでですね、去年の八月の『日経流通新聞』。田中社長がなんといわれたか。これはゴールドマン・サックスの意向なわけですよ。

「債務の圧縮に関してはゴールドマン・サックスはプロだ」と。「しかしながら、民事再生法だとか会社更生法の申請をして、会社側の債務を圧縮することはない」と、そう書いてあるんですよ。

それと同時に、監督委員会のときに神田（有宏）さんに[15]「あなたたちは預託金問題をどう考えているんだ」とききましたら、「ゴールドマン・サックスは日東興業のスポンサーになったばかりで会員との信頼関係をつくりあげなければならない。今すぐ預託金問題は取上げない」と。「じゃあ、あなたたちは投下資本を何年後に回収するんですか」ときくと、「五年後をメドに回収したい」と。

(15) ゴールドマン・サックス証券のヴァイス・プレジデント。日東興業の取締役でもある。『銀行法務21』二〇〇二年十月増刊号の特集「ゴルフ場の倒産・再生と金融機関」で、「ゴルフ場経営企業の再建支援――ゴルフ場のM&Aを中心として」を桐谷重毅と共に執筆している。M&Aの目的である投資ファンドのキャピタル・ゲインについてはまったく触れていない。

そういうウマイ話をして、会員の権利を守る公正証書を破棄させて丸裸にして、それで民事再生法の申請と。非常にやり方がきたない。二日前（七月十七日付）の『日経流通新聞』に、神田さんが全国のゴルフ場を回って理事会の意見を聞いたと。そのなかで預託金問題が放っておけないというので、あえて取り上げたようなことが書いてあるけれど、私が十数ヵ所の監督委員に理事会の模様をききましたら、会社側から預託金問題は二〇〇年以上かかるから早急に処理してくれという話は一切出ておりません。どうして、あなた方はそうした卑劣な手段をつかって会員を二度まで欺し討ちにするんですか。

それと、今回の民事再生法が再倒産ではないと。バカなこといっちゃ困りますよ。（「そうだ」の声）どこの会社だって、民事再生法の申請をしたら事実上の倒産になるじゃないですか。それを言葉だけでごまかそうと。

われわれ監督委員会の会員も、それなりに協力したはずですよ。（二〇〇一年）十二月三日にゴールドマン・サックスと契約ができた時点から、この画策をしていた。その証拠も私は持っていますよ。

そういうことをしてですね。プレー権だけ保証して、ゴールドマン・サックスは二七〇〇億円の預託金債務を九五％カットしてですよ……。申立て弁護士の方、その眼鏡をかけている方、何とおっしゃいますか。（「才口です」と答える）才口さんですか。あなたのさっきの言い方は恐喝ですよ。「民事再生法に賛成しなければ破産になって紙切れ同然になりますよ」と。そんなバカな話ないじゃないですか。その前に、われわれは日東興業の弁護団にだまされてですね、協力したわけじゃないですか。あげくのはてに会員になんらメリットもない一方的な預託金カット。こないだ神田氏がいったけれども、プレー権を保証するというけれど、額面のない無記名のプレー権だとか。

ゴールドマン・サックスは未来永劫に日東興業を営業するということは、一言もいっていないわけですから、預託金債務がなくなったら、キャピタル・ゲインを得るからといって、上場しなくたって切り売りしたりしたって何したってできるわけじゃないですか。そうしたら、われわれの権利はどこにあるんですか。

日東興業がつぶれたときに、われわれと日東興業で和議条件をつくりましたよ。そのとき日東興業は和議条件を直すために、われわれの意見を聞いてくれましたよ。でも今度、日東興業とゴールドマン・サックスが契約を結んだなかにおいては、監督委員会、諮問委員会の意見はこれっぽっちも入っていないじゃないですか。ぜんぶ事後報告で、こういうことになりましたからと。ゴールドマン・サックスはそうじゃないと契約を結びませんからと。そういう日東興業とゴールドマン・サックスを信用して民事再生法に賛成してくれといっても無理じゃないですか。（大きな拍手）

鎌田隆介　いま深堀さんの方からいろいろ質問をいただきましたけれども、どっかの週刊誌(16)で読んだ内容だったと思います。そのなかで、日東興業の和議は当時としては妥当性があったと思います。しかし、経済状況が変わりました。経営者として再建を図るということは当然のことでありますし、深堀さんも会社の経営者であれば、ご理解いただけると思っております。各理事会ということですが、（二〇〇二年の）一月から三月にかけて、それから六月中旬から、ゴールドマン・サックスの方々も大変精力的に対応してまいりました。（「形だけ、形だけ、形だけじゃないか」の声）　そのなかで会社を再建させるということで、ご理解いただけたと思っております。

（16）『週刊ポスト』誌二〇〇二年七月十九日号の天野隆介のリポート「ゴルフ場騒動　日東興業が再倒産へ！　秘密説明会があった」を指す。

才口千晴　恐喝ということですが、恐喝している意思はございません。法律家としてみなさま方に説明しないことは義務違反だと思いますよ。この会社が将来的にどうなるかということはまだ白紙の状態で、債権者の会員の方々をはじめとする今後の展開いかんなのでございます。少くとも私の理解するところによりますとですね、会社の役員も和議の履行のためにつとめてまいりました。しかし、それがもう履行できない状態になったということは、明白な事実なんじゃないでしょうか。この（民事再生法という）手続きをとらないかぎり、ますますその行く末が悲惨なものであるならば、早く決断することがよろしいのではないかと思います。

質問者・竹内幹哉　緑野のほかに四コース（会員権を）持っております竹内と申します。私も深堀さんと同じ行動を四年間つづけてきまして、まず和議を申請したとき（東京の）青山の本社に呼ばれまして、それ以来ずっと日東問題の狭間を歩んできました。この問題で現実的に考えてまいりますと、申立てをしたんですから、裁判所が申立てを受理して着々とすすんでいるわけですね。（会員の）みなさんが日常、和議の問題にどのくらい熱心にやってきたか、私は疑問をもっているわけです。例えば緑野カントリーでありますと、会員総会を開いてもたった四〇名しか集まらない。これから民事再生法が進んでいくのですから、会社側から何が出てくるのか、じっくり冷静に見て、賛成すべきか反対すべきか、どうか各コースで真剣にやってもらいたいと思うんですね。（問題点を）私なりに整理しますと、まず預託金のカット。九五％カットで五％をぜんぶ返しちゃうのか。ほんとうは、われわれは五％（程度の預託金の権利）はいらないんですよね。額面のものを株式にしてくれと申請をした場合、無額面と額面があるんじゃまったく市場性がちがうということ。プレー権を保証するものを再生の条件にすること。ゴルフ場によっては預託金が五〇万円のところもあるし、高いところは三〇〇〇万円以上のコースもあるんですね。この仕分けをどうするかということも議論していただいたいんです。それから将来、ゴールドマン・サックスは五年後に投資金額を何らかの形で回収すると、[17] そのあとに他の会社に売却するという恐れもあるわけですね。その場合でも、三〇コースを絶対に切り売りしないと、こういうことを再生の条項の中に必ず盛り込むように。このことを各コースの理事会などで議論して、集約した意見として会社にぶつけてもらいたいんです。いくらこの場で、二時間たらずの間でわめいてもだめなんですよ。（拍手）

（17）民事再生法が認められた場合の投資額の回収方法としては①日東興業・スポーツ振興・シャロンなどのゴルフ場を六〇コースを一括して株式会社とし上場、株式のキャピタル・ゲインを得る②再生して一括売却する③六〇コースを切り売りする——などが考えられる。たとえ破産になっても、金融機関から買い取った抵当権を実行して自己競落することも可能。浜野ゴルフクラブは会社更生法の手続き開始決定によって別の道を歩むことになる。

習志野カントリークラブの小杉は「松浦均《ひとし》元社長の私財であります不動産、自宅および箱根の保養所を和議債権者の弁済のために当てるという書きものをいただいた。それはどうなっているのか。日東興業がこのていたらくにいたったのは、松浦均一族の経営者としての無責任さ、だらしなさにあると思っています。和議の検証としておたずしたい」などと質問した。会社側は「税金を控除いたしまして四億円の私財提供をされました。これは、まだ開設されていなかった双園

（ゴルフクラブ、栃木県）の資金として使わせていただきました」などと答えた。このあと三人の質問者が立ち、最後に会員権業者の草分け的存在といわれる桜ゴルフ社長が立った。

質問者・佐川八重子　お隣りの方から会員権業者の立場から発言してくれと推されて立ちました。民事再生法の申請をしたということで、この火曜日（七月十六日）にお手紙をいただきまして、「あってはならないことになったなぁ」と思うと同時に、「やっぱりこんな方法だったのかな」と残念ながらそんな思いでございます。ゴルフ場というのは、会員の拠出によって不動産も設備もつくるわけでございます。日東興業の事件があって初めて、ゴルフ会員権というのが無担当債権であることが多くの人に知れ渡ったのではないかと思います。しかし、ゴルフ場はやはり会員のものなんですね。今、法整備がちゃんとしていないから、こういう無担保債権で法的な処置になると、会員は発言権がなくなってしまうのではないかと思います。

わたくしは、七万三〇〇〇人という大きな数のゴルファーが被害を受ける事件ですから、これは絶対に国会に取り上げてもらおうと思っています。ですから、会員のみなさまも、このまま法に屈しないで、ぜひ立ち上がっていただきたいと思います。（大きな拍手）

会員のみなさまが自分の権利を主張することはけっして恥しいことではありません。

日東興業がどのゴルフ場をとってみても、弁護士の先生が破産になるとペンペン草が生えるとおっしゃいましたが、いまゴルフ場を買いたいという人はたくさん世の中におります。

みなさん、キングフィールズ（ゴルフクラブ、千葉県）を磯子（カンツリー倶楽部、横浜市）のオーナーが二五億円で落されたことご存知でしょ。その前にあれを太平洋さん（太平洋ゴルフクラブ、住友系、もともとは平和相互銀行系）が二〇億円で買いたい、二五億円で買いたい。三〇億円まで買い手がついたんですよ（磯子のメンバーの質がいいので磯子に落ちついたようだ）。二〇億円ぐらいの買い手はつくんです。みなさまさえしっかりしていれば、つぶれてしまうことは絶対にないんです。(18)

(18) 千葉県は、市原市石塚のドゥー・スポーツ・カントリー・クラブの予定地七八ヘクタールを緑化地域として組み入れるため、九四年に四八億円で購入している。また、茨城県の西山荘カントリークラブは、破産後四年を経て二〇〇一年八月、不動産投資のコンサルタント会社国際管財が設立したライオンゲインによって一八億円で買収されている。

鎌田社長、みなさんの顔を本当に正視できますか。と申しますのは、わたしたちは和議によって救われると思って、みなさん同意したんじゃないですか。（拍手）

和議というのは人数で五〇％以上が賛成することと、債権金額の四分の三（七五％）が確保できないと同意とならないわけですが、今回の日東興業の和議は七五％が切れると同意とならなかったのですよ。それが七八％、金融機関がみんなころんだことで和議に同意したことになった。妥当性があったとは決して思いません。もう和議によってみなさん欺されたのですから、今回は本当に慎重になりましょう。何の心配もすることはございません。

ゴルフの経営環境がわるいと申されましたが、日東興業のような上まで信用のあったゴルフ界の大手が、いってみれば計画倒産ですね。三二コースですか、経営していたなかで、二九コースまでは前年度まで黒字だったわけです、表示のうえでは。その会社がなぜ和議という倒産をしたんでしょう。これ、みなさん疑問に思いませんでしたか。平成九年（一九九七年）十二月二十五日、みなさんからもう電話がかからないような状態で、もうすぐ土日というとき、和議を申請されたんです。

会員権相場が下がった原因についていいますと、黒字を出している会社が計画倒産をしたということで、信用の数字を日東興業が下げたのですよ。ゴルフ相場の責任は、あなた方の責任なんです。（拍手）

ということで、わたくしは会社更生法がいいかどうかは会社更生法の大家である清水直弁護士とも相談をしてみます。わたくしは会社更生法が一番望ましいと思います。

ゴールドマン・サックスが日東興業を引受けたならば、みなさまを財産権のある株主として採用すべきではないでしょうか。

最後におたずねしますが、会員への預り金を除いた、そのほかの債務はどのくらいですか。もう一つ、今回金融機関から買い取った債務はどのくらいですか。この額をお知らせくださいませ。（しばらく会場は静まりかえる。この質問のねらいは、債務の総額から預託金を差引いた債務を金融機関などから買い取った場合、相当減額されているはずで、そのくらいなら会員が資金を出し合って購入し、預託金部分は株式化すればゴルフ場は会員所有のものになるという構想の実現性を見きわめるためである。）

会社側　日東興業一二社連結ベース。預託金は約二六〇〇億円でございます。総債務額が四二七〇億円ですので、その引き算したものが、そのほかの債務ということになります。

佐川　おいくらということになりますか。

会社側　えー。すみません。一六〇〇億円から一七〇〇億円の間でございます。

佐川　預り金の部分は株式制にすればなくなるわけでございます。多くの会員は、いま急いで返してくれというわけではないんですね。七億円も（経常利益九億円の誤りか）利益を出している会社をなぜ倒産させるのか、こんなことが通るようでは法治国家といえないんではないかと思うんです。（「その通り」の声。拍手）それと、今の日東興業にあきれて会員の半分の方が年会費をお払いになりませんよね。あなた方がきちっとした経営をして、まともに年会費を払ったとしたら相当な利益があがると思いませんか。（「そうだ」の声）

ゴルフ場は名義変更料と年会費で、一八ホール単位でも年間一億円から一億五〇〇〇万円の収入があるんですよ。月間一〇〇〇万円の収入が保証されているんです。それから浜野（ゴルフクラブ、千葉県）にしても習志野（カントリークラブ、千葉県）にしても、みなさま二〇億としてもいくらでも買い手がつきますから、どうぞご心配なさらないように。（大きな拍手）

会社側は、金融機関に対する債務をいくらで買い取ったかについては答えなかった。このあと、この問題に関するゴールドマン・サックスの担当責任者として紹介された桐谷重毅[19]があいさつに立った。

（19）ゴールドマン・サックス証券マネージング・ディレクター。日東興業の取締役でもある。ゴールドマン・サックス出身の取締役は、七人中四人を占め、神田、桐谷のほか、和田耕児、ダニエル・クレーブスがいる。

桐谷重毅　昨年十二月三日に日東興業グループのスポンサーに就任いたしまして、そのときに会員のみなさまにはお手紙をお届けしたと思います。そのお手紙のなかに、八ヵ条の運営方針について説明がございました。「プレー権を確保していきたい」とか「ゴルフクラブの切り売りはしない。全体を一体として再建したい」とか。これは民事再生法の申請をした今も変わっておりません。

十二月三日以降、私どもがしたことは大きくいえば二つあると思います。一つは、金融債権の買い取り、肩代わりでございます。預託金債務については、平成二十五年（二〇一三年）から毎年一一億八〇〇〇万円を抽選償還すると、こういうお約束になっていると思いますが、実は和議の外には金融債権がございます。これは昨年九月から約四〇億円、金融機関に対して返済を行っております。金融機関はゴルフ場を担保にとっておりますので、時期的な弁済という意味でも、担保権をもっているという意味でも、会員のみなさま方がもっている預託金債権に優先する立場にございます。十二月三日にスポンサーに就任しましたときに、これは目の前にある喫緊の問題と私どもはとらえましたので、まず金融機関との交渉を行い、担保権をもっている金融機関の債権を買い取るという形で、最悪の事態によっては金融機関から競売を受けて物件をとられてしまうということを防ぐ活動をいたしました。

次に、私ども外資ということで、会員のみなさま方のご心配を解消したいということを行動で示していかなければならないと、ゴルフ場に対する投資を積極的に行いました。あるゴルフ場はクラブハウスを直し、あるゴルフ場は芝を張り替え、あるゴルフ場はカートを導入し、それから見えないところにたくさんの投資をしております。

各理事会でのお話では、プレー権を守ってほしい、質の高いゴルフ場でプレーをしたい、というメッセージを受けとりました。もう一つ、日東興業が構造的にかかえている問題がございます。債務超過の問題でございます。さきほどご指摘があったように、日東興業はいま九億円ぐらいの経常利益をあげております。九億円でございます。それに対して債務の総額というのは四二〇〇億円でございます。年度ベースでみれば、利益は上がっているのでございますけれども、この債務を返していくという点では非常に無理がある。無理があるから、多分、和議というのは二七〇年もかかる返済計画になったんじゃないかな、と思います。この債務超過というのは、非常にゆゆしき問題です。これを二七〇年たって解決できるかできないか、わからない。約束を守れたか守れなかったか、確認もできない。会員の総意として「なるべく早く解決してほしい」というメッセージを受けとったと考えております。(拍手なし)

このあと、裁判所が任命した監督委員の弁護士・矢島匡がほかの二人の弁護士を代表してあいさつ、閉会した。

二〇〇二年十二月になって、日東興業とゴールドマン・サックスは、預託金のカット率は九七・五%とすると発表した。返還されるのはわずか二・五%、八〇〇万円の会員権だと二〇万円しか返ってこない。こんなことなら、自分たちでゴルフ場を買い取ってしまった方がよかったと悔いた人もいただろう。しかし、もう遅い。東京地裁は浜野ゴルフクラブ以外の二九ヵ所については民事再生法の適用を決定したからだ。一見、社会的に地位のある肩書のメンバーがたくさんいながら、自立した行動がとれない姿は、日本の外交を見ているようであった。

会員連絡協元事務局長の突然死

二〇〇二年七月十九日の東京・渋谷公会堂での債権者説明会で、緑野《みどの》カントリークラブ会員の深堀浩二は「会社側は嘘のかたまりだ」「もう欺されない」と内情を暴露した。深堀は、小金井市や府中市、立川市などでスーパー「和光」あるいはその系列の店を五、六店経営していた。債権者説明会で日東興業側が「深堀さんも経営者だからおわかりでしょう」といったのは、その意味である。約二〇年前に小平市小川町に引越し、後に隣家も合わせて二軒分の敷地に、その地域では目立つ家を建てた。

この、質問に名を借りた内情暴露には、やりきれない一種の正義感がただよっている。彼はカトリック小金井教会に属するカトリック教徒で、本来は神の下僕《しもべ》であるはずが、ゴルフとゴルフ会員権の問題にのめり込んでいった。彼の友人の話では「ゴルフの問題はいいかげんにして、仕事の方に精を出して」と家庭内で妻のタキ子と言い争いもあったという。その友人自身、幾枚かの会員権を数億円で購入しており、今は預託金の返還などあきらめの境地だといっている。

深堀浩二と日東興業をめぐる関係を月日を追って記しておく。(20)

(20) 天野隆介執筆「法治国家でこんな無法が許されるのか！ 外資に食いものにされた日東興業　再倒産までの一〇〇〇日」(『財界展望』二〇〇二年十月号）を参考にした。

一九九八年六月　会員有志が「日東興業グループ全国ゴルフ場会員連絡協議会（会員連絡協）」を結成。約一万人が結集する。深堀浩二は事務局長に就任。

一九九八年十月　会員連絡協内部で条件付きで和議を受入れようという「和議派」と、中立の第三者である管財人に権限を移すことをめざす会社更生法派に分裂。

一九九八年十二月　和議派が会員連絡協を脱退。金石清禅日東興業専務らの説得で事務局長の深堀も和議派として会員連絡協を脱退、「裏切り」「寝返り」の非難を受ける。

一九九九年一月　会員連絡協は東京地裁に会社更生法の適用を申立てる。一方、和議派は日東興業と「和議条件に賛成するための条件に関する合意公正証書」を取り交わす。

一九九九年六月　会員連絡協の会社更生法の適用申請が東京地裁で棄却される。

一九九九年九月　第一回監督委員会を開催。深堀は監督委員のメンバー。経営内部で権力闘争が起こる。
一九九九年十二月　スポンサーを選定する再建諮問委員会が、和議派会員側の監督委員会、会社側から各三人、弁護団団長の阿部三郎弁護士の計七人で発足。和議派会員の深堀もメンバーになる。
二〇〇〇年四月　「日東興業グループ社員の会」が山持巌社長と金石清禅副社長（専務から昇格）の退陣を要求。役員人事をめぐって社内紛糾。
二〇〇〇年五月　金石副社長が解任される。深堀はうしろ立てを失う。
二〇〇〇年六月　山持社長は海外に逃れ、日東興業へ辞表を郵送する。
二〇〇〇年九月　万寿ゴルフクラブ会員の田中健夫が社長に就任。
二〇〇一年八月　日東興業とゴールドマン・サックスが基本契約書を締結。
二〇〇一年秋　ゴールドマン・サックスの圧力によって、和議派と日東興業の間で確約された「合意公正証書」が破棄される。
二〇〇一年十二月　ゴールドマン・サックスが日東興業の全株式五二〇万株を取得。田中健夫に代わって松浦均前オーナの息のかかった鎌田隆介が社長に就任。緑野ＣＣの理事会で深堀は監督委員をはずされる。理事長は元検事の水上《みずかみ》寛治。
二〇〇二年二月　三〇ヵ所のゴルフ場を有するスポーツ振興が会社更生法の適用を大阪地裁

に申請、倒産する。まもなくゴールドマン・サックスがスポーツ振興のスポンサーとなり、ゴールドマン・サックスの支援の下で更生計画が進められることになる。

二〇〇二年六月　日東興業とゴールドマン・サックスは、各ゴルフ場の理事会で民事再生法の適用を申請すると通告。

二〇〇二年七月五日　日東興業は監督委員会に民事再生法の申請の事後承認を求める。

二〇〇二年七月十五日　日東興業とグループ企業の一二社が東京地裁に民事再生法の適用を申し立てる。と同時に、東京と名古屋での債権者説明会の開催を通知。

二〇〇二年七月十九日　日東興業の債権者説明会。深堀は悲憤慷慨の質問と暴露。

二〇〇二年八月十五日　深堀は金石清禅、大関次夫（緑野カントリークラブ会員を守る会会長）と東京・池袋で会食。深堀は、元検事で「合意公正証書」の作成者である水上寛治公証人を強く非難。「あす韓国に行く」といい残す。

二〇〇二年八月十六日　金曜日。深堀は一人で韓国へ旅立つ。

二〇〇二年八月十八日　日曜日。小平市の自宅に帰る。

二〇〇二年八月十九日　深堀、突然の死。「心不全」ということに。

二〇〇二年八月二十二日　密葬。カトリック小金井教会のミサのなかで追悼の祈り。

二〇〇二年九月二十五日　（小金井教会より広い）カトリック吉祥寺教会で、経営する「和光」グループの社葬。

二〇〇二年十二月　深堀は「預託金は九五%カットされる」といったが、会社がまとめた再生計画案では九七・五%とさらに厳しくなっていた。

二〇〇三年一月　日東興業のゴルフ場三〇ヵ所のうち浜野ゴルフクラブは、会員の多数決で民事再生法が否決されたことが明らかになる。

二〇〇三年二月　東京地裁は二九ヵ所については民事再生法の適用を認め、浜野ゴルフクラブについては会社更生法の開始を決定。

「たかがゴルフで消耗して」と筆者は思う。ゴルフは必ずしも健康に良くないし、自然派からは「山を崩し、水を汚し、環境破壊の元凶」のようにいわれている。「殿方はプレーをしながら会員権の相場のことが気になっている」と、殿方とときどきプレーをする筆者の知人の女性会員権業者はいう。一九一四年に創立した東京ゴルフ倶楽部のような伝統と格式のあるゴルフ場なら別だが、一般にはあまり高級な遊びとはいえないのが現状だ。

しかし、会社や外国の投資ファンドに欺されて、何億円、何千万円の損失を出しても、あきらめたり、あいまいな解決をしたりするのは美徳でもなんでもなく、むしろ醜く筆者には映る。それこそ欺す側の思うツボで、人間の尊厳を放棄していることになり、そういう人たちのやることは、仕事にしても経営にしても信用できなくなる。

ある日の三和銀行（現UFJ銀行）新橋支店で、外国人がATMの機械に向って「ユー・スティール・マイ・マネー」と叫んでいた。金を引出そうと思っても出てこないからだ。残高が不足しているのを知らないで引出そうとしているのか、機械が故障しているのかわからない。しかし、彼は機械に向って叫びつづけるので、行員が出てきて説明をはじめた。そういう光景に出くわしたことがある。彼は、自分が間違っているとは考えないようだ。日本人ではまず絶対に見られない光景だった。

外資系ファンドには、機械に向ってさえ「おまえがおれの金を盗んだ」と叫ぶ外国人のような性格が根底に潜んでいると筆者は思う。アメリカのルービン元財務長官はゴールドマン・サックス出身で、上品な顔立ちをしながら日本には厳しかった。政治にしても個人にしてもアメリカに尾っぽを振ってばかりいては、ますます馬鹿にされるだけだろう。

ではどうしたらいいのか。ゴルフ場問題の場合、日本の経済的状況や自然条件からみて数が過剰であるという認識がまず必要だ。次に会員の既得権を守るという会員本位の考え方を定着させることだ。会員本位の経営、会員本位の再建運動は成功する可能性が高い。消費者本位でない企業は次々と破綻しているし、破綻の危機にある。無駄な中間経費をかけコスト高にして平然と消費者に押しつけてきた流通業やゼネコンはその一例だ。長野県知事選挙で田中康夫が圧勝して再選されたのは、大衆はもはや衆愚ではないということである。消費者、有権者、税金支払者に立脚して発想することが求められているのに、それに気がつかない旧態依然の一群の人びとがいる。

筆者はゴルフは好きではない。しかし、ゴルフ業界という世界に身をおいたと仮定して考えてみると、業界が良くなるためには選択を誤ってはならないと思う。選択の基準は会員の利益をまず第一に考えるということだ。

ゴールドマン・サックスの担当責任者である桐谷重毅が、預託金よりも金融機関の債権の方が担保権があるゆえに優先する、といったのはもう少し経過を考えてみる必要がある。

ゴルフ場は二〇〇〇人が一〇〇〇万円の会員権を買えば、合計二〇〇億円集まり、一八ホールできる。実際に、資金計画はそのようになっているはずだ。金融機関からの借入れはそのあとに発生し、その借入れはゴルフ場以外の損失、たとえば株投機だとかデリバティブの損失の穴埋めのためとすれば、ゴルフ場とは別に処理されるべきであり、金融機関にゴルフ場を担保として差出すこと自体が犯罪的行為であり、法の正義に反すると思う。日東興業の一つ一つのゴルフ場について、金融債務発生の流れを検証してみる必要があるのではないか。桐谷の説明はもっともらしく聞こえるけれど、法の正義に照らしてみると、もっともであるといえないかもしれないのである。

何千万円かのゴルフ会員権を買えた人は、たとえそれが銀行ローンであっても、一般の生活者に比べれば恵まれていたはずだ。「買えた」とか「恵まれていた」とか過去形で書いたのは、会員権のローンが払えず、住んでいた自宅や土地を担保としてとられ競売にかけられて借家住いの人もいるからだ。

しかし、当時は会員権を購入し、相場の値上がりを夢みていた。なかにはまったくプレーをする気がないのに会員権をもっている人もいた。桃源社社長の佐々木吉之助は、本人はゴルフにまったく興味がなく、海を眺めているのが好きな人物なのに、茨城県にゴルフ場を造成していた[21]。

(21) 慶応大学医学部大学院を修了したもともと成人病の医者だった佐々木吉之助は、東京都港区神谷町で開業していた。そこの患者の不動産業者の話を聞いて、自分も自分の能力を試してみようと、一九七一年に桃源社を設立、不動産業に転身した。一九三二年生まれだから、四十歳前である。一時は商業ビルなど資産九〇〇〇億円といわれた。一九八七年、JR蒲田駅（東京都大田区）の東口の旧国鉄用地の公開入札で六五七億円で落札、蒲田ビルを建設することになる。しかし、融資をめぐって日本興業銀行（現・みずほホールディングス）に翻弄され、夢は破れる。佐々木は「騙し討ち」といっている。事の顚末は『蒲田戦記』（日経BP社、二〇〇一年十一月刊）に詳しい。筆者が会った時、佐々木は身辺に注意していて、携帯電話で連絡をとり合い、東京・神田のビルのがらんとした空室に忽然と現われた。暴力団、オウム、同和、北朝鮮系といった言葉がよく出てきた。『中央公論』（二〇〇二年二月号）に佐野眞一が佐々木にインタビューをした記事「バブルの内側をすべて語ろう」がのっていたが、すっきりしない構成だった。佐々木は「ゲラの段階で二割削られた」といっていた。

そのころ、つまりバブルが始まった一九八五年から一九九〇年をすぎたころまでゴルフ会員権を所持していた人たちは、経済的に恵まれた人たちだったのだ。もし、その人たちが、ゴルフ場開発によって苦しむ人たちがおり、識者が乱開発に警鐘をならしていることに思いをいたしていたら、ゴルフ会員権についての考え方、処置も変わっていただろう。

中小企業の経営者をしている筆者の友人の二人は、一人は親の遺産として引継いだ会員権四―五枚を売り払ったし、一代で自転車製造、販売業を起こし成功した一人は、何枚かを処分している。彼はゴルフよりも価値観を絵画や骨董に向けた。シングルプレーヤーに近い腕の持主であった陸送会社の営業マンは、奈良県山添村の農民から「ゴルフ場は環境を荒らす」と説得され、ゴルフをやめて会員権を買い値近くで売り払った。別の一人は、健康を害したため会員権を処分し、その資金で長野県諏訪郡富士見町に農地を八反買い農民に変身した。農地の方は十数年前とほとんど同じ価格である。会員権が当時三〇〇〇万円だったとすれば、今日では三〇〇万円には下落している。いま、三〇〇万円では一反歩しか農地を買えない。カリン、梅、桃、ブドウなどさまざまな果樹を植え、ブルーベリーは十数種を栽培し、各種ハーブやイチゴが生育し、野菜畑もあり、ソバの乾燥機やドイツ製の大型トラクターの置場もあるという農場は生まれなかった。

第3章

生活者の目でウォッチする

〝億カン〟の出現

「ゴルフ会員権　不況知らず」「大衆化に乗り値上がり続く」という記事が『日本経済新聞』夕刊の「土曜レポート」に掲載されたのが一九八三年七月二十三日である。「この二年間で株は一五%上昇、商品相場は若干下がっているのに、会員権相場は平均五〇%も値上がりしている」とある。一九六〇年、一九七三年につぐ第三次のゴルフブームが到来したのだという。キャディーをしたがえたゴルファーたちの写真の説明には「(会員権の)購入層はサラリーマンが中心。プレーを楽しみながら財産形成のうまみも……」とあり、ゴルフ熱をあおっている。

一九七三年のブームのときは、医者や自営業者が投機目的で買う例が多かった。が、一九八〇年代の初期は一般サラリーマンが中心で、ボーナスを頭金にしてローンを組み会員権を購入、ビジターフィーを年間いくら節約できるか、細かく計算しているという。ゴルフ会員権とは「メンバーとしてゴルフプレーができる権利」の証書のこと、と説明してある。もしこれが会員権についての通念だったら極めて会員の権利が弱い、ということに記者は気づいていない。会員というのはゴルフクラブの会員であり、「クラブというものは、自分たちが仲間同士で金を出して作ったもので、クラブの土地は自分たちの土地、建物も自分たちのもの、という観念がある」(『文芸春秋』一九八八年新年号、細川護貞《もりさだ》日本ゴルフ協会会長「NHKが消した私のゴルフ税批判」)という視点が、この記事には欠けている。こういうオメデタサが後になって会員の悲劇を呼ぶのである。

この記事はまた、全国のゴルフ場の入場者数は一九八二年に前年比で一〇％も増えたのに、ホール数は〇・一％しか増えなかったとして、自治体の開発規制がわざわいしていると書いている。ゴルフ場がゴルフ人口の増加に対して少なく、ビジターはなかなかスタートがとれず、ビジターフィーは値上がりする一方ともいって、ゴルフ会員権に熱い視線が向けられる背景を説明している。

こういうゴルファーだけに目を向けた単純なメディアの記事は、環境汚染には目をつぶってまったくふれていない。自治体が規制をゆるめてゴルフ場開発に道を開くきっかけとなり、リゾート法（総合保養地域整備法）の制定をすすめる空気をつくり出していくことになる。

一九八七年二月十六日付朝刊の『日本経済新聞』は「ゴルフ会員権、天井知らず　相場の高騰続く　十三コース〝億円カントリー〟」という記事を掲げ、あたかもゴルフ会員権の相場がまだまだ上昇するような印象を読者に与えていた。〝億円カントリー〟は〝億カン〟ともいわれ、この年の二月十四日現在の一三コースを表に示し、二〇〇二年十月末現在で、これら〝億カン〟の売り値と買い値がどうなっているかも併せて記した。（次頁。単位は万円、カッコ内は一九八七年一月十日からほぼ一ヵ月間の上昇幅である「CC」は「カントリークラブ」、「GC」は「ゴルフクラブ」の略）

たった一ヵ月で価格が数千万円単位で急騰するのだから、会員権の持ち主が舞い上がるのも無理はない。「後につづけ」「バスに乗り遅れるな」と、将来ババを引くことになる人たちが借金をしてまで陸続と買いに入る。ゴルフ会員権は投機となっていった。小金井CCは、ピーク時（一

“億カン”の登場とその後（単位・万円）

コース名	1987年当時		2002年10月末現在	
	2月14日の中心相場	1月10日からの上昇幅	売り値	買い値
小金井ＣＣ（東京）	33,000	プラス8,000	3,650	3,200
相模原ＧＣ（神奈川）	25,000	〃　8,000	1,950	——
鷹之台ＣＣ（千葉）	17,000	〃　3,000	2,000	——
武蔵ＣＣ（埼玉）	17,000	〃　7,500	1,450	1,250
大利根ＣＣ（茨城）	16,500	〃　7,200	1,600	1,450
箱根ＣＣ（神奈川）	16,000	〃　5,200	670	600
我孫子ＧＣ（千葉）	15,500	〃　4,500	1,400	1,280
戸塚ＣＣ（神奈川）	15,000	〃　4,000	1,850	1,700
東京よみうりＣＣ（東京）	14,000	〃　4,500	2,150	1,900
府中ＣＣ（東京）	12,000	〃　3,700	730	——
厚木国際ＣＣ（神奈川）	11,500	〃　5,000	1,100	850
狭山ＧＣ（埼玉）	11,000	〃　3,100	1,100	950
飯能ＣＣ（埼玉）	10,000	〃　2,800	1,000	870

九八九年末）には四億五〇〇〇万円まで値上がりし、小金井ＣＣの会員権二、三枚でアメリカのコースが一つ買えるとまでいわれた。[1] ほかのゴルフ場も、八九年末から九〇年初めにかけてのほぼ三～四ヵ月の間にピークをつけている。

（1）当時、日本長期信用銀行ニューヨーク支店に勤務していた箭内《やない》昇は、「東海岸のゴルフ場なら容易に買えるので驚いた」と語った。箭内著『メガバンクの誤算』（中公新書）は、日本の銀行の没落が構造的なものであることを証明している。それは、ゴルフ場と銀行の関係についても当てはまる。

小金井ＣＣは二〇〇二年十月末現在で三五〇〇万円が相場だから、ピーク時に買って持ち続けている人は四億一五〇〇万円の損失、八七年二月時点で買ってまだ持っている人は二億九五〇〇万円の損失を抱えている計算になる。

〝億カン〟も哀れをとどめるの一覧表である。箱根カントリークラブは、二〇分の一以下に下落している。買い値がついていないコースもある。現在の状況では、これらのコースはまだ面目を保っているといってよく、株式でいえば額面割れのゼネコンの株価みたいな、二〇万円とか三〇万円、もっとひどいのは千葉国際CCの「一万円で売りたいけれども買い手なし」、兵庫県の有馬CCの「八万円で売りたい、買い手現われず」というのもある。筆者が見に行った千葉広済堂CCは、市原市の山の上にあり、大量の残土・産廃の捨て場を眺めながらプレーしなければならない。ここの会員権は「五五万円で売りたい、三五万円なら買います」である。こういうボロボロのコースが相当数ある。日本企業と同じようにダメなところはダメで、今後も淘汰がすすみそうだ。

美酒「セント・アンドリュース」

筆者が初めてゴルフ場問題を大きく取り上げたのは、一九八八年四月五日付の『朝日新聞』夕刊である。見出しには「不気味…ゴルフ場乱造」「自然むしばみ進行」「背景に民活・金余り」とある。茨城県の笠間市と内原町の山間部に虫くいのように広がるゴルフ場の航空写真がついている。そのころ、「セント・アンドリュース」というスコッチ・ウイスキーを飲んでいて、なかなか美味だと感心していたが、それが全英オープンの会場ともなるスコットランドのゴルフ場の名と同じであることを知った。テレビの映像やセント・アンドリュースでゴルフをした友人の話によれば、このゴルフ場は海辺にあり、自然の地形を生かしたもので、海風にヒースという草がなびいている。ヒースは風に吹かれると紫色に見えるのだという。家族連れでサンドイッチをかごに入れ、ハーフ（コースの半分）を回って海辺で昼食にするという使われ方もしており、農薬とも縁が薄そうだ。

「セント・アンドリュースという町は漁港なんですよ。漁港のおかみさんたちは、旦那が漁に行っている間は暇でしょうがないもんだから、球をころがして遊んでいたんだ。それがゴルフの始めなんです。そして、後に、十七世紀のことですが、ある女王がそこにゴルフ場を作ろうと言い出した。その女王様が初めてゴルフに関する公文書を出した。その土地をセント・アンドリュースの町から借りるという公文書が出ている。それがゴルフに関する最古の文書なんです。その女王様はなかなかの女丈夫で、旦那がいたけれども浮気をしたり、ゴルフをしたりしていた。（前の？）王様が殺されたんですが、殺された翌日には、もうゴルフをしていたんですからね」と細川護貞は語っている（前出の『文芸春秋』一九八八年新年号）。

『ゴルフと日本人』（岩波新書）の著者で、法政大学で社会学を講ずる田中義久は、セント・アンドリュースを訪れた印象をハリエニシダとクロウメモドキとヒースによって特徴づけて語っている。

「ハリエニシダは、シャクナゲやハイマツのように密生し、一〜一・五メートルの高さのものが多いが、なかには二〜三メートルの大きなものも見かけた。棘が痛くて、とても、手を入れてボールをとり出すことなど、できるものではない。五月から六月にかけて、やや濃い黄色の蝶のかたちの花をつける。だから、金雀児という和名もあるくらい可憐な『ラフ』なのだけれども、ゴルフ・コースでは絶対にお近づきになりたくないしろものである」

「(クロウメモドキは) やはり一～二メートルの高さのものが多く、棘があり、五月頃に淡い黄緑色の小さい花を咲かせる」

「(ヒースの) 小さいつりがねのかたちをした花房が稲や麦のように折りかさなって咲く様子は、実に楚々として美しく、これが連山をやや淡い紫紅色に染めあげる光景は、ほとんどそのままスコットランドの代名詞といってよいだろう。けれども、この清楚な花を咲かせる灌木が、実はツツジ科のそれで、ハリエニシダやクロウメモドキに負けず劣らず、手強いのである[2]」

(2) ハリエニシダ＝whin、クロウメモドキ＝buckthorn、ヒース＝heath。ハリエニシダは、furze とか gorse という言い方もある。

日本のゴルフ場は、どうもセント・アンドリュースとはまったく違う様相を呈しているようだ。筆者は現場をいくつか見て回った。

大半の日本のゴルフ場は森林を根こそぎ倒し、山を崩して造成される。多少樹木は残すものの、大部分は、薄い緑の芝生である。道路から仰ぎ見ると、森のように見えるものの、一歩コースの中に入ると、樹木がほとんどないという偽装も行われている。成田空港の上空から下界を見ると、山々が円型脱毛症になっている。

森林とゴルフ場の芝生では雨水の浸透能力が格段に違う。「ゴルフ場のように機械で造成された人工草地は、元の自然林地の四分の一に浸透能力が落ちる。それに見合うだけ保水力も低下する」（村井宏静岡大学教授＝森林水文学）という話も、筆者は記事で紹介した。（拙著『水』朝日NDブックス参照）

一九八八年二月一日現在のゴルフ場は四七都道府県で一五六三ヵ所だった。第二次ブームの一九七三年三月末には六九八ヵ所だったから二・二四倍に増えている（ショートコースは除いた数字）。「造成中」や都道府県に申請のあった「計画中」は合わせて五五〇ヵ所になっていて、これらがすべてオープンすれば二一一三ヵ所となる。一八ホールで一ヵ所当たり約一〇〇ヘクタールの用地が必要だから、日本のゴルフ場の総面積は二一万ヘクタールを超えることになる。これは雲取山など奥多摩の山々から千葉県との県境である江戸川までを含めた東京都全域の面積に等しい、と筆者は当時計算していた。今日、全国のゴルフ場は二三五〇ヵ所にのぼっているから、東京都全域がゴルフ場と化していると思って間違いはない。

日本の年間降水量の平均を一八〇〇ミリとして、二〇万ヘクタールのゴルフ場の総面積には三六億トンの降水がある。一二〇〇万人の東京都民が一日に使う水の量は五〇〇万トンだから三六億トンを五〇〇万トンで割ると七〇〇日と出る。利根川や多摩川からまったく取水しなくても二年間まかなえる水の量である。

多摩川の小河内ダムは非常用で、ふだんはほとんど利根川水系の水を東京都は使っている。利根川の渇水騒ぎは、ダムの過剰放流が原因の〝つくられた渇水〟であることが「東京の水を考える会」によって暴露された。(3) かりに渇水が現実になったとしても、取水量がゼロということはありえない。利根川からの取水が五〇%カットされた、つまり取水量がふだんの半分しかない事態を想定してみよう。そうしたケースでは一四〇〇日約四年間は東京都民の水は大丈夫というのが、ゴルフ場の総面積に降る水量なのである。芝生の保水力は極めて小さいので、このうち膨大な量の水がただ流れ去ってしまう。水不足が心配だとダム建設をすすめながら、ゴルフ場の乱開発を許しているのは矛盾である。①矛盾のある行政や経済運営は失敗する。②矛盾のあるところには不正が潜む――というのが生活者としての筆者の見方である。

(3) 一九八七年と九〇年の首都圏の渇水騒ぎについて、「東京の水を考える会」は、「利根川水系のダムのむだな放流によってダム貯水量を急減させたためだ」と指摘した。利根川水系を管理している建設省のある課長は「一億トンの過剰放流が住民団体に見つかって困った」と漏らした。既設の利根川河口堰の湛水域を有効容量一〇〇〇万トンの調整池として利用する放流システムをつくれば渇水騒ぎは起こらないことを、新沢嘉芽統元東京大学教授と岡本雅美岩手大学教授は見出した。拙著『水』(朝日NDブックス) 参照。

つづいて八八年五月二日夕刊に、「ゴルフ場待った」「各地で住民の反対運動」「芝に薬剤、水源汚す　奈良・山添村[(4)]」「自然壊して住宅地包囲　埼玉・鳩山町」という見出しの記事が掲載された。大阪本社の若山茂樹編集委員と筆者の共同執筆である。東京本社では、デスクの中に共感者がいたものの、ほとんど孤立無援だったので、大阪本社の環境問題の専門家と組んだことは、ゴルフ場問題は報道しなければならないという説得力を社内にもたらすことになった。

(4) 山添村の浜田耕作ら農民三人が、奈良県庁を訪れ、「ゴルフ場は全部が水源地の上にでき、簡易水道の質と量に甚大な影響があります。大量の農薬が散布され、汚染が懸念されます。夏には水田用水の不足も心配です」と開発凍結を陳情した。これに対して、木岡源次企画部長は、「ゴルフ場は村当局が誘致しておられること。県としては、いろいろな注文事項が守れるなら、よろしいやないかと言うております」と答え、話し合いはすれ違いだった。山添村の村長と浜田耕作は親類だが、ゴルフ場問題では対立した。

茨城県が八四年に新設凍結を解除するなど、すでにゴルフ場の規制が次々と解除され、中曽根内閣の「民活」のかけ声で八七年に制定された総合保養地域整備法（リゾート法）が、ゴルフ場ラッシュに拍車をかけていた。

「ゴルフ場建設ラッシュ　自治体が誘致、規制緩和も」という見出しで長野県、兵庫県、宮崎県、山形県の状況を報じた『朝日新聞』（一九八七年三月九日付）は「キャディーやレストラン、芝の手入れなどで雇用増が見込まれ、娯楽施設利用税や固定資産税の収入が期待できるために自治体がゴルフ場誘致を進めている」と解説している。

ところが、それから一五年ほどたった二〇〇二年の現状は、雇用増はさほどでもなく、ゴルフ場に雇われたキャディーの収入も激減、中断ゴルフ場は残土・産廃の捨て場としてねらわれ、観光客からはそっぽを向かれ、地価の下落に拍車をかけるという現象が起きている。農薬・化学肥料によって水道水源の川は汚され、産廃によってふもとの稲も汚染されている恐れがあり、要するに住民が住みたくない土地になっているところが多い。ゴルフ場栄えて、地域ほろびるの図である。バランスを欠いたゴルフ場誘致を進めた自治体の長は、当時に遡って住民の損失を弁済してもいいのではないか。このころすでに「ゴルフ場経営、楽観できぬ　新設ラッシュに警鐘　東海銀行リポート」（一九八七年六月十七日付『朝日新聞』）という記事も小さく出ていた。需給バランスは崩れかけていたのである。

筆者が「ゴルフ場　裏で渦巻くカネ　金　かね」（一九八八年八月二十五日付『朝日新聞』夕刊）という記事を書いたのは、小さな警鐘の声にバブルに酔った官僚、エコノミスト、政治家、メディアがまだ耳を傾けなかったころである。

この記事の書き出しは、こうである。

「謹賀新年」。今年の元日、見知らぬ会社社長から埼玉県小川町の町民に年賀状が舞い込んだ。用件は何も書いてない。続いて四日付消印で再び「謹賀新年」。そこには「当社のゴルフ場建設と併せて、この地域の開発計画を地権者の皆さんにご相談し……」とあった。埼玉県小川町と玉川村にまたがる地権者百六十二人に出されたゴルフ場開発業者の年賀状だ。用地買収のスタートだった。水田が一反（十アール）当たり三百万円なのに、山林を一反当たり四百万円で買うという。五ヵ月のうちに大半の地権者が同意書に印を押した――「自然を壊すゴルフ場はもうたくさん」の声が強まるなか、（公民館の建設・道路の付設など）地元サービスへの費用もかさむ。高い土地買収費、（娯楽施設利用税、固定資産税の）税の増収を期待する自治体、（上昇トレンドの）会員権をめぐる相場など、ゴルフ場開発の周辺にはカネの思惑が渦巻いている。

小川町と玉川村にまたがるゴルフ場計画の買収予定面積は百二十ヘクタール。十アール四百万円で、（土地代だけで）合計四十八億円。元小川町議会事務局長が「もう汗を流して働く時代じゃない。頭を使って稼がなくては。いまが山を売るチャンス」と、説得に一役買った。「大金が手に入れば老人ホームで安楽に暮せる」とも。元町役場課長の区長も住民の説得に回った。

和紙の里として知られる同町は人口三万余人。農業のほか、豊かな山林を背景にした建具や和紙などの中小企業が多い。ゴルフ場用地の地権者一人当たりの平均所有地は七十四アールと細分化されており、平均取得額は三千万円弱。「これで今どき老人ホームで良い暮らしができるのだろうか」と、買収に応じない小川町の農業金子美登《よしのり》さんは首をひねった。

同町には、いま既設の一ヵ所を除き、隣接町村にまたがるものも含めて六ヵ所のゴルフ場計画がひしめいている。内田敏雄・小川町企画課長は「娯楽施設利用税が一ヵ所あたり四千万円ほど入るし固定資産税も増収になり、キャディーなどの雇用が増える。若者が山仕事をやらなくなり、山林を手離したい人が多い」といい、地権者の同意率が高ければ、県への立地承認申請には「問題なし」の意見書をつけているという。

結局、このゴルフ場計画は、一六二人の地権者のうち、一・七ヘクタールの山林をもつ金子美登《よしのり》ら二人が同意せず頓挫した。ゴルフ場業者は飲食供応つきの説明会を開いたから、相当額の出費をしただけに終わった。

後で詳しくリポートする小川町の山口敏夫らが画策したプリムローズカントリー倶楽部は、最高四五〇〇万円の会員権を売って、工事中断、もはや再起不可能の状態だ。

金子は山林でシイタケやシメジを育てている。キノコはガンの予防になるといわれている。一方、ガンの患者の半数は農薬によると考えている学者がいる。ゴルフ場の阻止は、二重の意味で町民の健康にプラス効果をもたらしたことになる。

孤立した闘いを勝ち抜いた金子はこう語った。(5)

(5) 一九九五年十二月十六日付『朝日新聞』の「ひと」欄。山口敏夫代議士逮捕後の埼玉県小川町の状況を聞いた。

「(ゴルフ場の)グリーンキーパーの話にびっくりした。ミミズがいると(それをエサにしている)モグラが出て芝生を荒らすので、農薬(強い殺虫剤)を散布する。ミミズは土からはい出てきて、のたうちまわって死ぬという」

「(プリムローズCCについては)政治家栄えて山河なしの状態は止まった。しかし、工事代金未払い、借地の地代未払い、特別土地保有税の滞納という結末です。約千人が最高四千万円以上で購入した会員権はどうなるのでしょう。カネのため、集落の人間関係もズタズタです」

「造成地は土砂が崩れ、(ゴルフ場がつくった)調整池に迫っており、災害の危険がある。町民の森予定地を転用した町や、開発許可をした埼玉県の責任を問いたい」

小川町や埼玉県の当時の責任者(少なくとも課長以上)は、町民や税金支払者に与えた損害額を弁済すべきである、というのが筆者の考えである。不当な支出とみられる過去の官々接待費について、三重県では課長以上に毎月返還させており、また食糧費の返還をさせた自治体もあるから、ゴルフ場問題での税金支払者に対する不当な損害は弁済しても不思議ではない。

話は戻るが、「ゴルフ場　裏で渦巻くカネ　金　かね」という記事は、さらに続けて、こう書いている。

国内でゴルフ場十三ヵ所をもつ中堅業者によると、東京都心から百キロ以内のところで十八ホールの土地約百ヘクタールを買収する場合、用地費に五十億円から百億円かかる。造成・建設費が六十億円から百億円。最近は住民側から公民館新設、河川や道路の改修といった注文が出され、さらに費用がかさみがちだ。まだ地権者と契約がすんでいないのに、寺の改修費として檀家が五千万円を要求するという話もある。でも、この業者は「〝おもらい根性〟とはいいません。地元の人たちがそれだけゴルフ場に期待するところが大きいのだと思う（ゴルフ場が頓挫すれば、結局、おもらい根性の後味の悪さだけが残ることになる）」。

静岡県三島市の富士山ろくに最近開いたゴルフ場の例では、各ホールの位置、調整池、排水系統、盛り土の規模などを勝手に設計変更したため県からクレームがついた。大幅な手直し工事が行われたため、結局、十八ホールで用地費・工事費・金利の合計が約百八十億円にものぼった。

こうした出費を埋めるのが、会員権の販売だ。三島市のゴルフ場の場合、会員千人とすれば会員権は平均千八百万円以上で売らなければ採算がとれない。第一次募集が縁故者中心に六百五十万円だったから、会員を千三百人にふやしたうえ、会員権の発売額も十二回にわたって二千八百万円まで上げてやりくりしたという。

都市銀行の銀座支店長から転身した元ゴルフ場経営者によると、完成後の（ゴルフ場の）経費は、人件費が売上高の四五％を超すと危機に陥るという。従業員はキャディーを含め百五十人として、平均賃金を年間二百万円とすると、人件費は年三億円。これが四五％以内におさまるためには、六億七千万円以上の年収をあげなければならない。「年間来場者（延べ）五万人として、一人平均一万三千円のプレー代とすれば、六億五千万円。そのほか会員の年会費や名義書き換え料がありますから、人件費四五％が危機ラインというのはいい線ですね」と、別の経営者も、この試算にうなずいた。年間営業日は三百十日だから、一日の入場者は百六十人以上なければならない計算になる。

「一日の入場者百六十人」というのは、四人を乗せた乗用車がゴルフ場の駐車場に四〇台並ぶという計算だ。だから、ゴルフ場の駐車場を見て回ると、そのゴルフ場の経営状態が大体見当がつく。筆者は、この本を書くにあたって千葉県の市原市と君津市、兵庫県の東条町、吉川町、杜町、三田市、篠山市今田町のゴルフ場を、地元の人たちの協力を得て見て回った。閑散といっていいゴルフ場がいくつもあり、名門といわれるゴルフ場も車がいっぱいということはなかった。息たえだえではないのか、という印象を持った。実際、ゴルフ場への来場者は減り、グリーンフィーは値下げせざるをえない過当競争のなかで、全ゴルフ場の九割が赤字経営といわれている。

この記事の最後に、ゴルフ業界を代表して日経連常任理事を務める木下俊雄スポーツ振興社長の話がのっている。「いま千六百近いゴルフ場が日本にあり、あと五百五十ヵ所ほどが三、四年のうちにできるという。採算性や過当競争を心配する声もあります」という筆者の質問に対して、東京の本社で木下は自信に満ちて強気の発言をしていた。

「米国では一ゴルフ場当たりの人口が一万七千人なのに対し、日本では七万五千人。日本は三千ヵ所ぐらいあっていい。しかし、自然環境破壊の問題もあるから、二千から二千五百ヵ所が妥当かもしれない。工場立地の無理な過疎の町村から誘致の話が多いんです」

このとき、スポーツ振興は国内で直営・系列合わせて二七ヵ所、海外で五ヵ所八コースのゴルフ場を展開していた。

それから一四年後の二〇〇二年二月、グループ全体で三五六〇億円の負債を残して倒産した。フロリダ州やカリフォルニア州の豪華な施設を紹介した冊子を筆者は持っている。これにハワイを含めて、大きな損失を出した。国内のゴルフ場は三〇ヵ所に増えていた。「栄枯盛衰」「うたた凄涼」と筆者はつぶやく。木下は「株式や定期預金など約二一億円分の私財を提供する」と語り、東京都世田谷区成城の豪邸も追い出され、鎌倉市笛田に身を潜めた。筆者は、旧知なので心境を聞きたいと思い、香川県でゴルフ場支配人をしている息子を通じて面会を申し入れた。ＦＡＸで返事がきた。「現在はお話できる状況ではなく、申訳ありませんが、取材等はご遠慮したい。お話できる日がくれば、その時に」とあった。

不十分な農薬規制

野放し同然だったゴルフ場の農薬使用に規制がかかり始めた。千葉県が全国都道府県に先がけて「安全使用指導要綱」をつくり、実施した。しかし、水質監視についてはふれておらず、地中に浸透し、下流を汚染したかどうかは調査の対象になっていない。

「千葉県の指導要綱　ゴルフ場農薬規制の功罪」という解説記事（一九八八年十一月十八日付『朝日新聞』解説面）では、「農薬は適正に使われれば安全」という立場を行政はとっており、「これで立入り調査が可能になった」「農薬取締法の登録農薬を使うよう指導する」と行政はいっていると筆者は書いた。しかし、住民側は「森林伐採による生態系破壊の視野を欠き、開発促進の口実に使われそうだ」と警戒していた。はたして、二〇〇二年になって、果実や野菜に毒性の強い未登録の農薬がインドなど外国から輸入されて四三都道府県で広範囲に使用されていることがわかった。(6) 口に入るものさえ「登録農薬を使う指導」はなされていなかった。ゴルフ場にも当然使われているにちがいない。

（6）青森のリンゴ農家などが果実を投棄せざるをえなくなった光景が映像で報道された。経済的損害だけでなく、農民の健康被害も心配された。

ゴルフ場を所管する通産省（現在の経済産業省）は、ゴルフ場と癒着しており、ゴルフ場による水源汚染に無関心だ。

埼玉県比企郡滑川町の高根カントリー倶楽部は、筆者の友人が父の遺産としてもらったゴルフ会員権を売った一九八八年当時、理事長が日本銀行副総裁や日本航空初代社長を歴任した柳田誠二郎だった。柳田理事長のもとに富士銀行頭取・経済同友会代表幹事をした岩佐凱実《ともざね》、日本鋼管副社長をした桜井春雄、このほか自動車メーカー社長、新聞社幹部、大学教授らが理事に名を連ねている。だが、乱開発や農薬被害に反対する埼玉県の西部丘陵地帯の住民は、広範囲にゴルフ場批判の運動を展開していた。

こうした住民の運動については、会報の『高根』（一九八八年四月一日刊）の編集後記で「ゴルフ場の造成ラッシュのためか、自然保護関係方面から、農薬汚染や保水力急減の問題を指摘する声が上がっています。ゴルフ場のエコロジー（生態学）に真剣に取り組まなければならない時代ともいえますが、当倶楽部でも、コース管理部で十分な配慮のもとにこの問題への対処を怠らないでいます」と書いている。環境汚染を気にしてはいても、ゴルフ場のグレードを維持するためには農薬散布はつづけざるをえないというのが現実であった。

高根ＣＣは政治経済調査会という組織をつくり、その名前で通産官僚を呼び、相当額の謝礼を払って話を聞いている。山口敏夫（自民党代議士、元労相）がらみの背任・業務上横領・詐欺・偽証事件で、山口敏夫と弟の根本勝人とともに逮捕された実姉の山口仁枝《よしえ》も、この高根カントリー倶楽部の会員で、ハンディキャップ二七の腕前であった。

一ゴルフ場を見ても、かなりドロドロしているのである。それを見て見ぬふりをしている社会的に地位のある人たちは、本当にノーブルでエレガントな精神の持主なのかどうか、筆者はときどき疑問に思うことがある。日航機が墜落したり、銀行が不良債権の山を築いて血税が注入されたりする体質と、どこか見えざる糸でつながっている気がするのである。読者はどう思うか、聞いてみたい。

この高根カントリー倶楽部にふれた記事は、『水情報』（一九八八年第八号、下水道問題連絡会議刊）に執筆した。この『水情報』のタイトルは「水源を無視するゴルフ場計画」である。千葉県岬町と長野県三水《さみず》村の訪問記も書いている。

「いい水を飲みたい。いい水でコメを作りたい」と千葉県岬町岩熊の一農民は思った。開発によって、農業用水や飲料水の水質が悪化するという危機感が心を締めつけた。彼は農閑期に、裏山の中腹から尾根に向けて四五メートルの隧道を掘った。四年かかった。常時七〇トンもの水が得られた。水田用から飲料用まで全てまかなって十分すぎる量である。樹木におおわれた小さな山が、大量の水の供給能力を保持している事実は驚異的ですらある。ゴルフ場開発では、この何十倍、何百倍も水量のある山が破壊されている。ゴルフ場が散布する農

「水道の水源地がゴルフ場になる」とゴルフ場反対の村民は村長候補を押し立てて総決起集会を開いた。（1988年7月、長野県三水村の倉井公民館）

薬や化学肥料による水源汚染も進んでいる。

「ゴルフは紳士のスポーツ」というが、少なくとも日本では「カネの亡者のスポーツ」である。

政治・経済・社会の支配層が、こうした「カネの亡者」で、住みにくい世の中づくりに貢献しているならば、住民は自ら立ち上がらなければならない。長野県上水内郡三水村では、水源地の山一帯をゴルフ場と化す計画に対して、住民が決起した。住民運動の「緑と水源を守る会」代表が村長選挙に立候補し、「ゴルフ場は地域を活性化する」と主張した助役に勝ったのである。

三水村のゴルフ場計画は、加藤憲男・

長野中央開発副社長という地上げ屋の発想から始まった。加藤氏は、「二万五千分の一」や「五万分の一」の地図の上だけで開発地域を探す。そこが水源地だとか民俗伝承の地だとかは眼中にない。「山というものは現地に行っても全体が見えない。その点、地図なら一目瞭然。地形が一発でわかる」「ゴルフ場をつくりたいという会社は、そこらじゅうにある。三〇〇億円規模の話が、電話一本でまとまるぐらいだからね」と信濃毎日新聞記者に語っている。こうした地上げ屋の目には、緑したたる山も札束にしか映らない。

加藤氏の構想は、角藤という長野の建材会社が引き継いだ。人口六〇八〇人の村を真っ二つに割った選挙戦が展開された。（一九八八年）七月十七日投票の結果は、水源保護派の村松直幸氏二二五〇票、ゴルフ場推進派の大川暹氏一九九八票だった。投票率は九五・三％。

『水情報』には翌八九年の第九号にも「ゴルフ場問題の複雑さ」という題で書いた。

ゴルフ場造成で最も大変なのは、土地買収と都道府県の認可を得ることである。暴力団・ヤクザ・有力政治家が介在しなければゴルフ場はできない。ゴルフ場は政治家の裏金作りの資金源であることは、ゴルフ業界の常識である。なぜ政治家は億という金を必要とし、なぜ企業は社費で（特定政治家が関係する）ゴルフ会員権を買い政治家に奉仕するのか。

総合保養地域整備法（リゾート法）については、開発が承認された（一九八八年春段階で）十三道県の「基本構想」という冊子を詳細に分析することだ。国土庁が外部に説明する概略は、ゴルフ場開発が盛んなところほどゴルフ場を開発項目からはずしているから、ほとんど意味がない。国土庁は（部厚い）「基本構想」を銀行や企業に貸し出している。納税者団体＝住民団体にも喜んで貸してくれるはずだ。都道府県も同じように配付または貸与してくれるはずだ。

承認されたリゾート開発のうち、ゴルフ場だけピックアップすると、ミニゴルフ場を除いて九十四ヵ所、総面積は一一二〇〇ヘクタール（大阪市の約半分）に達する。あと十二府県が承認を申請中で、申請したら内容の変更はあっても一〇〇％認められるから、すぐ大阪市の二一三一一ヘクタールになる。これは、リゾート法による現在の開発に限った面積で、これからもまだ申請→開発は続くのである。現在約一六〇〇ヵ所のゴルフ場があり、二二〇ヵ所が造成中。計画中も五二〇ヵ所はあり、そのうえに規模の大きいリゾート・ゴルフ場が加わるわけだ。

役所が記者発表や外部に出すために使う「概略」「要約」などは、最も肝要なところを故意に書かないことがある。こうした官僚の作為は要注意である。総理府外政審議室が集めたかなりの量の従軍慰安婦についての原資料には、十歳代の朝鮮人少女が相当な数慰安婦にさせられていたことが、姓名を消して記載されていた。年齢を見ただけで目をおおいたくなるほどであった。しか

し記者発表では表面に出なかった。十歳代の少女を「いい働き口があるから」と誘ったとしても、欺したことになり、ほとんど強制連行といっていい。当時の河野洋平外相や谷野作太郎外政審議室長（後に駐中国大使）はそれを知っていた。しかし、日本遺族会あたりからの圧力は目に余るものがあった。原資料はすべて筆者の同僚によって朝日新聞のデータベースに打ち込まれてある。十歳代の少女を慰安婦として扱ったことと戦死者は英霊とする考え方とは矛盾する。それについて触れた一文に対して（これは英訳もされた）、筆者は黒ワクの匿名の無気味な手紙をもらったことがある。戦時中の日本軍の行為について書いた同僚のなかには、カミソリの刃の入った手紙を受け取った記者もいる。

要するに筆者は、環境問題の運動でも原資料に当たれ、といいたいのだ。後にふれる自治体のゴルフ場に関する水質調査についても、発表されたデータがいかに不十分かを明らかにしたい。「急増するゴルフ場　住民運動活発」「公害防止協定や監査請求　生活環境保護へ多様な手段」という見出しの記事を筆者は書いた（一九八九年八月三日付『朝日新聞』解説面）。書き出しはこうである。

通産省が先月（八九年七月）発表したゴルフ場調査によると、ゴルフ場の昨年の売上高は一兆九百七十三億円で〝一兆円産業〟の仲間入りをした。戦後三度目のブームである。一方、森林生態系の破壊、農薬による環境汚染などが問題視され、全国各地で住民運動が盛んになった。ゴルフ場業者と公害防止協定を結んだり、建設に関与した自治体に対して予算支出をストップする監査請求をしたり、住民たちはあの手この手で生活環境を守ろうと立ち上がっている。

三七都道府県から一〇〇近い住民運動の団体が参集して、全国交流大会が八九年春に開かれた。そのころの住民運動の特徴は、単なる陳情や申入れではなく、着実に成果をあげるための工夫がみられることだ。全国交流大会での切実な声の一部を紹介しておく。

「娘のぜんそくを治すため森林の近くに引っ越したのに、木が切り倒されてゴルフ場になってしまった」（埼玉県鳩山町）

「魚がいて水鳥が遊んでいた農業用ため池が農薬や化学肥料で汚染され、水鳥が飛来しなくなった」（千葉県一宮町）

「造成による土砂の流出で、飲用の井戸まで茶色く濁った」（兵庫県三田市）

「ゴルフ場の排水から毒性の強い殺虫剤が検出された」（奈良県山添村）

ネズミの競争

日本弁護士連合会（日弁連）の『自由と正義』という機関誌が「ゴルフをめぐる諸問題」を特集した（一九九〇年七月号）。目次と内容の要旨を記すと次のようであった。

◎「ゴルフ場の造成と農薬汚染」　谷山鉄郎（三重大学生物資源学部）

谷山によると、ゴルフ場は、水田や畑が水が流失しないように畔や土手をめぐらした閉鎖型の土法であるのに対して、高いプレーイング・コンディションを要求されるので、水が流失しやすい開放型の工法がとられている。グリーンは、表層三〇センチは直径一ミリ以下の細砂が八〇％程度、その下にまた一五センチの粗砂や砂利が敷きつめられ、その下に排水管が通っている。砂が主体であることは、グリーンばかりでなくティーグランドやフェアウェイも同じだ。排水組織は、肋骨式または魚骨式、つまり主管と枝管からなり、主管は直径一〇センチのを使い、枝管は四・五〜六・〇メートルの間隔で埋められる。ゴルフ場の造成工法は、降った雨水が表面に水たまりをつくらないよう、いち早く地下へ浸透し、調整池へ流れるような完全開放系として造られる。したがって、降雨中もプレーができ、集中豪雨後もすぐプレーを再開できるわけだ。

ゴルフ場はこのような開放型であるから、大量に使用される農薬や化学肥料、土壌改良資材は雨水で斜面を流れ下るか、地下に浸透して残留するか、排水管を通して調整池に集まってくる。調整池の汚水は、いずれ近くの沢や川に流出する。海辺近くに造成されたゴルフ場は、海が調整池の役割をするため、ゴルフ場の農薬や化学肥料を含んだ排水が直接流れ込み、魚介類や養漁場の魚が死滅するという問題をひき起こす。

鉄、アルミニウム、マグネシウム、カルシウム、ナトリウムなどを含む土壌改良資材は、砂が主体のゴルフ場に土と同じ成分を与えようとして、一平方メートル当たり一〇キロも投入されているという。芝生の成長の微量養分を供給するためだ。今日、農薬を使っていないといわれるゴルフ場でも、その排水口から小川に到る水路が赤いヘドロとなっているのは、土壌改良資材のなかの鉄分によるものである。

酸性雨によって水がPh５以下の酸性になると、土壌粒子に吸着されていたアルミニウムなどが溶出してきて、それが魚介類の体内に蓄積して死をもたらし死の湖沼と化した例が北欧、カナダ、アメリカにある。東アジアの工業化がすすみ、日本にも酸性雨が降っており、ゴルフ場の土壌改良資材は問題化するだろう。

またゴルフ場の砂は、大部分が山の岩石を砕石してつくられるため、石の細かい微粒子が年中川に流れ出し川はにごる。それに農薬が混入してくるため死の河川になりやすい。

また、ガンによる死亡の相当部分が農薬によると推定されると、アメリカ科学アカデミーの資料をもとに論じている。

◎「生命・自由・幸福追求の権利のために」　松井覺進（朝日新聞記者）

筆者は会社の上下関係を休日にまでもち込んでのゴルフは、「個の喪失」そのもので、ゴルフ場問題の根底には個人主義の欠如があると指摘している。

リクルート事件が発覚する前は、政治家が新設するゴルフ場の理事などに名前を貸していた。

その名前を利用して、企業に法人会員権を当てはめる。すると、リベートが政治家にまわるという仕組みである。

例えば、一企業に会員権を二枚五〇〇〇万円で当てはめる。一〇〇社で五〇億円。このうち一五〜二〇%がリベートになる。一五%として七億五〇〇〇万円というのは濡れ手にアワの巨額な額である。こうしたムダ金のツケは、高額の会員権(この場合は一枚二五〇〇万円見当)を買った会員に回っていることになる。ところが、リクルート事件発覚後、政治家は表面に名を連ねることをやめてしまい、一般の会員の一人として名簿に名を掲載されるようになった。構造悪がより見えにくくなったのである。

もし「個の喪失」がなく、政治家や会社経営者が、日本国憲法が要請する「個人の尊重(一三条)」「生命、自由、幸福追求の権利(一三条)」「健康で文化的な最低限度の生活を営む権利(二五条)」に配慮する良識をもっていれば、今日のようなゴルフ場乱造現象は起こらなかった。地域活性化をうたいながら土木建設業界に奉仕する総合保養地域整備法(リゾート法)も存在しなかった。

英語で「ラット・レース(ネズミの競争)」というのは、「出世競争」のことだ。これまで草を食べていたネズミが、もっとうまい食物があるところを妄想して突然走り出す。二匹目が続く。三匹目、四匹目……やがてネズミは大群となって同じ方向へ走り出した。行く先には、海に突き出た断崖絶壁のような不幸や惨事が待っているかもしれないのに、ふみとどまって考える理性はない。

もしネズミの競争から目覚めて脱け出たら、「土地を売りたくないのに売らざるをえない」という追い詰められた精神状態にならないはずである。あるいは村八分を覚悟しなければならないかもしれない。しかし、正しいことをして村八分になったら、その方がよほど人生を豊かにすごせるのではないか。前述の埼玉県小川町の金子美登のように、孤立状態がすぎれば町民も目覚め、彼を乱開発の防波堤として町会議員まで押し上げるのである。

谷山鉄郎のいう「海がゴルフ場の調整池になる」事態が、岩手県陸前高田市でもち上がった、岩手県の「さんりく・リアス・リゾート構想」に取入れられ、国土庁の承認を得たゴルフ場計画があった。開発会社名はアベ・インターナショナル・ベンチャーズ・コーポレーションといい、歌手の千昌夫（本名・阿部健太郎）が社長だった。陸前高田市の菅野俊吾市長は「千さんが〝ふるさと〟のためと思って計画した。早期実現を期す」と市議会で答弁を繰り返していた。広田半島に、千昌夫のオハコ「北国の春」風にいえば「〽赤松・青い海・南風」の一八ホール、一一五ヘクタールのゴルフ場が出現するはずだった。ところが、〝ふるさと〟の広田漁業協同組合が「農薬で海が汚れ、漁場が荒れる」と反対のノロシをあげた。岩手県漁業協同組合連合会もそれに同調した。千昌夫は「〝ふるさと〟にシコリを残しては……」と、一九八九年十二月に開発を断念した。歌う不動産といわれていた千昌夫も、漁民の団結には勝てなかった。

漁民の抵抗は、北海道東部の佐呂間町、湧別町などでもあり、サロマ湖畔の四漁協がゴルフ場計画を断念させている。

筆者は、このほか地域によって異るゴルフ場阻止の方法として、「地権者が一人で闘う」「国土法違反で告発」「工事中止の仮処分申請」「環境保全協定や公害防止協定の締結」「議会への請願」「選挙・リコール・署名運動」「公害等調整委員会に工事中止を求める調停申請」「監査請求を経て民事裁判へ」を、事例を紹介しながら『自由と正義』に書いている。

筆者はまた、「ネズミの世界では、大発生すると必ず激減期がくる。ゴルフ場も数年後には過当競争時代に入ると予想されている。もしゴルフ場がネズミの世界のように過剰生存が不可能になったとき、森林伐採と農薬や化学肥料で荒廃したハゲ山同然の土地と施設だけが残ることになる。これは、ボウリングブームが去って廃墟と化した都会のボウリング場よりも始末がわるい。人間のおろかさの象徴としての意味はあるにしても、野生生物を無為に殺した原罪はだれが背負うのであろうか」と指摘している。

このときすでに香川県では、九〇年四月からゴルフ場の新設申請を一切受けつけず、全面凍結の方針を打ち出していた。凍結の理由に「過当競争による経営不振で荒廃ゴルフ場が出てくる恐れがある」をあげていた。この政策によって、香川県内の約三〇ヵ所の造成計画が実現不可能になった。

一九九〇年三月初旬の全国のゴルフ場の状況を記す。

開業中　一七〇六ヵ所
造成中　三二五ヵ所
計画　九八三ヵ所

二〇〇二年十月現在、全国でゴルフ場は二三五〇ヵ所余りになっている。当時の「開業中」と「造成中」を合わせると二〇〇〇ヵ所余りだから、計画の九八三ヵ所のうち三五〇ヵ所ほどがさらにオープンしたことになる。五〇〇ヵ所以上が断念したか、いまなお計画のままかということだ。ゴルフ業界の現在の状況では、断念した方が賢かったということである。

◎「ゴルフ場開発と環境破壊」　井口克彦（東京弁護士会会員）

一九九〇年一月、埼玉県飯能市の住民や生徒、父母たち五一人が、「西武飯能カントリー倶楽部」（社長・松山善三）の建設工事中止を求めて、国の公害等調整委員会に調停を申し立てた。井口は、娘が現地にある自由の森学園に通学しているため、申請人兼代理人としてこの事件に参加した。当時の畑和《やわら》埼玉県知事は、埼玉県の丘陵地帯のゴルフ場乱開発に一役かって裏ガネをつくっていた自民党代議士の山口敏夫（元労相）と癒着していることが後に発覚するほど、ゴルフ開発に無定見で、住民たちは「どこが革新知事なのか」といっていた。実際に畑和はゴルフ好きで開発許可を次々と出していた。「西武飯能カントリー倶楽部」も開発を許可していた。したがって、埼玉県にこの問題をもち込んでも、積極的に調停を進めてくれるとは考えられないとして、国の公害等調整委員会に申し立てることにした。

飯能市にはすでにオープンしているゴルフ場が六ヵ所、造成中が一ヵ所あり、西武飯能カントリー倶楽部は八つ目であった。一四〇ヘクタールとかなりの広さで、皇居が九五ヘクタール、新宿御苑が五八ヘクタールなので皇居と新宿御苑を合わせたほどの面積である。

名栗川渓谷には三つのゴルフ場が密集することになり。小岩井・久須美・小瀬戸の三集落が三つのゴルフ場によって取り囲まれることになり、保育所・小・中・高校の子どもたち一五〇〇人と住民六〇〇人に農薬汚染の危険が迫っている。七万人の飯能市民のうち六万人に給水している取水場と浄水場が小岩井にはある。

井口は、西武飯能CCで年間二・三トン散布する計画の農薬一〇種類を表にして提示している。この二・三トンは、埼玉県内のゴルフ場の平均的な年間農薬使用量二・二トンと一致している。ほかの二つのゴルフ場もほぼ同量の農薬を使うことになるだろうから、年に六トン以上の農薬が三つのゴルフ場で散布されることになる。

先に述べた谷山鉄郎が指摘するように、土壌改良資材の影響も無視できない。

西武飯能CCが完成すれば、大量の農薬・化学肥料などが、ほかの二つのゴルフ場とともに、おのおの調整池に蓄えられたあとに支流に流出、名栗川を汚染することになる。現在の浄水法である急速ろ過法では農薬などは除去されないため、飯能市民は汚染水を飲みつづけることになる。

除草剤に不純物として含まれているダイオキシンは、発ガン性や催奇形性が強く、ベトナム戦争でアメリカ軍が使ったため、ベトナム人にたくさんの奇形児が生まれたことはよく知られている。散布したアメリカ兵の子どもにも脳障害や片腕がない子が生まれており、ダイオキシンが男性の生殖機能にも悪影響を与えることを示している。(7)

（7）ニップ（NIPとも書かれ一般にこの名で使われた）、2・4・D（商品名ローンキープ）、CNP（クロルニトロフェン、商品名MO）、MCP（商品名・ヤマクリーンD）など除草剤は変異原性のあるダイオキシンを含む。「環境ホルモン」という言葉がダイオキシンなどに使われているが、筆者は気になる。ホルモンではないからだ。「ホルモンもどき」でホルモンを乱す化学物質であり、「ホルモン様内分泌攪乱化学物質」といった学者がいるが、正確である。

松山善三は映画監督の木下恵介門下であり、筆者の従兄も助監督として木下の元にいたので、松山についてはときおり話を聞いていた。「名もなく貧しく美しく」「山河あり」「われ一粒の麦なれど」「典子は今」など、自然に関心をもち障害児を主題とする映画づくりに情熱をかけてきたようにみえた。妻の高峰秀子は反戦映画「二十四の瞳」の主役であった。

映画づくりと娑婆での現実はちがうのであろうか。文化人といわれる人たちのなかに、建前と本音がちがう人と、言葉に責任をもち行動が伴っている人と、二種類あるように思う。

住民側は松山に公開質問状を出したが、井口によれば「回答はまったく内容のないものであった」。松山は、いつの間にかお飾りの社長を降りていた。ゴルフ場は「飯能くすの樹カントリー倶楽部」と名前をかえオープンしたものの、面積は縮小され、人気も上らず、会員数も満たされていない。

◎「会員権の本質と譲渡・相続」 今中利昭（大阪弁護士会会員）

今中によると、ゴルフ会員権の種類は四つある。「社団法人制会員権」は、施設経営企業である民法上の公益法人の社員となること、すなわち入社行為が会員契約と考えられ、会員契約（入社行為）によって成立する。典型は、一九一四年に創立された東京ゴルフ倶楽部である。ここは、会員資格が厳しく、一定のステータスを保っており、会員権の売買はない。

「株主会員制ゴルフクラブの会員権（株主会員権）」は、施設経営企業である株式会社法上の株主となること、すなわち株式引受が会員契約と考えられ、会員契約（株式引受）によって成立する。株主会員権は、預託金を償還できなくなったゴルフ場が、預託金会員権を株主会員権に切替えることによって、会員の権利を守る方法として今後普及する可能性もある。

「預託金会員制ゴルフクラブの会員権（預託金会員権）」は、施設経営企業に対して入会の申込みをする際、所定の預託金の支払いをして会員となることを承認されることによって成立する。すなわち、入会契約＝会員契約の成立である。一九八九年十一月一日時点の統計では、日本のゴルフ場の九〇％が会員制をとり、そのうち八〇％以上が預託金制となっていた。それから今日まで、新設ゴルフ場はほとんどが預託金制をとってきたから、ゴルフ会員権の法律的問題は預託金会員権が中心になると考えていい。

このほか「所有権付会員権」というのがあって、施設経営企業に対し入会の申込をした際に、入会金や物件の取得代金を支払い、その物件の所有権または持分権を取得して会員となるケースである。

ゴルフ会員権の本位は、ゴルフクラブの目的に賛同する者の一身専属的な契約上の地位である、という基本的立場を今中はとる。預託金会員権の斡旋業者が中心となって会員権市場が形成されている時に、時代遅れとの批判を覚悟であえてこの立場をとり、会員権の投機性・暴利に疑問を抱いている。

今中は「現在（一九九〇年の段階）では、会員権売買の斡旋業者による会員権売買市場が形成され、需要が供給を著しく上廻っていることから、この譲渡可能会員権の財産的価値が暴騰して、投機の対象となっていることは、会員権の本質からみて、極めて遺憾なことであり、多くの社会問題化の要素を含んでいることに注意をしておく必要がある」とも述べていた。

それから一二年たって今中は、グループ全体で三五六〇億円の負債をかかえ、大阪地裁に会社更生法の適用を申請し、保全命令を受けたスポーツ振興の申請代理人として登場し彼の予感した社会問題化が現実となったのである。「整理回収機構（RCC）が会社更生法にするというので、やむなく中立代理人になった。ゴルフ場では、大宝塚、シャロンについで関西では三件目の会社更生法です」と今中は筆者にいった。

◎「預託金制会員権をめぐる諸問題」 高山征治郎（第二東京弁護士会会員）

高山は日本で発明された預託金会員権の性格について、重要な指摘をしている。「預託金制会員権には株式制（会員権）に比べ多くの問題が存し、かつ、その地位は脆弱なものということができる。これは預託金制が社団法人制（会員権）、株式制と異なり、会員制ゴルフ営利事業としてのもので、会社とユーザーである会員の利益とは本質的に相反しているうえ、会員は無担保債権者にすぎないからである」

「預託金制のもとでは、会社と会員の利益は本質的に相反する」というこの一文を読んで納得していたら、九〇年夏以後に、預託金制会員権を買おうとは思わなかったにちがいない。おそらく、弁護士ら法律家の多くは会員権を高値で売り抜けたであろう。実際、ゴルフ会員権は、八九年十二月から翌九〇年三月までがピークの期間で、あとは暴落がつづいたのである。

高山の一文には、預託金制会員権について定義した最高裁レベルでの最初の判断として、戸塚カントリー倶楽部事件の七五年の判決が紹介されている。

「戸塚カントリー倶楽部会員権は、会員が訴外会社（経営主体の神奈川開発観光株式会社）の代行者たる同倶楽部理事長に対して入会を申込み、同倶楽部の規則所定の理事会の承認を得て理事長がこれを承諾することによって成立する会員の訴外会社に対する契約上の地位であり、その内容として会員は、訴外会社の所有のゴルフ場施設を同規則に従い優先的に利用しうる権利（プレー権のこと）及び年会費納入等の義務を有し、入会に際して預託した入会保証金を五年の据置期間経過後は退会とともに返還請求できる」

この判決によって、会員の法的性格つまり権利と義務が確立された。

戸塚CCは、三六ホールを有し、二〇〇一年二月十日、森喜朗首相が「えひめ丸沈没」の報を聞いてもプレーをつづけ、退陣を決定的にしたゴルフ場として名前が知れわたった。森首相が戸塚ＣＣを出たのは、第一報から二時間余りたってからだった。このゴルフ場は正会員一六二五名、法人正会員五五六名で、平日会員一四七名、正会員は名義変更時に預託金一〇〇〇万円（平日会員は八〇〇万円）を支払い、退会時には返還されることになっている。このほか名義書換料一五〇万円（平日会員七五万円）、年会費五万円（平日会員四万円）とある。会員権の価格は、ピークの一九九〇年二月に一億六七〇〇万円をつけたが、二〇〇二年十月には一七〇〇万円とほぼ一〇分の一になっている。(8) 入会条件として「女性入会・不可」「外国籍入会・不可」「四〇歳以上」「日本ゴルフ協会に加盟し名簿を発行しているクラブに二年以上在籍し、ハンデキャップ取得者」などをうたっていて、一定のレベルを保っており、名門コースといわれている。

（8）森喜朗は、戸塚ＣＣの会員権を、相場が四〇〇〇万円のときに譲渡された。贈与税を払っていないのではないか、として問題にされた。

今日、会員権の大半をなす預託金制会員権について、高山は以下の四点を会員の権利・義務として述べている。

①会社に対する預託金返還請求権
②会社に対するゴルフ場施設の継続的優先利用権（プレー権）
③会社に対する年会費納入義務
④このような内容の会員権を譲渡する権利

この四点をふまえて、先に記述した日東興業の債権者説明会の一部始終を読み返してみると、倒産ゴルフ場の問題点がよくわかってくる。

ゴールドマン・サックスに全株式を売却した日東興業では、会社側と会員が複雑に対立している。複雑というのは、同じ会員でも会社更生法派と和議派とあり、和議が反故にされた段階で会社側を批判する側となお妥協点を探ろうという側、それにあきらめてしまう会員などに分かれているからだ。

高山は、「ゴルフ場施設の売買は会員権を破るか」というテーマを設定して、こう書いている。ゴールドマン・サックスが日東興業を買収した場合、会員権はどうなるのかを念頭において読むと、なかなか臨場感がある。預託金額は、総計一〇兆八〇〇〇億円にもなるので、経済の問題としても見逃せない。

（預託金制会員権は）債権にすぎないので、会員契約の当事者たるゴルフ場経営者が倒産等し、別会社がゴルフ場施設を買い取り、新たにゴルフ事業を営むといったケースで、（会員は）会員権を新会社に対して主張できるかという問題が生じる。即ち「売買は会員権を破るか否か」という問題である。この問題につき、預託金制会員権が債権だとしても、①その主要な権利であるプレー権はゴルフ場の使用を目的とする用益的な債権であり、②プレー権はゴルフ場のある限り存続するという意思が会員契約から推定され、かつ、一般にそのことが広く認識されていること、③同じ債権である借地権や借家権につき、登記・占有等によって外形的に

権利が表示されていれば、貸主が変わっても借主の地位に影響がないとされている。そうだとすれば、会員権も会員名簿が発行されており、仮に会員名簿が発行されていなくとも会員制であったということ自体で外形的に権利が表示されていること、④預託金制ゴルフ場はもともと会員からの預託金でできたものであること、⑤そしてゴルフが既に庶民のものとなっていて会員を保護する社会的必要性のあること、などを根拠に、「売買は会員権を破らない」とすることができないかとの提言がなされている。しかし、債権の物権的取扱いは借地法、借家法のような社会政策立法がない限り無理だと考える。即ち、「売買は会員権を破る」のである。

この問題はゴルフ場の倒産、新会社による旧会員からの追徴金の徴収、あるいはプレー権は認めるが預託金返還債権は引き継がない、というかたちで表面化する場合が多いが、いずれにせよ、会員の犠牲のもとに解決されているのが実態である。

この問題は預託金制会員権が無担保債権にすぎない点に由来する弱点である。私は無担保の預託金返還請求権にゴルフ場施設を担保とする社債又は抵当証券を発行し、会員権を担保付のものにする方法を会員権保護の立場から検討すべきではないかと考えている。

預託金制会員権には法的な支えがなく、借地権や借家権と同じように扱えず、また、担保の裏付けがないので、ゴルフ場の経営主体が変わった場合、その権利維持が極めて弱いといっている。

そのゴルフ場が黒字であっても、ゴルフ場大手は十数ヵ所とか三〇ヵ所とかのゴルフ場を抱え、ホテルやテニスコートなども運営し、そのうえ経営者が株式や金融商品（デリバティブ）に手を出し大幅な負債を抱えたりしている。その結果、会員の預託金でつくられたゴルフ場を、会員権に担保が付いてないことをいいことに銀行に担保として差し出し、多額の借入をしていたりする。つまり、この時点で会員は欺されたことになる。コケにされたといってもいい。高山のいうように、預託金制会員権を売り出す段階からゴルフ場を担保とする社債か抵当証券を発行して会員権を担保付きにすれば、欺しの手口は予防できる。それでは、会員を何万人、何千人とつのる一獲千金をねらう乱造業者にとっては旨味がないので、[9]今日のような乱造を防ぐことにもなったかと考える。

（9）適正な会員数は一五〇〇人ほどだといわれている。五万二〇〇〇人に会員権を売りつけた茨城ＣＣは募集人数を粉飾していた。会員名簿を作成しないゴルフ場は要注意である。

主体性のない擬似クラブ

◎「英米のクラブからみた我国のゴルフクラブならびにゴルフ会員権の特質について」

服部弘志（第二東京弁護士会会員）

服部の記述によれば、英米と日本とでは、ゴルフをめぐる様相がまったく異なる。服部の指摘を二点だけ引用して、『自由と正義』の特集「ゴルフをめぐる諸問題」の紹介を終える。

「空前のゴルフブームを背景として、ゴルフ会員権も多数のゴルフ会員権業者の媒介によって相場が立ち、頻繁に売買あるいは担保融資の対象とされており、現在では会員権は、不動産、株式、債券等に匹敵する投資資産としてその地位を確立したといっても過言ではないのである。

しかし、ゴルフ会員権が市場の形成によって流通しているのは、実は我国特有の現象であって、ゴルフ場とゴルフクラブの本場であるイギリスやアメリカでは、会員権が我国のように取引の対象とされることは原則としてないのである。

我国において、ゴルフ会員権がなぜ単なる利用価値を超えて何千万円、場合によっては何億円という価格で売買されるのか、その経済的な要因は何か、あるいはそれ程の財産価値を有する権利として法的に確立しているのかなどについては、甚だ疑問を持たざるをえない」

「預託金制ゴルフクラブの場合では、ゴルフ場経営会社と会員とが入会利用契約を締結しているだけであって、会員の団体が、（社団法人制のように）主体的にクラブを組成し、運営するという実態は存在しない。いわば擬似クラブというべきものである」

預託金制ゴルフクラブは「クラブもどき」だというのである。メディアがゴルフの記事を書く場合、それがスポーツ記者であっても、以上紹介したような論述がすでに一九九〇年夏になされていたことに留意すべきである。また、ある程度知的な人であったら、ゴルフ会員権に手を出す前に、会員権の法的地位について調べておくべきであろう。そうすれば、何億円、何千万円も会員権を投機として購入、それが紙くず同然と化すという現在の事態は回避されたかもしれない。

第4章

ゴルフ場は〝緑の待合〟か

接待づけの官僚たち

千葉県成田市に成田ゴルフ倶楽部がオープンしたのは一九八八年十一月三日、文化の日である。理事会のメンバー三一人のうち、その一部を並べてみると――

理事長　田淵節也(1)（野村証券会長）
理事　青木宏悦（青木建設社長）
〃　飯田　亮（セコム会長）
〃　稲盛和夫（京セラ会長）
〃　牛尾治朗（ウシオ電機会長）
〃　児島　仁（日本電信電話副社長）
〃　土井定包（大和証券社長）
〃　宮内義彦（オリエントリース社長）
〃　諸井　虔（秩父セメント会長）
〃　浜田　広（リコー社長）
〃　江副浩正（リクルート前会長）

（1）一九八六年秋、田淵節也は、石井進稲川会会長と総会屋を交えて会い、石井から「野村証券と取引したい」といわれ、本店営業部が取引の窓口になった。石井は同時に日興証券とも取引を始めた。八九年三月ごろまでは、青木建設、熊谷組、エーザイ、日本火薬、オムロン、NTT、三菱商事などを一〇万株前後で現物買いし、短期間で利食いを出していた。証券会社は、手数料収入がはいるので上客と思ったにちがいない。八九年四月から十一月にかけて石井は東急電鉄株に絞って買い進んだ。野村証券は、八九年十月から十一月にかけて、近畿、四国を中心に東急電鉄株を一般の客（カモ）に推奨、石井に高値で売り抜けさせたとの疑惑も持たれた。さらに四大証券の大口顧客への損失補塡が明らかとなり、九一年七月に田淵節也は会長職を辞任した。（共同通信社社会部著『野望の系譜　闇の支配者　腐った権力者』〔講談社＋α文庫〕参照）

会員資格は、一部上場企業かそれに準じる法人と限定されていた。オープンした時点の会員権の募集価格は七〇〇〇万円になっていた。最初の募集価格が三五〇万円ほどだったから、この顔ぶれを見て、社費を使って社長たちが会員になっていったことがわかる。

成田ゴルフ倶楽部の社長は、大蔵省出身の松尾直良であった。一九五三年（昭和二八年）に東京大学法学部を卒業して大蔵省に入り、関税畑を歩み、銀行局保険部長、造幣局長、関税局長を歴任した。その後、三井生命に天下っている。青木建設の青木宏悦は松尾と大蔵省の同期入省であった。竹下登が首相時代のゴルフ場開設で、青木は竹下を囲む財界人の集まり「木鶏会」の主要メンバー。青木に声をかけられて彼らは理事に名をつらねたようだ。

成田ゴルフ倶楽部の非常勤取締役になった次郎丸嘉介は平和相互銀行系の人物で、このゴルフ場の地上げを担当したといわれている。平和相銀は、暴力団「稲川会」の石井進とつながりがあった。平和相互銀行は経営不振から八六年に住友銀行に吸収合併されていた。千葉県山武《さんぶ》郡芝山町で会員から集めた預託金を横流ししたと会員からみられている東京財資ゴルフ倶楽部の親会社「愛時資」の社長松井凡太も平和相互銀行頭取の番頭役であった。この愛時資は暴力団と不当な取引があったとして静岡県警に摘発されていた。

準大手ゼネコンの青木建設（本社・大阪市北区）は、二〇〇一年十二月六日、民事再生法を申請して倒産した。青木宏悦は竹下登と親しく、「青木建設株」は「竹下政治銘柄」として証券界では有名であった。しかし、銀行が見切りをつけたのだ。当時の『神戸新聞』は社説でこう書いている。

（二〇〇一年一二月七日付）

今回の青木建設（倒産）の意味するところは大きい。中央・地方を通じて政界との結びつきが強いゼネコンは、不良債権処理に当たっても、他産業に比べより「聖域」扱いを受けてきたからである。株式市場で「政治銘柄」の異名をとった青木建設は、その代表格とも言え、これまでに取引銀行のあさひ銀行や日本興業銀行などから二〇〇〇億円以上の債権放棄を受けている。これは、いわば会社をつぶさないための「徳政令」的措置だ……。

成田ゴルフ倶楽部は、八一年五月に設立され、成田市にゴルフ場を造成する計画を立て、当初の会員権募集価格三五〇万円が九〇年の最終募集では一億二〇〇〇万円になった。

この本の読者のみなさんは、その成田GCの会員権の価格が、今どうなったと思いますか。二年前の二〇〇〇年十月は四五〇万円、一年前の二〇〇一年十一月は二一〇万円、そして二〇〇二年十月には九〇万円まで暴落していた。成田ゴルフ倶楽部の説明では、当初会員は一部上場企業がそれに準じる法人が買い、会長・社長クラスの三一五人しか所持者がいなかったが、その後の募集や一対一・五の分割（二枚あれば三枚に）で現在は正会員は六〇〇人になっている。分割によって副社長クラスまで持つようになった。また企業が税対策として売りに出して一般化していった。社費を使って一億二〇〇〇万円で募集に応じた社長が、税対策で二〇〇〇万円で売ると、一億一八〇〇万円の損金となる。これを企業の利益から差引くことが認められているので節税対策としても使われ、価格下落に拍車をかけることになった。

リクルート事件は、八八年六月に川崎市で発覚したが、リクルートが所有する岩手県の安比高原ゴルフ場が接待の舞台ともなった。リクルートコスモスの未公開株を川崎市助役が取得し、一億円の利益を得ていたというのが事件の端緒であった。江副浩正は七月六日、会長職を辞職、逮捕されたのは翌八九年二月十四日。成田GCがオープンしたころは逮捕をまぬがれていた。

朝日新聞社を定年退職後、リクルートに入社、メディア対策の仕事をしていた先輩がいた。筆者は彼のすすめもあって、一ヵ月ほどリクルートの取材を断続的にしていた。だが、直観的に「書ける」という気になれなかった。新入社員はたくさん採用するのだが、毎年その三割がやめていった。ノルマ主義が厳しく居たたまれなくなったり、ノイローゼになったりしたようだ。求人求職などの情報を右から左へ流すだけで、コメントがあるわけでなく、ひどく機械的な仕事だった。サンリオ社長の辻信太郎に会ったのは、上前淳一郎の本を読み、面白そうな会社だと思ったからだ。しかし、キャラクターを考案し、文房具などにつけ、その文房具の質は二の次のような商法に納得しなかった。辻が山梨県出身で、山梨の音読みに英語のＯｈ！をつけ「サンリオ」としたという社名だけが印象的だった。リクルートもそれと同じで、触れるとすぐ消える泡をつかんでいるようだった。そのうちに、リクルート事件が発覚、つぎつぎと政治家や官僚が逮捕されていった。筆者の手元にはリクルート社内の状況を知るデータが少しはあったので、先輩の意向とは逆に、リクルート社内の内情を批判的に解説面に書いた。そういう思い出があるリクルート事件は、藤波孝生（元官房長官）、高石邦男（元文部事務次官）、加藤孝（元労働事務次官）、真藤恒（元ＮＴＴ会長）ら収賄側八人、江副浩正ら贈賄側四人の逮捕で終わった。宮沢蔵相や長谷川法相の辞任でしのいでいた竹下登首相は、自分の側にも五〇〇〇万円が渡っていたことが明らかになり八九年四月二十五日に退陣することを表明、六月二日総辞職した。

九四年九月、東京協和信用組合と安全信用組合の経営危機が明るみに出た。東京協和信組はバブル王とも呼ばれた高橋治則(2)が理事長をつとめていた。高橋が社長をするイ・アイ・イ社は、六〇〇〇億円を超す借り入れをし、ホテルやリゾート施設、ゴルフ場などに投資していた。メインバンク長銀の取締役最高顧問の杉浦敬介は、九〇年当時、高橋にいった。「君は若いのに偉いもんだ。どうしてあんないい物件を見つけられるんだ。うちの人間じゃ逆立ちしたって探せないよ」

（2）高橋治則が収集したドイツのアーティスト、アンゼルム・キーファーの大作一一点を見たことがある。戦争をテーマにした作品が印象的だった。本人が自ら評価して購入したのかどうかわからない。債務の代替物件として押えられ、イギリスの画廊から買い、イギリスの別の画廊に売られていった。

今日からみると、異常な不動産投資が行われていたことが、この一言でわかる。「いい物件」というのは、高橋が長銀からの融資で八八年八月に四一八億円で買収したオーストラリア・ゴールドコーストの「サンクチュアル・コーブ」だ。四五〇万平方メートル（一八ホールの普通のゴルフ場の約四倍）の敷地にホテルやゴルフ場がある。高橋は自家用機をもっていて、海外へ中西啓介（元防衛庁長官）や大蔵省の田谷広明（元東京税関長）を招待したりもした。九五年二月、東京協和・安全信組はイ・アイ・イ社への乱脈融資がもとで解散した。長銀行内では「協和は安全、明日は危険」と揶揄《やゆ》されていた。が、その長銀も九八年秋に「逝ってしまった」（高橋の言葉）。

高橋の弟と、三洋証券の創業者の土屋陽三郎（筆者が会ったときは三洋証券会長）の息子の一人は、慶応幼稚舎からの友人であった。その縁で土屋家では高橋治則のことを「則《のり》ちゃん、則ちゃん」と呼んで付き合っていた。三洋証券の倒産は、東京臨海副都心に建てたＩＴを駆使したトレーディング・ルームの過剰投資が原因のようにいわれている。それが主因かもしれないが、三洋証券グループは則ちゃんに頼まれ多額の債務保証をしていた。とくに三洋ファイナンスは、日本債券信用銀行と関係が深く、不動産融資にのめり込んでいったという。土屋の娘が、筆者の信州の畑を手伝いながら問わず語りにそんな話をした。「何もなくなるのもいいものよ。さっぱりして」と大学教授と再婚して幸せそうな彼女はいった。背後の八ヶ岳は、高校時代に彼女が登破した山々だ。筆者の車の番号は「８０８０（晴れ晴れ）」である。しかし、彼女は「やれやれ」と読んだ。実感がこもっていた。

高橋に自家用機で海外のゴルフ場に招かれた田谷は、主計局主計官のころから接待ゴルフ漬けであった。多摩CC、ザ・ナショナルCC、軽井沢72ゴルフ西コース、千代田CC、梅ヶ丘CC、大箱根CC、武蔵富士CCと九〇年二月から九一年九月の間に、わかっているだけでもこれだけ接待漬けになっている。大蔵省主計局総務課長の中島義雄も同じぐらい接待漬けのゴルフ三昧であった。

大蔵省だけではなく、厚生省の岡光序治[3]事務次官も特養老人ホームを手がける「彩福祉グループ」の小山博史代表から六〇〇〇万円を収賄したほか、一六〇〇万円のゴルフ会員権をもらっていたことが発覚、九六年に逮捕された。

（3）小山博史は、かつて総務庁長官・玉置和郎《たまきかずお》の秘書だった。玉置は誠備《せいび》事件の加藤暠《あきら》の株の錬金術にかかわり、利益を得てきた政治家。生長の家をバックに参院全国区で当選。衆院に鞍替えして和歌山二区で当選している。玉置から学んだ小山は、このほか岡光夫妻へ乗用車提供、岡光の妻の福祉施設「桃泉園」の理事就任、岡光のマンション購入など、薬害エイズ渦の厚生行政どこ吹く風の二人の関係だった。岡光は、妻や子どもと別れて、年老いた母親と暮らす日々だという。

九五年八月、住宅金融専門会社（住専）の巨額な不良債権問題がクローズアップされた。住専は七〇年代に銀行・証券会社・生命保険会社が出資して設立され、不動産会社などへ融資された資金は、住宅だけでなくラブホテル、パチンコ屋、ゴルフ場へ流れたりした。住専七社中、六社は大蔵省から初代社長が出ていて、ここでも癒着ぶりが歴然としていた。住専は別表のように農林

住専への融資と大蔵省との癒着

住専名	母体行	初代社長の出身	農林系からの借入額(その比率%)
日本住宅金融	三和・さくら・あさひ・東洋信・大和・北拓・三井信	大蔵省	8,923(38.0)
第一住宅金融	長銀・野村証券	大蔵省	8,070(44.5)
日本ハウジングローン	興銀・日債銀・大和証・山一証・日興証	大蔵省	9,932(39.4)
住宅ローンサービス	第一勧銀・富士・三菱・住友・あさひ・さくら・東海	第一勧銀	8,616(51.0)
住総	三菱信託など信託七行	大蔵省	7,772(38.5)
総合住金	第二地銀加盟七二行	大蔵省	6,833(49.9)
地銀生保住宅ローン	地銀六四行・生保二五社	大蔵省	4,604(37.8)
合計			54,750(42.2)

(注)借入額は95年3月末時点、単位億円。箭内昇著『メガバンクの誤算』(中公新書)を参考に作成。

系金融機関からも巨額の借入れをしていた。

農林系金融機関というのは、農林中央金庫、都道府県の信用農業協同組合連合会(信連)、保険の全国共済農協連合会(全共連)、都道府県の共済農業協同組合連合会(共済連)などである。六八兆円の農家の貯金を集めるものの、農家向けの投資は先細りのため、新しい運用先を求めていた。ゴルフ場は、山につくられ、そこに散布される農薬、化学肥料、土壌改良資材はふもとの田畑を汚染するので、農家とゴルフ場業者は本来相入れないはずなのに、農林系金融機関に集まった農民の貯金が、ゴルフ場開発にも使われていたことになる。

住専から借りていた末野興産は九六年八月、七一六〇億円の負債を残して破産した。また、東海興業は、五一一〇億円の負債を抱えて九七年七月に倒産した。ゴルフ場を造った富士住建と朝日住建、それに末野興産の三つの不動産業者だけで住専も含めた金融機関からの借入金は一兆三〇〇〇億円を超えていた。ところが、売上げは、朝日住建五〇〇億円、富士住建四四一億円、末野興産一一七億円、合わせて一〇五八億円しかないというメチャクチャな状態だった。さらに、債務企業の多くが暴力団と結びついていることだった。このため住専の債権は回収が大変むずかしい不良債権となった。

結局、農林系の負担を軽くするために国民が税金で六八五〇億円を負担するという理の通らない解決策が自民党によって強行されてしまい、今日の不良債権処理に禍根を残すことになった。九六年六月、住専の解散とともに決着した損失見込額の処理は、

母体行　三兆五〇〇〇億円の融資額を全額放棄する。

一般行　一兆七〇〇〇億円を放棄。

農林系金融機関　五三〇〇億円を「贈与」。

（「贈与」というのは焦げ付きはなかったという装いをするため。大蔵省銀行局の当初案では、農協系の負担は、その倍以上あった）

国民負担（税金による財政支出）　六八五〇億円

これらを合わせると、六兆四一五〇億円の処理ということになる。

ここでゴルフ場との関係で注目したいのは、住専不良債権問題をめぐる衆議院の公聴会で会社更生法に詳しい清水直弁護士が次のように陳述していることである。

「住専七社に会社更生法を適用すると、保全管理人が各住専の内部に入り、資産債務の調査や、

経営破綻の原因、責任の追及などを直ちに始められる。その後、更生手続き開始までには三ヵ月か四ヵ月、更生計画の立案までには二年か三年あれば十分だ。調査結果によっては、更生計画の中で、母体行の負担を重くし、公正を期すこともできる。取り立てに協力しない借り手がいる場合には、債権者として借り手を更生会社にしたり、破産を申立てたりすることができる。抜け駆け的な住専からの債権回収や、住専の資産に対する不当な権利設定も比較的容易に排除できる。東京と大阪の地裁に住専関連特別部を設けて、ベテランの裁判官や書記官を配置し更生手続きを迅速にできるようにすれば、裁判所の管轄下で極めて透明性の高い処理が進められる。政府案では、住専処理機構が三ヵ月から六ヵ月後にようやく動き始める。その間に、住専の資産価値は日に日に劣化し、責任追及のための証拠も散逸する。政府案をとるにしても、まず会社更生法の手続きを申し立てて、全財産の凍結を図ることだ」

清水は、日東興業の民事再生法申立てを是とせず日東興業の浜野GCの有志が起こした会社更生法申立ての代理人となった。「責任追及」「迅速性」「透明性のある処理」「資産劣化を防ぐ」というのが会社更生法の特徴だといっている。この論旨は、浜野GCの場合にも生き、二〇〇三年二月に多数の会員の意向である会社更生法による再建を裁判所に認めさせた。日東興業の他の二九ヵ所のゴルフ場とは別の再建の道を歩むレールを敷いた。

こうした状況をふまえて企画したのが「ゴルフ場は〝緑の待合〟か」という九七年二月十五日付『朝日新聞』の対論である。だが、この対論のあとにも、大蔵省の検査官の贈収賄事件が発覚する。このことに触れて、対論の紹介に移ろう。
九八年一月二十六日、検察庁特捜部は宮川宏一金融証券検査官室長と谷内敏美管理課課長補佐を逮捕した。二人は、銀行から飲食やゴルフの接待を受け、大蔵省の銀行検査の日程を教えていたのだ。ふくれあがった銀行の不良債権は、検査の名に値しない検査の結果である。一万円払うと横に座った女性が下着を脱ぐノーパンシャブシャブの接待を受けたことで宮川は有名になった。九三年三月から九七年五月まで宮川宏一が受けた主な接待一覧表を産経新聞がインターネットで流した。

〔贈賄側＝第一勧業銀行〕

〈年（西暦）と月〉	〈接待場所〉	〈金額〉
九三・三	東京・内幸町のステーキ料理店	二万円
九三・七	東京・愛宕の飲食店	三万円
九三・九	東京・西新橋の料亭	三万円
九三・一一	千葉・粟源町のゴルフ場	八万円
九三・一二	東京・赤坂の料亭	五万円
九四・三	神奈川・中井町のゴルフ場	五万円
九四・四	千葉・成田市のゴルフ場	一〇万円
九四・八	東京・西新橋の料亭	二万円

九四・九　東京・歌舞伎町の風俗飲食店　四万円
九四・一〇―一二　大蔵省の金融検査

ノーパンシャブシャブで醜態をさらしたあとの検査では、銀行にいいようにあしらわれたであろう。

〔贈賄側＝あさひ銀行〕

〈年・月〉	〈接待場所〉	〈金額〉
九五・四	石川・加賀市の温泉旅館	一四万円
九五・四	石川・加賀市のゴルフ場	四万円
九五・六	神奈川・箱根町のゴルフ場	一三万円
九五・七	神奈川・箱根町のゴルフ場	一四万円
九五・九	東京・向島の料亭	一八万円
九六・一	高知・夜須町のゴルフ場	一三万円
九六・一	高知・芸西町のゴルフ場	一三万円
九六・三	宮崎・清武町のゴルフ場	一三万円
九六・三	宮崎・高岡町のゴルフ場	六万円
九六・六	宮崎・宮崎市のゴルフ場	一三万円
九六・八―一〇	大蔵省の金融検査	

九六・八　東京・九段南の飲食店　二万円
九六・九　千葉・長南町のゴルフ場　一一万円
九六・九　東京・東池袋のあさひ銀行・池袋クラブ　一万円
九六・九　静岡・富士市のゴルフ場　八万円
九七・五　青森・青森市のゴルフ場　二五万円

「せっかく高知まで飛行機で来たんだから、あすもゴルフをして帰りましょうね」「そうですか、どうも」といった銀行のＭＯＦ担（Ministry Of Finance つまり大蔵省担当のこと）と宮川の会話が聞こえてくるようなデータである。銀行と大蔵省の関係からは腐臭がただよってくる。日本経済を腐らせてきた腐臭が。

宮川らが逮捕されたときの大蔵事務次官は小村武である。メディアで報道されることはなかったが、小村自身、ゴルフの接待漬けにあっていた。また、杉井孝銀行局担当審議官は、九八年までの過去五年間に金融機関から五六回の会食と一一回のゴルフ接待を受けていることもわかった。「上が上なら下も下」という大蔵省の構図なのである。こうして不良債権は膨大にふくらんだ。ニューヨーク・タイムスが一兆ドル（当時の為替換算で約一三〇兆円。後に政府は、問題債権は一五一兆円と報告しているから、妥当な数字）と報じた不良債権は、銀行（日銀も含む）と大蔵省（現・財務省）に責任があるのではないか。国民の税金を公的資金と称して投入する理由がどこにあるのか見つけにくい。

小村は監督不十分で形ばかりの注意処分を受けただけで、政府系金融機関の日本政策投資銀行に天下った。省庁の局長以上になると、年俸も退職金もドーンとアップする。それは「責任の重さ」に見合う収入を、という考え方による。税金支払者に背を向けた無責任な行為をしたら、国庫に返還すべきだろう、と筆者は思う。

山田國廣と田中義久の討論

バブルが崩壊して数年たつと、ゴルフ場に絡んだ汚職が噴出してきた。業者だけでなく、官僚や自治体幹部、政治家が関わっていた。彼らに税金を払って彼らと彼らの家族を養っている税金支払者は、あきれて呆然とした。先進諸国の一・五倍も工事単価がかかる公共事業は、税金支払者のことは眼中にない利権体質から生まれている。筆者もあきれたが、もう一人、日本経済新聞論説主幹だった市岡揚一郎もそうだった。市岡は我慢できず、水木楊の筆名で『拒税同盟』[4]を書いた。経営不振にあえぎながら、リストラもせず金づかいの荒い超大企業=日本政府。「財政赤字」という借金は膨らむ一方だ。このツケは税金支払者に回ってくる。主人公は証券会社の経済研究所の取締役兼研究主幹をやめ、女性弁護士、税理士、会社経営者らと拒税同盟を結成、拒税宣言を発する。「税は年貢ではない。納めるものではない。支払うものである。われわれは政府の奴隷ではない。主《あるじ》である。だから、われわれは自らを納税者と呼んではならない」「司法、立法、行政を構成する全ての公務員は、われわれに仕える公僕である。われわれから仕事を委任されているにすぎない。仕事を委任する対価として、われわれは税金を支払ってきた。それが近代国家の契約というものではないか。しかし、契約は汚された。われわれの望みもしないサービスを押しつけ、物をつくり、法によって強制的にその対価を徴収しようとしている。政府は怪物のように増殖し膨張し、われわれを呑み込もうとしている。……批判を繰り返しても、怪物に聞く耳はなく、自己改革の能力もない。こうなっては契約を破棄するしかない」主人公は別件の外為法違反で逮捕される。それからの物語は本に譲りたい。

（4）一九九六年、講談社刊。現在は日経ビジネス人文庫にある。これが発展して、インターネットで「拒税新聞」を発刊している。

筆者は、その物語の登場人物のモデルともなった友人を介して市岡と会い、執筆意図を聞くとともに、「拒税同盟はまだ甘いのではないか。税金返還運動を起こし、法律的に不正と認められるものは告発し、社会通念として不当なものは返還運動の中で返還を求めていく。現実に自治体で食糧費の返還をしたところもあるから実現性はある」という意味のことを言った。インターネットで税金返還運動のサイトを設ければ情報も集まるだろう。市岡は筆者の意見に同意した。

ゴルフ場はタックスイーターたちの談合と癒着の場にもなっていた。そういう背景があって、筆者は『朝日新聞』の「対論」というページ（九七年二月十五日付）で「ゴルフ場は〝緑の待合〟か」という企画を立て、司会・構成を担当した。

循環科学研究室を主宰し『ゴルフ場亡国論』の編著者である山田國廣[5]とゴルファーで『ゴルフと日本人』の著書がある法政大学教授の田中義久[6]の対論である。

（5）一九四三年生まれ。科学技術論を専攻、京都精華大学教授（環境社会学科）。著書に『下水道革命』『環境革命I』『水循環思考』『フロンガスが地球を破壊する』など。

（6）一九四〇年生まれ。社会学を専攻。著書に『人間的自然と社会構造』『社会意識の理論』『コミュニケーション理論史研究』、訳書にアドルノ『権威主義的パーソナリティ』など。

「対論」の少し前の一月二十三日、元運輸事務次官で関西国際空港社長になった服部経治が収賄で逮捕された。贈賄側は泉井石油商会の泉井純一で、泉井は大蔵省官房長の涌井洋治（後に主計局長）にシャガールの絵を贈ってもいた。

収賄の厚生事務次官は岡光序治といった。序治《のぶはる》、経《つね》治、洋治の三人の「治」にちなんで、筆者は、こんなメモを手帳に書きつけていた。

序治、経治、洋治さん
あちらを向いて「治」をなせり
右、役人のシンボルなり

紙面に掲載された内容を再録する。

業者や自治体幹部による官僚接待で、ゴルフ場は密会の場「待合」のようだ。開発に絡む政官財の癒着や預託金制度の乱用——利権とカネまみれからゴルフは再生するか。

山田　私は一九八九年からゴルフ場問題に取り組み、水の汚染を調べていくうちに、環境問題だけにとどまらないことがわかってきて、「ゴルフ場に三悪あり」という言い方を始めた。環境破壊。社会汚染。これはゴルフ場開発にともなう汚職ですね。それに土地の囲い込みです。

リクルート事件では岩手県の安比高原のゴルフ場に官僚が招待された。オレンジ共済も長野県に山林を買って、一発逆転でもうけてやろうと企てた。富士住建が開発したゴルフ場に住専の金が流れていた。朝日住建もそうですね。

田中　私は、ゴルフを始めて二十五年目ですが、山田さんの『ゴルフ場亡国論』が出たときは、それなりにショックを受けました。『ゴルフと日本人』を書かなければと思ったのは、茨城カントリークラブが、いやあ、五万二千人も会員を募集して最初から倒産を見込んで金を集める、これはひどすぎるんじゃないかということからです。（汚職とゴルフ場の関係が）厚生省の岡光序治ケース、運輸省の前事務次官の服部経治ケースとぞろぞろ出てくる。病理症状といいますか、大きな手術を必要とする段階に来ている。アメリカではニクソン大統領のウォーターゲート事件がきっかけで、公務員の接待ゴルフは禁止されている。

山田　石油汚職の泉井純一容疑者と大蔵省の涌井洋治官房長が知り合ったのも、最初のきっかけがゴルフ場だ。癒着の接点がゴルフ場であること。もう一つ、開発の際に政治家や役人に金が流れることがある。まず地元の市町村の有力議員とか首長が土地の取りまとめに立ち回り、見返りとして金をもらう。次にゴルフ場の理事に名を連ねることによって、見返りに安い縁故会員権やリベートが手に入る。

田中　私は、日本のゴルフ大衆化のレベルを三つに分けています。第一期は五八年から六二年。第二期は七一年から七四年で、社会汚染の根っこが出てきたのはこの時期です。第三期が八五年のプラザ合意からバブル崩壊の九〇年まで。第三期に預託金で会員を募集した七百七十のゴルフ場のうち約三割は厳しい状況です。抵当権設定状況を見ると、第一順位は銀行、第二順位はノンバンク、第三順位はゼネコンです。

イギリスのセント・アンドリュースは入会地のように住民のプレー権が保証され、人間と自然がハーモナイズされている憩いの場所です。ところが、日本のゴルフ場は錬金術の舞台になってしまった。踊った人たちは金権と利権にまみれ落ちていく。ゴルフというスポーツの原点からみると、とんでもない話です。

山田　日本の場合は山を削って相当地形を変えなければならない。金がかかる。預託金制度がそういう開発を可能にしました。

田中　ぼろもうけができる預託金制度が広まったのが第二期ブームで、これが大衆化の素地となった。わずか四、五年で利用者の延べ人数が千四百万人ふえ三千八百万人にふくれた。八五年以後、これが二回り、三回り大きな格好で浮かれ飛んだんです。

山田　これだけ矛盾が出てくるなら、預託金制度は廃止すべきではないか。残したままでは本来のスポーツとしてのゴルフが損なわれる。

田中　現在、ゴルフ場の総数二千百七十二のうち、預託金制のコースは千六百一あります。うち七百七十がバブル期にオープンして返還請求がきたらパンクする構造になっている。第三のブーム期は、七十四万人が平均千四百万円の会員権を購入している。中には、五千万円とか七千万円というのがある。大蔵省も通産省も黙認した。私が二十年以上前からメンバーになっている二つのコースも預託金ですけれど、本来はそんなに大した金額じゃないですよ。

山田　銀行など金融機関も金を貸したいというので、あおった。今やゴルフ場が不良債権化している。木津信用組合は、ゴルフ場に相当金を貸していて、それが倒産の引き金になったようだ。このような状況に対して物を言うとすればゴルファーだと思う。

田中　日本社会が巨大化する中で、開発型経済を進めてきた官僚機構がテクノクラシー化していった。岡光容疑者や服部容疑者も大学で丸山真男さんとか大塚久雄さんの講義を聴いていたと思うが、それと正反対のことをやる。

山田　中曽根内閣時代に、ゴルフ場乱開発の種をまいたリゾート法（総合保養地域整備法）ができた。政府が同じようなリゾートを全国にばらまく。各県の客の予想数を足したら日本の人口の何倍にもなる。うまくいくはずはない。リゾート法の責任の取り方を問うことが必要です。

田中　リゾート法のとき、浜田卓二郎さんが議員懇談会で座長としてリーダー役を務めた。彼は大蔵省出身ですね。中曽根民活路線の民も、かなりの部分、官なんです。政官財癒着の種が構造的に含まれている。二千二百ヵ所のゴルフ場は国土との対応でいうと総量規制の段階に入っている。預託金の返還で厳しい七百七十のうち三割は、おそらくですが、地方自治体の運営に変わらざるをえない。

山田　環境汚染と社会汚染と土地囲い込み。この三悪を取り払っていく形で着地しなければならない。アマチュアゴルファーが会員権を購入した金でゴルフ場が開発された。金がどう使われたのかを見届ける責任があります。

田中　接待ゴルフを中心とする法人メンバー中心のゴルフ場の中には、こんなに不自然に整備する必要があるんだろうかというのがある。虫がまったくいないんです。秋、赤トンボがいなきゃいけないのに、いない。ホールインワンを願ってボールにキスすることがある。すると「やめといた方がいいですよ。農薬が怖いから」とキャディーさんから注意される。二千二百のゴルフ場を農薬との関係で調べ、ランキングを毎年発表していただけたらと思う。

山田　ホテルの五つ星、四つ星のような。環境監査？

田中　そうそう。

山田　ゴルフは紳士のスポーツとかいっているけれど、社用でやっていたり、カケをやったり、スポーツだという自覚があまりない。もし、ゴルフ場の倒産の連鎖が起こると、最終的には地元へ環境問題のツケが回ってくる。環境が維持される着地モデルを考えなければならない。

田中　接待ゴルフを見ると、そこにあるのは交際費であり、社用族であり、必要経費。それにいろいろな許認可事項という規制。我々が考えている以上に日本は管理社会です。日本型管理社会の「私」と「公」のうち「公」は「疑似的な公」だと思う。アメリカのように「私」と「公」の関係が透明でない。

接待ゴルフの後ろにある日本型管理社会の構造そのものを、風通しがよくてグローバルスタンダード（世界の標準）に耐えられるように変えていかなければなりません。

山田　現在は、本来の紳士のスポーツとは違った着地を日本ではつくりあげてしまった。物の考え方が浅薄で、貧しい。世界の水準からみて格好わるい。政官財癒着のトライアングルは、まだまだ構造的な変化を起こすところまでいっていない。千五百万人といわれるゴルファーが身銭を切って主体的に動かないと変わらないと思います。

底が見えない会員権の下落

日本のゴルフ会員権の暴落ぶりは惨憺たるものがあり、山田―田中対論の行われた一九九七年二月の時点より、さらに大幅に下落している。一〇〇〇万円の会員権が七〇万円になっている。

一〇〇〇万円の預貯金が七〇万円になったと考えてください。九三％下落して、価格は一四分の一になった。会員権全体の平均相場は、一九九〇年末の三三〇〇万円が二〇〇二年十一月二十八日現在二三七万円。やはりピークの一四分の一だ。

筆者は一年前の二〇〇一年十二月に別冊『環』③の「ゴルフ場問題の現在」でこう書いた。

佐川八重子桜ゴルフ社長は「ゴルフ会員権の相場見通し」というテーマで「一九九八年末を境に相場は反騰に転じた」と書いている。グラフを見ると、関東圏の平均相場は、九九年三月時点で彼女のいう〝大底〟から一六％上昇して四〇〇万円に達しています。しかし、再び下降トレンドに入り二〇〇一年一〇月は二六七万円。それでも底が見えないのが現実だ。

そして今、二〇〇二年十一月現在、関東地区の平均相場は二三七万円、関西地区は二一一万円である。一万円でも買い手がつかないコースがあり、極端な二極化、三極化が進行している。会員権下落の背景には税法にからむ政策の矛盾がある。下落を止めたいのに下落を促進する仕組みになっているのだ。

《個人の場合》

例えば一〇〇〇万円で取得した会員権を三〇〇万円で売ったとする。取得したときの名義書換

表　ゴルフ会員権の損失と税金

〔モデルケース〕

年収1200万円(課税所得710万円)の給与所得者が900万円で購入した会員権を100万円で売却した場合、会員権譲渡損失は800万円となる。

(A)当初の所得税　710万円×20％－33万円＝109万円

109万円－109万円×20％＝87.2万円　……①

定率減税部分:所得税額×20％(最高25万円)

会員権譲渡損失差引後の所得税

710万円－800万円＝－90万円＜0　課税所得0　……②

①－②＝87.2万円　……(A)

(申告すれば還付される額)

(B)住民税(所得割)　710万円×13％－31万円＝61.3万円

61.3万円－4万円＝57.3万円　……③

定率減税:住民税額×15％(最高4万円)

会員権譲渡損失差引後の住民税

710万円－800万円＝－90万円＜0　課税所得0　……④

③－④＝57.3万円　……(B)

(翌年度はこれだけ所得割の住民税がかかるのに請求されない)

節税効果の合計

87.2万円(A所得税分)＋57.3万円(B住民税分)＝144.5万円

料が五〇万円、譲渡時の手数料が一〇万円とすれば、必要経費は六〇万円。取得費と必要経費の合計は一〇六〇万円となる。売却収入は三〇〇万円だから、譲渡益(実際は譲渡損)はそれから一〇六〇万円を差引いてマイナス七六〇万円。

税法はこの損失を確定申告の計算に組み入れることを認めている。例えば二〇〇〇万円の年収があって所得税を源泉徴収されている人が前年の十二月までに会員権を売却して損失を出しておけば、確定申告で相当額の還付金を手にすることができる。ギャンブル性のある会員権にこのような特典を認めることにマユをひそめる識者もある。

《法人の場合》

これまでの会計制度ではバランスシートに記載される会員権価格は簿価なので、取得時の価格が二〇〇〇万円なら二〇〇〇万円と記入された。しかし、二〇〇一年度から時価会計になったため、会員権の時価が四〇〇万円なら、そのように記入しなければならなくなった。不足分は、剰余金などを取り崩して埋めなければならない。配当原資が減ることになるので、企業は極力避けたいところだ。二〇〇〇万円が四〇〇万円に下落したマイナス一六〇〇万円分は、会員権を売却しないと損金として計上できない。

本業で三〇〇〇万円の利益があったときに、法人税・事業税・地方税の合計税率が五〇％と考えて一五〇〇万円。会員権を売って一六〇〇万円の損失を出せば、本業の利益から損失分を差引いた一四〇〇万円が最終利益となり、これにかかる三税の合計が七〇〇万円。つまり、損失分を出すことによって八〇〇万円の節税になる。その企業の決算期に向けて売りが出やすくなっている。

政府は不況の元凶であるデフレを阻止したいはずなのに、会員権所有者の利益を図るためにデフレをいっそう助長するという矛盾した政策をとっているように筆者には見える。

第5章
水道水にしのび寄る危険

山添村を守った人逝く

「一つのゴルフ場が、芝を保護するために使う農薬の年間使用量の方が、山添村内の全農協が一年間通して取り扱う量を上回っている。そんなゴルフ場が村内に三つもある。これに加えて、新たに三ヵ所でゴルフ場造りの計画が進んでいる。これじゃあ、もう公害のたれ流し。命にも危険を感じます」

「鶏舎の卵があまり減るので、見張っていたら、カラスが取っていくんです。調べてみたら、カラスのエサ場がゴルフ場になって、寄りつかなくなったんですよ。エサのミミズが、農薬で汚染され、それを食べたカラスが次々死ぬんです。カラスは賢いから、ゴルフ場に寄りつかなくなり、替わりに鶏舎の卵を狙うようになったんです」

こう語る浜田耕作は、茶やシイタケを栽培する農家、ゴルフ場の下流の簡易水道をつかっている集落の代表や水道組合の役員とともに「山添村の水と農業を語り合う会」を結成、一九八八年三月、大阪大学の山田國廣、植村振作[1]を招いて学習会を開いた。ゴルフ場との闘いの発端となり、全国から問い合わせが来たり、視察団が来たり、多忙な日々となった。

(1) 元大阪大学大学院理学研究科助教授。熊本県本渡市出身で、退官を機に故郷・天草に帰る。生活環境に潜む農薬汚染を解明、共著に『残留農薬データブック』など。

冒頭の浜田の話は、八八年四月八日付の『朝日新聞』奈良版の「ひと大和」に掲載されたものである。

既設のゴルフ場三つは、グリーンハイランドゴルフ場（二七ホール）、万寿ゴルフクラブ（一八ホール）、白鳳ゴルフ場（九ホール）で、新たに造成中なのはオークモンドゴルフ場（二七ホール）、計画中なのはシンコーゴルフ場（二七ホール）、親会社が村本建設のセンチュリー奈良ゴルフクラブ（二七ホール）であった。八七年に開場した万寿GCの排水口からは殺虫剤のEPN（エチルパラニトロフェニール）[2]が検出されていた。催奇性があり、ゴルフ場では大量に使う。再倒産した日東興業グループのゴルフ場だ。村の菅生集落の水道中からは発ガン性が懸念されるオキサジアゾン（除草剤）が検出された。キリスト教徒である浜田は、神に背中を押されるような気持ちで、計画中の二つのゴルフ場を阻止しようと力をそそいだ。

（2）有機リン系農薬。急性毒性が強いため農地ではほとんど使われないが、ゴルフ場では大量に使われてきた。揮発性があり大気も汚染する。視力障害をおこし、中枢神経が侵される。

圧力に耐えかねて土地を売った地権者が一〇人いた。ゴルフ場のカナメにあたるところなので、買収できないと開発は不可能だった。村本不動産（村本建設の子会社、社長は同じ）が登記上の記載にもとづいて買収にあたった。ところが実測の方がずっと大きいのだ。そこで反対派住民は立木トラストをはじめた。木に札をかけた。村本建設が「はずせ」と要求、奈良地裁に訴えた。一審は住民側が敗訴したが、大阪高裁では勝訴、最高裁では「高裁通り」で決着した。

妻の能子《よしこ》は「一直線の人でしたから」という。浜田は疲れから心身症のようになり、歩行がままならぬようになって、二年一〇ヵ月の病院と自宅のベッド生活のすえ、二〇〇一年二月九日、七十五歳で亡くなった。

「村長は夫の従兄でした。いろいろな分野で先輩だったので夫は村長を尊敬していました。しかし、ことゴルフ場のことになると引けないんです。百姓一揆もあるし……というようなことをいう。村の人たちは、頭では（ゴルフ場がよくないことを）わかっていても、本音と建前がちがうんですね。人間のしがらみにぐるりと取り囲まれているような中で、遼原の火がメラメラと燃えるように運動がすすめられていったんです」と、能子は回想する。

『朝日新聞』奈良版の記事には、浜田耕作が養鶏の世話をしている写真がついていた。このとき六十二歳だから、一三年間の闘いであった。鶏は三〇〇〇羽飼っていた。水田は減反分を除いて三反半、山ではヒノキやスギを育て畑もやっていた。

同志社工業専門学校のとき学徒動員。予備士官学校で敗戦を迎えた。ふるさとで農業に従事する。DDT、BHCなどの農薬を増産のためどんどん使った。「インテリ農業ですから、模範的に使いました」

一九六一年三月、三重県名張市葛生の集会所で名張毒ぶどう酒事件が起こった。県境を越えたすぐ隣のまちである。生活改善グループ「三奈の会」の懇談会で一升瓶のぶどう酒で乾杯した婦人たちが倒れ、もがき苦しんだ。誰かが農薬を混入したらしい。三奈とは三重県と奈良県。能子

ゴルフ場では農薬が殺菌・殺虫・除草のために散布されてきた。水質汚染をもたらすと、農民の目は厳しかった。(1988年6月、奈良県山添村＝朝日新聞提供)

も参加していて、湯飲み茶碗に一ぱい飲みほした。五人が死に、十一人が入院するという大事件になった。「死ぬなら自宅で」と身重だった能子は訴え、三〇〇メートルをはうようにして帰宅、幾度も吐き、奇跡的に助かった。逮捕された奥西勝は、津地裁では無罪だったのに高裁では一転死刑判決。最高裁で死刑が確定したものの、冤罪を訴え再審請求を続けている。

浜田は一九五八年から無教会派の内村鑑三の門下生である小谷純一が開く「愛農学園」で学び、「農業は生を作る仕事。農薬を使うのは理に反する」という考えに到達していた。食事も自然食。「能子は、玄米に含まれている物質に解毒作用があったため助かった」と信じていた。

どこでもある話が、山添村でもあった。

「浜田たちの反対運動は、ごねてゴルフ場が買い上げる土地の値段を吊り上げるためだ」というのだ。しかし、憶する浜田ではなかった。浜田の死後、もう一つの裁判で勝訴したとの知らせが浜田家に届いた。売買は成立したものの土地が二つに分断されていることがわかり、境界が確定できないという住民側の主張が奈良地裁で認められたのだった。

浜田は「山添村のゴルフ場開発の凍結を求める住民」代表の名で、ゴルフ場の土地買収を担当する村本建設の子会社「村本不動産」社長、村本豊嗣に要望書を出している。それには回答はついになかった。村本建設は、九三年一一月一日、奈良地裁葛城支部に会社更生法の適用を申し立てた。この申し立ては、後に大阪地裁に移送された。負債総額五三〇〇億円の倒産である。

東京商工リサーチの倒産情報にはこうある。

「村本建設は、明治四一年三月創業で、全国一二五ヵ所に営業所を持ち、平成五年（一九九三年）三月期の完成工事高は二九一五億円、建設業界では二〇位前後にランクしていた。もともと、地元奈良県を地盤としていたが、バブル時に関東方面に進出し、ゴルフ場建設工事など大型案件を積極的に受注し急成長してきた。一方、南都銀行株買い占めで同銀行第二位株主となり話題を集めていた。

しかし、受注先には新興不動産業者が多く、バブル崩壊でこれらの業者が次々と経営不振に陥ったことで情勢は一変。ダイト（大阪市、九一年八月倒産）に約八〇億円、八木コーポレーション（東京都、九二年四月倒産）に約五〇億円の立替工事代金焦げ付きが相次いで発生。また、セゾンクラブ（千葉県）を開発中だった世創に一〇億円の債務保証を行っていたが、同社の経営悪化から、本社不動産がシー・エル・シー・エンタープライズ（ノンバンク）から仮差押さえされる不祥事が表面化した。（以来）資金繰りが急速に悪化し、四月に大和銀行から、七月に南都銀行から、それぞれ人材派遣を受け、開発用地として保有する約一五〇〇億円の不動産売却計画や、村本豊嗣社長の引責辞任、人員削減計画などを（九三年）九月二十日に発表し、経営再建を進めていた。ところが、景気後退で受注が大きく減少し、約二〇〇〇億円の金融債務が重荷となり資金繰りは好転せず、金融機関の足並みも揃わなかった」

村本建設は、田原敬造が更生管財人に選定され、経営再建にあたっている。山添村にゴルフ場を造ろうとした子会社の村本不動産は休眠状態であり山添村のゴルフ場の経営に当たるはずだった村本総合開発は名前だけ残っていると、村本建設では説明していた。

「陸の豊島《てしま》」市原市

一九八八年十一月四日と五日、東京でゴルフ場問題全国交流集会が開かれた。このとき、山添村から来た浜田耕作と、千葉県市原市の不動産業・片田勇は宿で同室だった。片田は、市原市のゴルフ場開発が猛烈で、環境破壊が進行しているので、ゴルフ場のこれ以上の開発に反対する運動を展開していた。しかし、片田は、ゴルフはハンディ11の腕前であり、静岡県伊東市のサザンクロスカントリークラブと静岡県御殿場市の御殿場カントリークラブの会員権を持ち、ときどきプレーをしていた。陸送会社で営業マンをしていたときの名残りである。

浜田は、妻の能子《よし》がいうように一直線、一生懸命の人である。村本建設に乗り込んで村本豊嗣社長（ゴルフ場開発の村本不動産社長も兼務）に会って、「ゴルフ場なんかやっていたらつぶれるぞ」と言ってきたと、片田は浜田から何回も聞いた。「ゼネコン連中は悪いことをしている」「山添村の開発は命をかけて阻止する」と浜田は熱心に話した。「すばらしい人だ」と片田は思った。「全国交流集会で片田は、ゴルフをしている人ですが、ゴルフ場に反対しています」と紹介され、笑いを誘っていた。しかし、浜田は「ゴルフをやめろ」とは一言もいわなかった。だが、片田はきっぱりとゴルフをやめる気になり、二枚の会員権を売り払った。

サザンクロスCCの二〇〇二年一一月七日の相場は「売りたい」が一〇万円、「買いたい」が一万円である。一九九〇年のピーク時は四五〇〇万円もしていた。御殿場CCはピーク時は八五〇万円だったが、今日では「五万円で売りたい」しかし「買い手はゼロ」という状況である。「村本建設も浜田さんが言っていたようになった」と片田はいう。

片田は二十八歳からゴルフを始めた。倉庫業も兼ねていた陸送会社の営業マンとして、主に石油化学会社をターゲットにしていた。ゴルフは営業に必要だった。「コレです」といって、片田は拳《こぶし》を握って突き出して見せた。「にぎにぎ」である。「ゴルファーの子もにぎにぎをよく覚え」なのか、と筆者は思った。取引先の課長クラスをゴルフ場で接待し、賞金レースで上手に負け、一〇点負けたら一〇万円、あと二人にもそれぞれカネを渡すのである。ワザと負けるにしても、相手をシラケさせないためには腕がなければならない。練習してシングルプレーヤー寸前まで上達した。

そうした営業マン生活は、振り返って決して楽しいものではなかった。社内では「仕事が遊び」とみられていた。ゴルフ接待の費用は月に三〇〇万円ほど使ったが、部長・重役の了解のもとでの仕事であった。同僚や部下には秘密だった。三〇〇万円で二億円、三億円の取引が成立すれば、会社としてはプラスという計算である。

取引先の相手もタカリに長けていた。朝から三ラウンド回り、会食をしてから麻雀。そして自宅まで車で送るということもあった。一人は東京の府中市へ、もう一人は千葉県の松戸市へ、車で送ったこともあった。川崎市の自宅に帰れず、東京都内でダウンしたりした。妻のタミ子は「あのころは大変でした。体をこわすんじゃないかと思いました」といった。

そういう生活を片田は四十二歳でやめた。会社を退職し、自営の不動産業を始めたのである。ゴルフは浜田と出会うまで続けた。

市原市は、市域つまり市全体の面積の一〇・五%がゴルフ場である。緑の山々はハゲ山と化し、毛利衛がスペースシャトルで九二年に千葉県上空を三〇〇キロの軌道高度で飛んだとき、「森林はたくさんありますが、多分ゴルフ場と思うけれども、点々とハゲているのが見えました」と語っている。ゴルフ場に通じるアクセス道路は産廃ダンプや残土ダンプ、鉱滓ダンプの街道となっている。ゴルフ場の周辺の空地は、残土・産廃・鉱滓の不法投棄の場と化していた。「陸の豊島《てしま》」(3)である。中心の駅は、ＪＲ内房線の五井駅である。「市原」という駅はない。五井駅で降りると「ゴルフ場送迎バス」の看板が目につく。ゴルフバッグを抱えて通る人がいたら看板を入れて写真を撮ろうと、しばらくそこにいた。しかし、だれも通らない。看板の下には、市原市ゴルフ場連絡

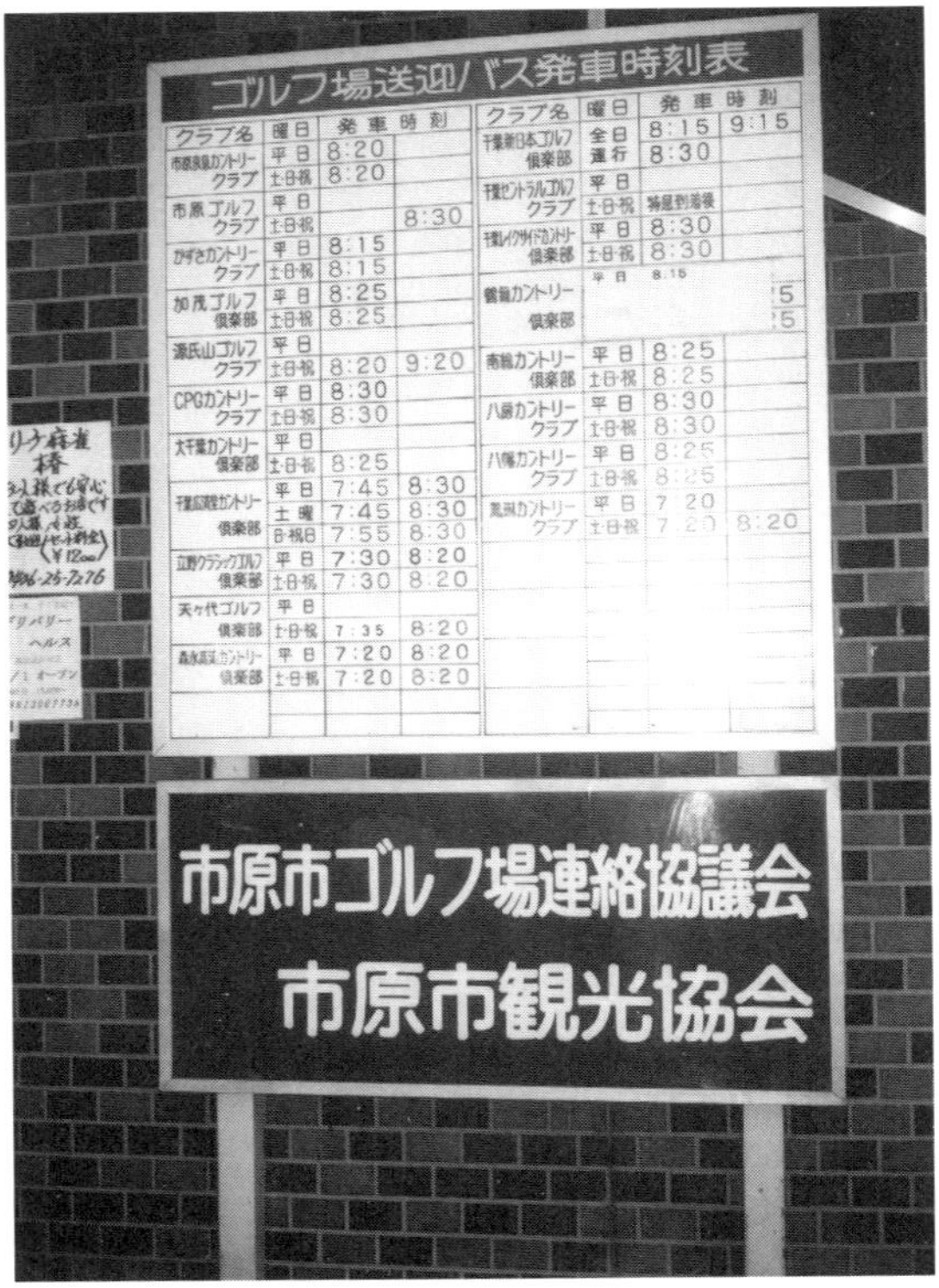

乱造ゴルフ場が観光になるのか？　ゴルフ場と市原市役所内に事務局を置く観光協会の密着ぶりを示す看板。（ＪＲ内房線の五井駅前にあるゴルフ場行きバス時刻表）

協議会と市原市観光協会の名がデカデカと書かれている。観光協会は、事務局が市原市役所の商工観光課にあるから、市原市とゴルフ場の一体感は歴然としていた。送迎バスの乗り場の時刻表には、一九ヵ所のゴルフ場の名前が書いてある。実際には三一ヵ所あり、四〇七〇ヘクタールがゴルフ場と化している。

（3）瀬戸内海に浮ぶ香川県小豆郡土庄町の島。周囲二〇キロ弱、人口一四三〇人。稲が豊かに実るので豊島となる。豊島石の加工業、漁業、福祉施設が三つ。一九七〇年代後半から島の西側に産廃業者が不法投棄を始め、野焼きもした。ダイオキシンは瀬戸内海に流出しつづけた。香川県はその業者を擁護、不法投棄は十数年もつづいた。九〇年、兵庫県警の摘発で操業は停止されたが、五〇万トン産廃が残された。廃棄物対策豊島住民会議は「無害化、完全撤去」の運動を展開、二〇〇〇年六月、公害調停により香川県は産廃の撤去を約束した。

このあたりでは名門といわれる立野クラシックゴルフ倶楽部の駐車場は、ベンツやセンチュリー（トヨタ製、約一〇〇〇万円、国産車では最高級車）や帝京大学のマークのついた車があった。しかし、台数は多くなく、ゴルフブームが終わったことを告げているようだった。ひところは、夜の街のクラブ勤めにつぐ女性の収入といわれたキャディーも、今は月収一〇万円台だという。ゴルフは〝紳士のスポーツ〟どころか、〝瀕死のスポーツ〟になりかかっている。

千葉広済堂カントリー倶楽部からは、プレーをしながら残土・産廃の富士を見ることができる。まず残土の山をきずき、ショベルカーで穴を掘って産廃を埋めるのである。「あんこが産廃、皮が残土」といったところだ。山をなしているから、量は見当もつかない。恐らく数十万トンはあるだろう。こんなところでプレーをしても楽しいのだろうか。市原市観光協会は、ゴルフ場とタイアップしており、ゴルフは観光事業だと考えている。日本中がそうである。こんなのが観光なら外国から日本に来る観光客が減るのも当然である。日本から外国に出かける方が、日本に来る外国人より段然多いのである。筆者は、毎日のように南アルプスと八ヶ岳と富士山と森を見て暮らしている。日本のいわゆる観光地に行きたいとは思わない。そこには自然はないに等しいからだ。しかし、カナダやスイスには何回でもいってみたい。

閑話休題。スイスにまつわる話をする。

加藤千幸《ちさち》という元スイス大使が、外務省を退官してから『エリートの崩壊――外務省の虚像と実像』という本を書いた（PHP研究所発行）。加藤は二〇〇二年になって、筆者が住む長野県富士見町の隣、県境を越えて山梨県に入るとすぐの大泉村に生活の場を移した。そこにスイスの首都ベルンに二〇年以上住んでいる画家・横井照子が逗留していた。横井と筆者は旧知で、彼女のアトリエに妻といっしょに泊ったこともある。横井は、アメリカのアクション・ペインティングではポロックと並び有名なサム・フランシスの三番目の妻となった。が、娘を一人もうけて離婚、ベルンに移り、その絵はスイスで人気を呼んでいる。

横井と加藤元大使の妻・千世子が筆者の家に来ることになり車で迎えにいった。小淵沢と清里を結ぶ山道の道路を、小淵沢方面に走っているとき、富士急行のバスが四台連って、もうもうと黒い排煙を出している。初夏なのに窓を開けていられない。

「スイスなら、すぐ（行政当局に）電話して、あんなことやめさせます」と横井は顔をしかめた。

「堀内さんところのバスでしょ」と千世子がいった。

「よくご存知ですね。富士急行は堀内光雄さんの経営です」と筆者はいった。

堀内光雄は、そのとき自民党の総務会長である。自民党山梨県支部連合会長でもあり、通産大臣にもなっている。大型車の排ガス規制をしようと思ったら、できる立場である。

スイスのチューリッヒの街を筆者は思い出していた。路面電車と自転車が発達していて、電車に自転車を積み込めるスペースがある。二〇〇〇メートル以上の山岳地帯には、アルプスアイベックス（大型の茶色いヤギの一種）が群れていて、人を恐れない。民間薬になるというので、狩猟で殺され、北イタリアの一部にわずかしか生存しなかったのを、二十世紀になってヨーロッパの人たちが専門の保育センターをつくって育て、再び山々に返したのである。ゴルフ場などは見なかったが、ごくわずかにあるそうで、「日本の大使はよくゴルフをなさいます。加藤大使は休日は休んでいましたけど」と横井はいった。スイスで市原市のようにゴルフ場を乱造し、農薬・化学肥料・土壌改良資材を使ったら、ゴルフ場の水は斜面を下って湖に入り、湖を汚染する。ライン川はスイスの湖から流れ出ているので、スイスの湖水の汚染はヨーロッパの大問題となるだろう。

こういう想定をすると、ゴルフ場問題に対して、日本の行政がいかに無為無策かがわかる。市原市の水道水源の高滝湖の周辺はゴルフ場が目白押しだ。そのうち上流にある七つのゴルフ場の水が養老川につくられたダム湖の高滝湖に流れ込む。湖水は農薬で汚染され、ゴルフ場の砂が流れ込み、湖底を埋めている。砂が堆積しているということは、土壌改良資材の金属類も堆積しているということである。

七つのゴルフ場というのは、森永高滝カントリー倶楽部、富士カントリー市原倶楽部、八房ゴルフ倶楽部、米原カントリークラブなどである。森永高滝CCは、親会社が森永製菓である。食品会社が水道水源の汚染に一役かっているという無神経さは、森永乳業の森永砒素ミルク事件[4]を想起させる。

（4）一九五五年六月から八月にかけて、岡山県を中心に近畿・中国・四国で森永ドライミルクを飲んだ乳児が原子病のような症状を呈し、一三〇人が死んだ。被害乳児は二三府県で一二〇〇〇人余り。発熱・下痢・発しん・貧血・腹部膨張・肝肥大といった症状。日本軽金属清水市三保工場から出た「廃棄物」を、京都―大阪―徳島と転売、森永乳業徳島工場がこの砒素入り第二燐酸ソーダを乳質安定剤として使用した。五六年、厚生省は「ほとんどは全快」「後遺症の心配はない」とした。しかし、一九六九年、公衆衛生学の丸山博大阪大学教授の「一四年目の訪問」によって後遺症が明らかになり、再び社会問題化した。

市原市の地図を見ると、東京湾からみて平地が東の方に広がっている。背後の山が緑ならば、地図の上でも美しいまちとして認識できる。ところがその山々は、ゴルフ場で埋め尽されている。レンタカーで回ってみて驚いたのは、汚れた残土や産業廃棄物や製鉄所の鉱滓の捨て場がゴルフ場と同じくらいあることだった。どうせ荒廃した山だ、捨て場にしてしまえ、という人間の心理がそこに働いていた。ゴルフ場がていねいにも、ダンプカーが山に入れる道をつくってくれていた。

鉄滓は製鉄所から運ばれてくる。君津市には新日鉄、千葉市には川崎製鉄がある。廃棄物を廃棄物として業者に処理を頼むと、法規制がやかましいので、鉱滓をトン当たり一〇〇円で売るのだ。別に運搬料として一〇〇〇円渡す。処理業者は差引九〇〇円のプラス。一〇〇トン運べば九万円ということだ。商品を装って、役に立たない鉱滓を売るのだ。売ったんだという形をとることが必要なのだ。これは偽装そのものではないか。残土についても千葉県の建設大手は、そういう処理の仕方をしているそうだ。産廃もおそらく同じだろう。

こうした偽装について、読者は何を思い出すだろうか。まず牛肉の偽装事件かもしれない。住専不良債権処理で、農林系は「贈与」という妙な形で五三〇〇億円を実質的には放棄したのも偽装である。債権放棄であるのに、債権放棄に見せないために、住専各社から一度全額償還をうけたうえで、改めて住専各社に「贈与」するという形をとったのである。製鉄所は手を汚していないという形をとるために一トン一〇〇円で一度は処理業者に捨てる鉱滓を売るのと同じ仕掛けで、農林系金融機関は債権は焦げ付いていないということを組合員に見せたかったのだ。これでは、まるで偽装国家である。新日鉄がもしこのような偽装をしていれば、新日鉄会長は政府の枢要な諮問機関のメンバーであり、国の政策に影響を与える立場にいるのだから、本当にまともな政策が生まれるはずはない。二〇〇三年一月七日、新日本製鉄、ＮＫＫ、東京電力、凸版印刷が、指定暴力団住吉会系の企業と一〇年以上にわたって取引があったことが分かった。警視庁暴力団対策課による関係遮断の呼びかけで新日鉄以外は二〇〇二年中に契約を打ち切ったという。取引は茶の購入や植木のリースだというが、暴力団とのつながりはそれだけではない、と筆者はみている。

一九九一年四月二十七日夜、ゴルフ場の近くの産廃処理場から出火、市原市の空を焦がした。

火は燃え広がり翌日まで燃え続けた。「処理に困って野焼きしたのではないか」と地元ではいっていた。瀬戸内海の豊島でも、不法投棄した産廃を業者が野焼きした先例がある。焼却炉は一応設定されているが、処理能力は一日一〇トンとかその程度。一方、荒廃の山は二〇万トン、三〇万トンのオーダーである。燃やしてダイオキシンを空にまきちらすしか方法がなかったとも考えられたのだ。

片田勇は、産廃の山が燃えるのを夜通し撮りつづけた。産廃処理場の背後には千葉県の有力な県会議員がいた。暴力団と付き合いのいい議員である。片田は産廃問題を調べていて、土佐犬をけしかけられたことがある。暴力団の脅しの手口だ。

九七年二月六日、市原市光風台にあった片田の所有する三階建ての住居兼店舗のビルが火事になった。六〇〇〇万円以上入っていた金庫が消え、焼跡にはなかった。火は一階の従業員室から出た。片田は二階に、妻タミ子は三階に寝ていた。牛久派出所の警部補が「放火かもしれない」といったが、警察はそれ以上調べることもなく、失火として片付けられた。しかし、この火事以後、産廃の野焼きが盛んに行われるようになったという。片田夫妻は二人とも北海道出身で大陸的なところがある。火事の話もアッケラカンといった調子で話した。

ゴルフ場や産廃・残土処分場は山の上にあるから、山に降った雨は、地表を流れたり地下に浸透したりしてふもとに出てくる。そこには田んぼが広がっている。田んぼの水に何が入っているか、稲は大丈夫か、調べていない。しかし、農家はその田んぼの米を自家用では食べない。「よそへ出している」という。

暴力団や暴力団と仲良しの政治家は、日の丸を掲げて愛国心のあることを装うが、実は日本も日本人も愛してはいない。カネの亡者であり、偽装国家の演出者であることが、市原市を見ているとてくる。

悪臭放つ中断ゴルフ場

君津エースゴルフクラブというのが千葉県君津市笹にある。九三年五月に着工して、九六年十二月から工事をストップしたままである。入口付近に「森林法に基づく林地開発行為許可済標識」が無造作に捨てられてあった。「事業主　君津エース株式会社　東京都中央区日本橋一―三―一三　代表取締役　小高国幹」とある。亀山湖カントリークラブと道路を挟んだ鴨川寄りにあり、笹川の上流部の標高二〇〇メートルに位置する。道路から入口に向うと、右手にビニールの破片やビニール袋に詰めた産廃が不法投棄されていて、あたりに悪臭を放っている。このすぐ下は笹川ダムだ。深い谷になっていて、そこにゴルフ場に通じる橋がかかっている。工事中、工事が終わってもしばらくは橋を渡れるように橋板が敷きつめられていた(『パーゴルフ』誌、九七年三月四日号の写真)。しかし、筆者が訪れたときは、橋板ははずされ、むき出しの鉄骨がさびて荒廃した姿をさらしていた。下をのぞくと、木が茂って見えないほどの深い谷である。『パーゴルフ』の記事による

森林法の林地開発の許可をとったのに工事中断したまま放置された君津エースゴルフクラブ。（千葉県君津市笹）

と、君津エースGCは、会員を募集していて、一一五〇万円（記名一人、登録二人）と一八〇〇万円（無記名二人）の募集は終わっている。工事を中断してから六年たっても再開の気配はない。巨額の出費をした会員たちは〝幻の会員〟になるのかどうか気になるところだ。

背任容疑で逮捕された東京協和信用組合の高橋治則理事長は、親から譲られたイ・アイ・イ社を拠点にゴルフ場開発を展開、千葉県内では君津ゴルフクラブとアバイディングCゴルフソサエティをつくった。これだけではなく、栃木県に二ヵ所、長崎県・平戸、熊本県・阿蘇、群馬県にも各一ヵ所オープンした。君津GCはどうなったか。

イ・アイ・イ社グループは、君津市平山にあった君津GCの隣にピークヒルゴルフクラブの新設を計画していたが、これは当然ながら立ち消えとなった。君津GC自体、一九九九年十月に東京地裁から破産宣告を受け、翌二〇〇〇年四月二十三日に破産管財人が債権者説明会で報告したところによれば、「債権の届出件数三八二五件、債権総額五六八億六〇〇〇万円に対し、回収可能な財産は銀行預金の一部とゴルフ会員権の一部合わせて五七〇万円」であった。ゴルフ場そのものは、破産前に競売に付されて売却されていた。ゴルフ場にはペンペン草は生えなかったものの、大金を投じた会員たちの権利にはペンペン草が生え、配当はゼロということになる。

新しいゴルフ場はロイヤルスターゴルフクラブといい、君津GCの旧会員は預託金の権利を失い、プレー権のみ認められることになった。そんな会員権だから、相場は「一〇万円なら買いたい」「二〇万円なら売る」(二〇〇二年十一月初旬)となっている。君津GCは八七年十月の開場で、当初は経営が好調、ピーク時の会員権は一五〇〇万円であった。高橋の共同事業者といわれる山口敏夫(元労相)も得意だったにちがいない。地元の埼玉県でつぎつぎとゴルフ場に手をつけ、後述するように、小川町のプリムローズカントリー倶楽部の工事は中断、産廃が三度も投棄されるようになる。

君津GCの近くに大戸見ゴルフクラブの開発計画がもちあがり、地権者の一人武山正美は阻止運動に立ち上がる。三十代の武山はほとんど独力で調査し、千葉県内の反対運動の人びとと連絡

10年かかってやっとオープンしたグリーンラブカントリークラブ（上）。隣接する古い林道（右）のような森の環境を壊してつくられた。（千葉県君津市東猪原、西猪原入会）

をとりあいながら、データや地図や写真を入れたチラシを作ってまいた。大戸見GCは計画を取りやめたものの、中断ゴルフ場の跡地に産廃が投棄される恐れがあり、気がかりだという。

オープンしているんだか、してないんだかよくわからないゴルフ場が君津市西猪原にあった。二〇〇二年九月十九日のことである。広大な茶色のゴルフ場が展開している背後に、古い林道があり、林道をのぼってゴルフ場を俯瞰することにした。あのゴルフ場も、かつてはこのようにうっそうと樹木が茂っていて、筆者は食用キノコのハナイグチ（信州ではジゴボウという）を見つけたりしたので、キノコ類も豊かだったにちがいない。林道をのぼりきったところから見下すと、コースは完成しているようなのだが、プレーヤーがいない。クラブハウスもできていない。以前は清和ゴルフクラブといっていたのに、道路に立てられた案内ではグリーンラブカントリークラブとなっていた。そこで、事業主体の株式会社清和ゴルフ倶楽部（本社・市川市）にきいてみた。「もう開業しています。経営母体は変わりませんが、コース名だけ変えたのです。クラブハウスは仮設ですが」という答えだった。

筆者が訪れてから三日後の九月二十二日（日曜日）にグリーンラブCCでラウンドした人の感想がインターネット上に出ていた。

「このゴルフ場は、なんか殺伐として、荒野といったところ。全体に茶色っぽい。クラブハウスはプレハブで、風呂がない。フロントには私服の普通のおじさん、おばさんがいて、カードは使えず、現金前払い。フェアウェイへ行ってみると、エアレーションで穴をあけた際の泥のかたまりが全面に散乱しているではありませんか。直径二センチ、長さ三～五センチの円柱形の泥のかたまりが。いくらなんでも、こんな片付けてない中で客にプレーさせるなんて……アンビリーバブル！　フェアウェイに落ちたボールは全くころがらない」（要旨）。

グリーンラブの実質的経営母体は日興商事（本社・市川市）で、ここは君津市内に香木原《かぎはら》カントリークラブを八七年にオープンしている。「買いたい二〇〇万円」「売りたい三〇〇万円」の相場だ。日興商事は、千葉県丸山町に計画していた計画をあきらめている。つまり、グリーンラブは、九三年四月に開発認可をとって、ほぼ一〇年かかってやっと開場となったのだが、プレーヤーのリポートを読むと、「やっと」というのが実感をもって迫ってくる。

町の二〇%以上を剥ぐ

〽山は青きふるさと
　水は清きふるさと

という光景は、千葉県の市原市と君津市では失われていた。「ふるさと」は喪失していた。それでは、ゴルフ場開発の西の雄・兵庫県ではどうだろうか。兵庫県の三田《さんだ》市、吉川町《よかわちょう》、東条町《とうじょうちょう》、社町《やしろちょう》、篠山市今田町《こんだちょう》を訪ねた。東条町は市域の二七%がゴルフ場である。その多くのゴルフ場の水が、水道水源となっている東条川に流れ込んでいる。長年朝日新聞に勤めた筆者が衝撃を受けたのは、朝日放送が経営するABCゴルフ倶楽部の足下で一九九九年四月二十六日に奇形魚が発見されたことだった。筆者は、奇形魚を三方の角度から撮影した写真を持っている。その魚が発見された溝のようなところは、他のゴルフ場の水は入ってこない。しかし、一体しか見つからなかったし、兵庫県も調査に乗り出さなかったので、地元の心ある人に疑念として残ったまま今日に到っている。筆者が訪れた九月下旬、ABCゴルフ倶楽部には大きな看板が掲げてあった。「2002年　ABC主催　GOLF TOUR PHILIP MORRIS CHAMPIONSHIP」とあり、その下に「主催…朝日放送　主管…ゴルフツアー機構　特別協賛…フィリップ・モリス株式会社」とあり、

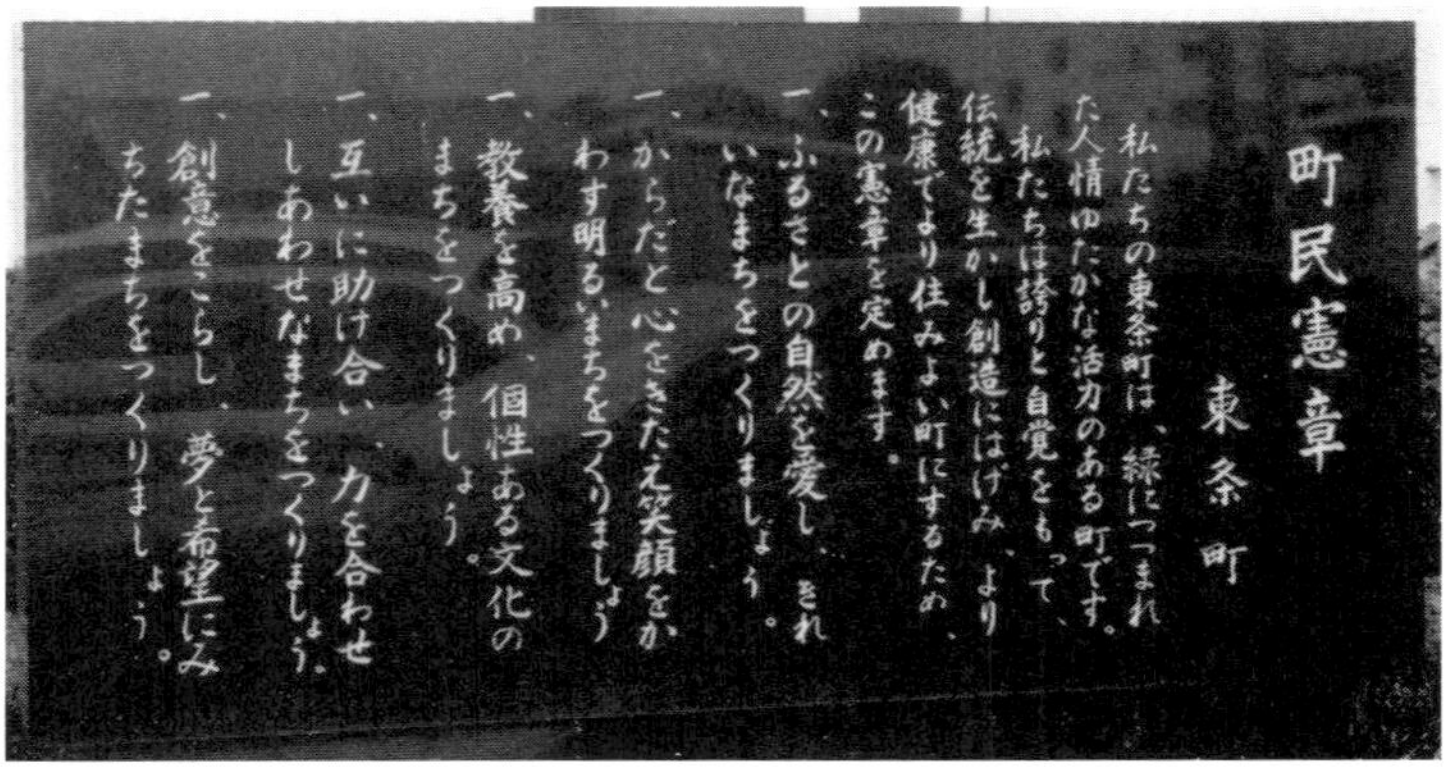
町民憲章
東条町
私たちの東条町は、緑につつまれた人情ゆたかな活力のある町です。
私たちは誇りと自覚をもって、伝統を生かし創造にはげみ、より健康でより住みよい町にするため、この憲章を定めます。
一、ふるさとの自然を愛し、きれいなまちをつくりましょう。
一、からだと心をきたえ笑顔をかわす明るいまちをつくりましょう
一、教養を高め、個性ある文化のまちをつくりましょう。
一、互いに助け合い、力を合わせしあわせなまちをつくりましょう。
一、創意をこらし、夢と希望にみちたまちをつくりましょう。

「ふるさとの自然を愛し、きれいなまちをつくりましょう」と町民憲章はうたうが、山に自然はない。(兵庫県加東郡東条町の町役場前)

さらにその下に「後援…日本ゴルフ協会・朝日新聞社・日刊スポーツ新聞社」とあった。奇形魚の出現などは関知しないという趣きである。

東条町は、面積が五〇・三二平方キロと、市原市の八分の一の面積である。五キロと一〇キロの長方形を思い描いてみるとわかりやすい。そこに一二のゴルフ場があり、町の面積の二七%を占めている。町の真ん中を東条川が流れていて、見た目にもきれいではない。町の中心部を少しはずれた東条川の上流と下流二ヵ所で水道の取水をしている。町民はゴルフ場の水が大量に流れ込む川の水を飲んでいるのだ。

町のパンフレットの表紙には「水と緑のまち　東条」とある。中には「兵庫県立自然公園　東条湖」の写真が七枚も出てくる。一九五一年に完成した人工湖だ。今日では、湖の周りにレークスワンカントリー倶楽部、東条湖カントリー倶楽部などがあり農薬や化学肥料の水が流れ込んでいる。ゴルフ場の調整池を第一次調整

池とすれば、東条湖は第二次調整池ではないのか。「健康の森」という施設もある。町全体が健康でないのに、ほとんど意味をなさない。地元で酒をつくっている。酒米は山田錦である。水は一体どこからもってくるのだろう。酒米は農薬を吸って汚染されていないかどうか調べていないようだ。ホテルや旅館もあるけれど、あの水で料理されるのではと思うと、筆者は一泊たりとも泊る気になれない。町役場の前に「町民憲章」が掲げてある。その一項目は「ふるさとの自然を愛し、きれいなまちをつくりましょう」だった。この種の宣伝文句は、だれも信じなくなっているが、偽装国家の一例として示しておく。

東条川を水道水源とする東条町の、川の水質調査はどうなっているのだろうか。町の公報に二〇〇二年四月二十四日に行われた三項目に分けた水質調査の結果がのっていた。

三田《さんだ》市の黄檗宗の名刹方廣寺の鈴木忍明住職らとともに町役場で担当の藤原孝章企画総務課副課長に聞いた。

「この調査結果には、調査をどこがしたのか書いてありませんね」

それからが時間がかかった。一〇分、一五分とすぎていく。

「やましいことはやっていない」

「あなたのポケットマネーで調べてもらったのなら言えなくても仕方がない。でも、税金で調べているのでしょう?」

押し問答がつづく。もう一人、柔道でもしそうな体格の役人が現われ、メモをとるふりをする。

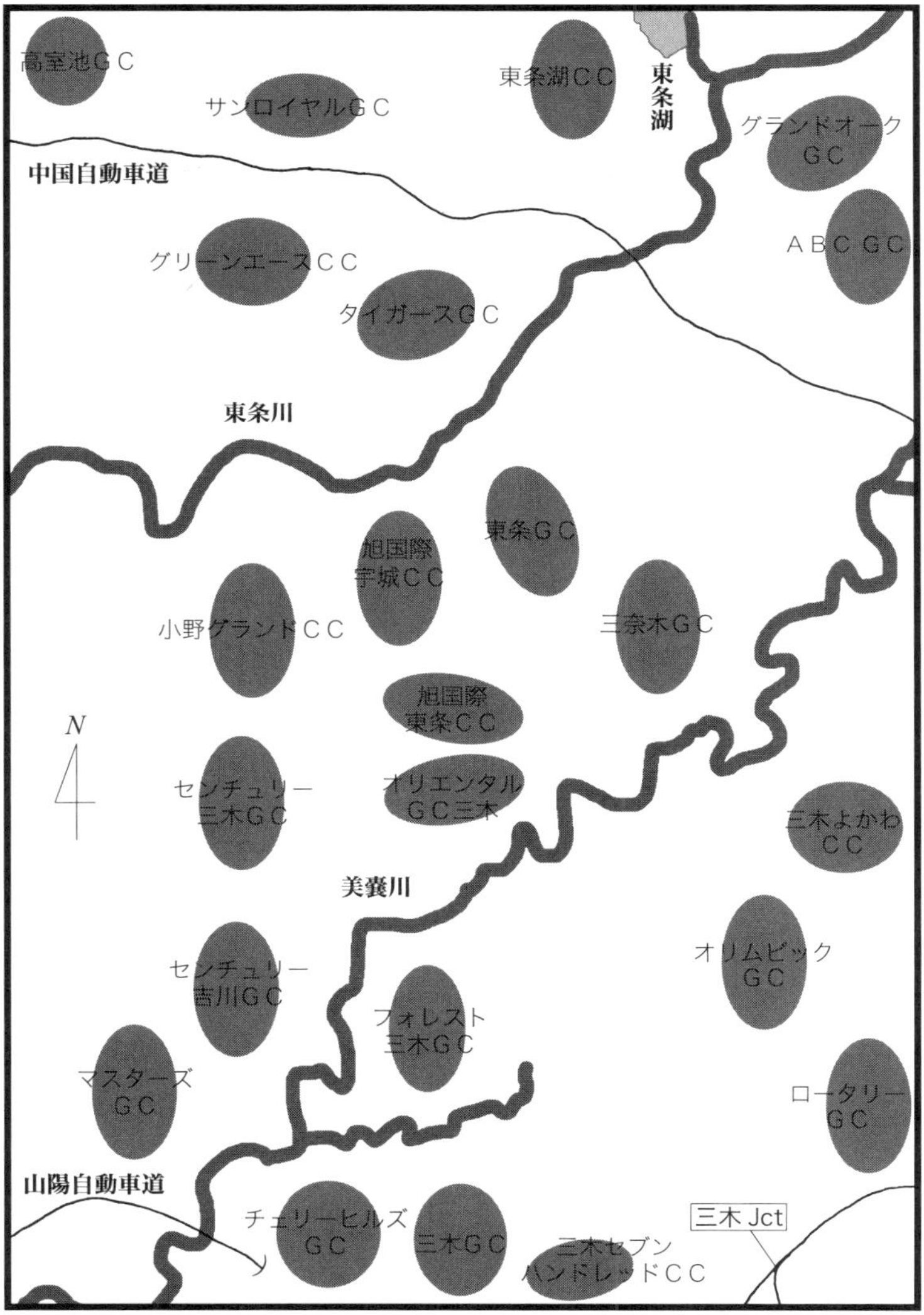

〔右頁の写真〕上空から見た兵庫県の三木市、東条町、社町などのゴルフ場。日本の高速道路にはさまれ、大阪・神戸からのアクセスが便利。（国土地理院提供）

ついに小池睦夫という参事が現われる。同じような押問答。しかし、拒否する理由がなくなって、「姫路市のニッテクリサーチです」といった。新日鉄系の調査会社だ。

まず**表**①の健康保護項目をみると、筆者の見解では、カドミウムを例にとれば、基準値「〇・〇〇一ppm以下」[5]に対して東条川秋津上水取水口でも岩屋上水取水口でも「〇・〇〇一未満」となっていて「問題ない」ということになっている。しかし、町民の健康を本当に考えるならば、ppbとかpptのレベルまで詳しく調べることだ。たとえ微量でも複合汚染ということも考えられるし、本来ならカドミウムの検出はゼロでなければならないはずだからだ。学者の研究発表で質問という形で筆者は意見を述べたことがある。湧水がこんこんとわく静岡県柿田川、ヤマセミのつがいが巣をつくり、アユが泳いでいて、一見清流のようにみえ、その湧水で茶をたてる人もいる。しかし、ハイテクやクリーニングで使う有機塩素系溶剤が三種類含まれている。[6]微量なので基準値以下ではある。ところが、湧水の量は日に一〇〇万トンもあるから、微量な数値に一〇〇万トンを掛けると、一日に五〇〇グラムのテトラクロロエチレンが混入していることがわかった。つまり、こうして水量を掛けて汚染物質の絶対量を出すことをほとんどの学者や技術者がやっていない。東条町の調査もそこがまったく欠落していて、汚染をなくそうという意思が働いていないのだ。そこでニッテクリサーチの技術者にきくと、ICPというプラズマ振動を利用して重金属を計測する機械があるという。誘導結合プラズマと訳される。しかし、費用がかかるし、「それを使って詳しく」という要請もないので使わなかったという。技術者としては不満だったのか

表① 健康保護項目

採取年月日／2002年4月24日（単位：mg／ℓ＝PPM）

		基準値	採取地点			
			東条川最上流	東条川秋津上水取水口	東条川岩屋上水取水口	東条川最下流
健康項目	カドミウム	0.01以下	0.001未満	0.001未満	0.001未満	0.001未満
健康項目	全シアン	検出されないこと	0.01未満	0.01未満	0.01未満	0.01未満
健康項目	鉛	0.01以下	0.005未満	0.005未満	0.005未満	0.005未満
健康項目	六価クロム	0.05以下	0.005未満	0.005未満	0.005未満	0.005未満
健康項目	ヒ　素	0.01以下	0.001未満	0.001未満	0.001未満	0.001未満
健康項目	総水銀	0.0005以下	0.0005未満	0.0005未満	0.0005未満	0.0005未満
健康項目	ＰＣＢ	検出されないこと	0.0005未満	0.0005未満	0.0005未満	0.0005未満
その他	ヘキサン抽出物質	(35以下)	0.5未満	0.5未満	0.5未満	0.5未満
その他	フェノール類含有量	(5以下)	0.005未満	0.005未満	0.005未満	0.005未満
その他	銅	(3以下)	0.01未満	0.01未満	0.01未満	0.01未満
その他	亜　鉛	(5以下)	0.01未満	0.01未満	0.01未満	0.01未満
その他	溶解性鉄含有量	(10以下)	0.07	0.06	0.04	0.04
その他	溶解性マンガン含有量	(10以下)	0.01未満	0.01未満	0.01未満	0.01未満
その他	クロム	(2以下)	0.02未満	0.02未満	0.02未満	0.02未満
その他	フッ素	(15以下)	0.1未満	0.1	0.1未満	0.1未満

（　）は水質汚濁防止法に基づく排出基準。

「検出されないこと」とは、定められた方法により測定した場合にその結果が当該方法の定量限界を下回ることをいう。

もしれない。要するにイージーな方法で調べているのだ。

（5）ｐｐｍは㎎／ℓに同じ。一〇〇万分の一の単位。ｐｐｂはｐｐｍより「〇」が三つふえて一〇億分の一の単位。ｐｐｔは、さらに「〇」が三つふえて一兆分の一の単位。人間の舌は敏感で、人によっては微量な異変を感知できる。森永砒素ミルク事件でも、森永ドライミルクをどうしても飲まない乳児がいた。母親はそれを無理にわが子に飲ませて、あとで悲嘆にくれていた。

（6）拙著『水』（朝日ＮＤブックス）の「飲めない名水」参照。

表①の全シアンが「検出されないこと」なのに四調査地点はいずれも〇・〇一未満となっていて、「〇」なのか「微量ながらある」のかわからない。精度の高いガスクロマトグラフィーならｐｐｂとかｐｐｔの段階まで調べられるのに、それをしていない。ＰＣＢについても、同じことがいえる。

表②の生活環境項目では、大腸菌群数が目安値で「五〇〇〇以下」のところを、東条川岩屋取水口で七〇〇〇を記録した。この東条町のデータを北里大学名誉教授で薬学者の恩田政行[7]にみてもらったところ、彼は「驚異的な数値です。家庭雑排水で未処理なのはないでしょうか」と答えてくれた。

（7）東京の玉川上水を原点に水を考察、東京都下水道局の調査資料を使って玉川上水（実態は玉川下水）の水質を解明した記述を見て、東条町の水質データについての所見を依頼した。著作に『幻の玉川上水』『玉川上水　隠れ綴』『すぎなみの水紋様　玉川上水』『変貌する玉川上水』『玉川上水外伝　失敗堀綺譚と出典』など。

東条川の支流・厚利《あつとし》川では、農薬のフェニトロチンが〇・〇〇五六ｐｐｍで、公害防止協定値

表②　生活環境項目（河川における）ほか

採取年月日／2002年4月24日

		単位	目安値	採取地点				
				東条川最上流	東条川秋津上水取水口	東条川岩屋上水取水口	東条川最下流	厚利川
生活環境項目	pH		6.5以上8.5以下	7.5	7.6	7.6	7.7	8.6
	生物化学的酸素要求量	mg／ℓ	3以下	0.9	1.0	1.2	1.2	1.8
	浮遊物質量	mg／ℓ	25以下	5.2	8.0	8.6	11.0	6.2
	溶存酸素量	mg／ℓ	5以上	8.7	9.4	9.6	9.0	8.9
	大腸菌群数	MPN/100ml	5000以下	1700	2600	7000	4900	—
その他	化学的酸素要求量	mg／ℓ	(160以下)	3.3	3.7	3.4	3.9	6.8
	全窒素	mg／ℓ	1.0以下	0.70	0.72	0.66	0.62	1.30
	全リン	mg／ℓ	0.1以下	0.047	0.48	0.053	0.05	0.096
	採水温度	℃	—	15.1	15.4	14.9	15.7	18.6

(　)は水質汚濁防止法に基づく排出基準。
全窒素、全リンは湖沼の基準値。8地点省略。

の「〇・〇〇三以下」を超えていた。これについて東条町では再調査したところ「〇・〇〇〇三未満」になったと公報に書いている。恩田は「なぜ再測定値を表に載せないで言い訳をしているのか不可解です。表作成・印刷後に気づき紙上で筆により測定をした疑いが生じます」と首をかしげる。

恩田の指摘はつづく。

一、東条川から取水する浄水場の水質データのチェックが必要。「表①表②の数値が、浄水処理後の水道水の規格になったかどうか」「絶対に許されない農薬の残溜はないかどうか」

二、ゴルフ場の土質検査をしたかどうか。

三、地下水への流入に問題はないか。井戸水の水質検査が必要。

そして、こう結んでいる。

表③　農　薬

採取年月日／2002年4月24日（単位：mg／ℓ＝PPM）

		公害防止協定値	採取地点 東条川最上流	東条川秋津上水取水口	東条川岩屋上水取水口	東条川最下流	厚利川
殺虫剤	イソキサチオン	0.008以下	0.0005未満	0.0008未満	0.0008未満	0.0005未満	0.0005未満
	イソフェンホス	0.001以下	〃	0.0001未満	0.0001	〃	〃
	クロルピリホス	0.004以下	〃	0.0004未満	0.0004未満	〃	〃
	ダイアジノン	0.005以下	〃	0.0005未満	0.0005未満	〃	〃
	トリクロルホン	0.03以下	0.001未満	0.003未満	0.003未満	0.0001未満	0.001未満
	フェニトロチオン	0.003以下	0.0003未満	0.0003未満	0.0003未満	0.0003未満	0.0056
	ピリダフェンチオン	0.002以下	0.0005未満	0.0002未満	0.0002未満	0.0005未満	0.0005未満
	アセフェート	0.8以下	0.01未満	0.008未満	0.008未満	0.01未満	0.01未満
殺菌剤	イソプロチオラン	0.04以下	0.0005未満	0.004未満	0.004未満	0.0005未満	0.0005未満
	イプロジオン	0.3以下	〃	0.03未満	0.03未満	〃	〃
	オキシン銅	0.04以下	0.004未満	0.004未満	0.004未満	0.004未満	0.004未満
	キャプタン	0.3以下	0.0005未満	0.03未満	0.03未満	0.0005未満	0.0005未満
	クロロタロニル	0.04以下	0.0004未満	0.004未満	0.004未満	0.0004未満	0.0004未満
	チウラム	0.006以下	0.0006未満	—	—	0.0006未満	0.0006未満
	トルクロホスメチル	0.08以下	0.0005未満	0.008未満	0.008未満	0.0005未満	0.0005未満
	フルトラニル	0.2以下	〃	0.02未満	0.02未満	〃	〃
	エクロメゾール	0.004以下	〃	0.0004未満	0.0004未満	〃	〃
	クロロネブ	0.05以下	〃	0.005未満	0.005未満	〃	〃
	メプロネル	0.1以下	〃	0.01未満	0.01未満	〃	〃
	ベンシクロン	0.04以下	0.001未満	0.004未満	0.004未満	0.001未満	0.001未満
	メタラキシル	0.5以下	〃	0.005未満	0.005未満	〃	〃
除草剤	アシュラム	0.2以下	0.0005未満	0.02未満	0.02未満	0.0005未満	0.0005未満
	シマジン	0.003以下	0.0003未満	—	—	0.0003未満	0.0003未満
	ナプロパミド	0.03以下	0.0005未満	0.003未満	0.003未満	0.0005未満	0.0005未満
	ブタミホス	0.004以下	〃	0.0004未満	0.0004未満	〃	〃
	プロピザミド	0.008以下	〃	0.0008未満	0.0008未満	〃	〃
	ベンスリド	0.1以下	0.001未満	0.01未満	0.01未満	0.001未満	0.001未満
	ペンディメタリン	0.05以下	0.0005未満	0.005未満	0.005未満	0.0005未満	0.0005未満
	テルブカルブ	0.02以下	〃	0.002未満	0.002未満	〃	〃
	メチルダイムロン	0.03以下	〃	0.003未満	0.003未満	〃	〃
	ベスロジン	0.08以下	〃	0.008未満	0.008未満	〃	〃
	メコプロップ	0.005以下	〃	0.0005未満	0.0005未満	〃	〃
	ジチオピル	0.08以下	〃	0.0008未満	0.0008未満	〃	〃
	トリクロピル	0.06以下	0.001未満	0.0006未満	0.0006未満	0.001未満	0.001未満
	ピリブチカルブ	0.2以下	〃	0.002未満	0.002未満	〃	〃

東条川秋津上水・岩屋上水取水口については、2002年6月11日採取分。8地点省略。

「多種類の農薬が水道原水用の河川に流れ込むのは大問題です。農薬のほとんどが発がん性がありとされる化学物質です。このような水を利用する浄水場の浄水技術が問題で、検証の必要があります」

この東条町でゴルフ場建設を阻止した人がいる。病院勤めの薬剤師・田中幸典《ゆきのり》である。

東条町の天神地区にゴルフ場を造るという計画が一九八〇年代中ごろにもちあがった。親会社はゼネコンの佐藤工業。地上げは、イトマンを破綻に追いやった許永中系の「エルデ」。田中家はゴルフ場予定地に点在する土地を持っていた。合わせて四ヘクタールになる。主として父親が頑固だったのだが、反対しているうちに一億六〇〇〇万円だったのが六億六〇〇〇万円にハネ上がった。あの手この手のイヤガラセがつづいた。反対の地権者がもう一人いたが、その人がOKしたよ、というウソ話。商店街なので、肉屋やうどん屋の車を田中家の前に止めることがある。すると「駐車はいかん」と田中家がいっているようにツゲ口する。つまり商店と田中家の仲を悪くするように工作する。田中の名前を使って、ニセの出前を頼んだりもされた。首から先がない大きな犬の死体がころがっていたりした。父は畑仕事の最中に一輪車をひっくりかえされた。ヘルメットをかぶった男が病院へ入ってきて、田中幸典がなぐられたこともあった。それで一度は六億六〇〇〇万円でウンといった。が、契約書は六億四〇〇〇万円になっていた。「話がちがう」と決裂した。もともと売りたくはなかったからだ。地区の区長から土地を売りも貸しもせんのは村八分、といわれた。天神地区の一帯は開発が阻止された。しかし、しこりは今も残っている。その後、佐藤工業は巨額の負債を抱えて倒産した。許永中は、イトマンを破滅に追いやった特別背任罪で逮捕され、さらに石橋産業にかかわる詐欺罪でも逮捕された。イトマンは一八八三年創業の大阪の中堅商社イトマンから三〇〇〇億円という資金が闇の世界に流出した。許永中は、イトマンの河村良彦、伊藤寿永光らと共謀、許の会社から不当な高値でイトマンに絵画を購入させたり、見込みのないゴルフ場開発計画に融資させ、イトマンに三〇〇〇億円の被害を与えたという事件である。一連の事件のなかで、中尾栄一・亀井静香・竹下登の名が出た。が、逮捕されたのは中尾だけだった。イトマンは住金物産と合併、消滅した。

東条町の隣の吉川町《よかわちょう》の町の面積に占めるゴルフ場の面積は二二%。東条と同じ一二ヵ所が営業中だ。このまちの二十歳ぐらいの人で、指の爪が極端に短い人が目立ちはじめた。爪の異常は、親指を除くほかの四本のどれかにあり、何本あるかはまちまちだが、とくに人差指に多い。地元出身の女性のみにあらわれる。

因果関係は、調査がなされてないからわからない。しかし、異常な現象であるから記録にとどめておく必要がある。こういうことのために税金を払っている国民としては、因果関係を行政当局で調査してもらいたい。

この現象に関心をもったのは、稲場紀久雄(8)大阪経済大学教授である。自分の小指に爪がなかったことからサリドマイド児だったということを知った女性の話、「ダイオキシンで爪が変形するような異常も起こす」という記述のある宮田秀明著『ダイオキシン』(岩波新書)の内容を、リポートした田中に送った。

（8）元建設省流域下水道課長。厚生省と環境庁が水道水源の浄化を目的とした水道二法を立案し成立させたとき、下水道法を改正して処理水の高度処理を義務づけなければ水道水源の浄化につながらないと考え、提案したが入れられず、つくばの土木研究所へ。そこをやめ大阪経済大で環境経済を講ずる。レーチェル・カーソン協会にも属する。

また、吉川中学校の生徒の数が、男子より女子の方が圧倒的に多いこともリポートにあった。しかし、これは現在では差異がなくなってきたという。ただ留意しておくべきだろう。なぜなら、「水俣で男子出生率低下、五五―五九年　メチル水銀影響か　水俣病研究センター調査」という（九九年三月一日付『朝日新聞』）事実もあるからである。

吉川町ではゴルフ場農業水質調査を一九九九年以降行っていないのである。九八年の調査では、ゴルフ場の調整池や美嚢《みの》川、北谷川で行い、殺虫剤・殺菌剤・除草剤の三五種類について、それぞれ八ヵ所、合計二八〇検体について調べたことになっている。この調査も東条町と同じでｐｐｂ、ｐｐｔの段階まで検査できる高性能の機器を使ってないので、ホントのホントのところはわからない。それでも殺虫剤フェニトロチオンは町の規制値を超えていた。規制値「〇・〇〇三ｐｐｍ」に対して「〇・〇〇六二ｐｐｍ」だったのだ。これは東条町での調査でもフェニトロチオンの異常値が見つかっており、一帯のゴルフ場でこの殺虫剤が広く使われていることを示している。吉川町の公報では、「当該ゴルフ場に対して、農薬散布指導、追跡調査を行った結果、現在規制値以下となっています」と書いてある。「今後もこの調査を継続し、水質のチェックを行なっていきます」と結んでいるのに、以後ぷっつりゴルフ場の農薬調査はやめているのだ。吉川町は酒米・山田錦の産地であり、筆者は「米は大丈夫か」と気になる。ところが、東条町でも吉川町でも役場の職員は、農薬を使うのは当り前という雰囲気で話すのである。魚やヒトの異常な現象は、断片であったり一時的であったとしても、何かが原因なのだから、それを突きとめなければならない。このあたりは釣針づくりが盛んで、薬品もいろいろ使うから、その処理の仕方も調査の対象になる。

東条町の人のなかには、田中幸典たちが環境問題の勉強会を聞いたりすると、「金にならないどころか金を出し合って……暇な奴らだ。(産廃は)野焼きをすれば楽でいい。川に捨てれば簡単だ。ダイオキシンなど痛くもかゆくもない」といったりする人もいるそうである。

稲場教授のゼミナールの学生・田中健二(九六年度卒業)は、卒業論文のテーマに「ゴルフ場が及ぼす環境問題」を選んだ。こちらの田中は、美嚢川の下流の三木市に生まれ育った。美嚢川は三木市を通って加古川に合流する。

「何気なく住んでいた三木市近郊の町の様子が、ここ何年かで一気に変わってきた。ゴルフ場、ゴルフ場、どこを見渡しても近郊の山林にはゴルフ場がある」と書き出している。問題意識の芽生えである。

農薬は、土壌や水を汚染するだけでなく、大気汚染をもたらすことを指摘している。

「撒かれた農薬は、葉上や地表から蒸発して、長時間広範囲に大気を汚染し続け、水系に入って魚類を殺し、生物体に入って食物連鎖を繰り返して最終的には人間の体内に蓄積し、濃縮していく性質がある。

従って、農薬による大気汚染の影響では、農薬を薄く撒布したから良いというわけにはいかず、総投入量で評価しなければならない。この農薬は低毒性だと宣伝しているが、大量に使用すれば毒性の差など関係がなくなってしまうのである」

論文には、三木市のゴルフ場排出口における農薬と水質の調査の結果が示されている。論文では農薬項目で「N・D」とあるのを「検出されず」としているが、吉川町の場合は兵庫環境創造協会が調べていて、「N・D」は「〇・〇〇〇五ppm以下」とされている。つまりppb、pptの段階まで検出される可能性はあるということである。住民の健康の立場からすれば、そこまで要求する時代になっていると思う。環境庁暫定指導指針値を超えたものはなかったものの「〇・〇〇〇五ppm以上」が検出されたのは、殺菌剤で「イソプロチオン、フルトラニル、メプロニル」、除草剤で「アシュラム、テルブカルブ、メコプロップ、メチルダイムロン」があった。

ゴルフ場公害の法的対抗手段について、論文は、自然環境保全法・自然公園法・都市計画法・森林法・保安林制度・林地開発許可制度・農薬取締法・水質汚濁防止法・公害紛争処理法・条例について言及している。これら法的手段の多くは、許認可権をもつ行政側の武器ともなるし、ゴルフ場に反対する住民側の武器ともなる。訴訟になった場合には、その時代の社会通念が裁判官の判断に大きく影響する。奈良県山添村の住民が勝訴したのは、その好例である。また、千葉県君津市の君津エースGCのように、「森林法に基づく林地開発行為許可」を行政から得て、森林を裸地に変えたまま放置、悪臭を放つ産廃の不法投棄の場になった例もある。市域の多くがゴルフ場と化す事態を異常とみれば、県でも市でも森林法に関係なく新設を認めないことができたはずだ。要するに、判断する人間の資質にかかっているのである。

論文は環境アセスメントの危険性について触れ、「もっともらしい調査がなされ、もっともらしい結論が出され、開発を許してしまう」といっている。現実にアセスメントはそういうように利用されており、住民側はアセスメントをあまり信用していない。

論文は、一学生がゴルフ場と町のイメージをどうとらえているかという点で、筆者は注目した。若い世代のなかに、論文がいうように「ゴルフ場は町のイメージダウンだ」と考えている人が多くなっていくとすれば、ゴルフ場銀座と化した町は嫌われ、観光客の減少、商店街のゴーストタウン化、若年人口の流出が起こりうるからである。

「観光・名産品で村おこしを計画しているところでは、ゴルフ場開発が目玉になるようなことはまずないように思われる」

「ゴルフ場開発によって、地権者を除いて地元にお金が入ることはまずあり得ない。一方、ゴルフ場ができれば、市町村には、娯楽施設利用税としてある程度税金が増える。しかし、住民はゴルフ場開発によって、貴重な生活環境（森林・土・水・大気・人の和）を失うことになるのである。今後、観光で村おこし、町おこしをするならば、『ゴルフ場がたくさんある町』ではなく、『ゴルフ場が一つもない町』『流域にゴルフ場がない川』『自然を大切にしている町』を目玉にすべきである」

東条川や美嚢川の水は加古川の本流にそそぐ。加古川は流域約八〇ヵ所のゴルフ場の水を飲んで瀬戸内海へ入る。河口のまち、加古川市尾上町（旧・尾上村）に生まれた俳人・永田耕衣(9)は、こんな句を読んでいる。

物質人物質人ト花見カナ

耕衣は「人間は物質である」という思想を根底にもっていた。人間はいずれ死を迎える物質である。しかし、桜を愛でることができる物質人、つまり心を持っている、といっているのだ。

(9) 詩人の城戸朱理は、耕衣の句を芭蕉と同じように長く語りつがれる、と評価している。九五年一月十七日未明、神戸市須磨区で阪神大震災にあい自宅が全壊、二年後に九十七歳で永眠した。拙著『人物十一景』(青木書店)参照。

一九九〇年ごろ、瀬戸内海周辺にはすでに五〇〇ヵ所のゴルフ場があった。バブル崩壊が予見されていたのに、さらに二〇〇ヵ所が計画中であった。愛媛県今治市の総社《そうじゃ》川の上流にゴルフ場が計画されたとき、上流で有機農業をしている農民が反対運動を起こした。下流に住む阿部悦子さんら市民がそれに呼応し、やがて瀬戸内海全体のゴルフ場阻止運動に広がっていった。一九九

○年六月、「環瀬戸内海会議」が沿岸一一府県の市民によって結成され、「ワシぁ瀬戸内海を愛しとる。瀬戸内の自然が破壊されるのは、もう見とうない」というあなたへ、と参加を呼びかけた。

阿部さんたちは、岐阜県恵那市で始めた「立木トラスト」を本格的に採用した。計画用地の中の立木を地権者から買い取って、木を削って自分の名を書いたり、焼印を押したり、札をかけたりして所有権を明らかにしておくと、土地の所有権がたとえ移っても木を切ることはできない。開発業者は、行政を買収し、暴力装置を利用してでも、反対運動の市民をすかし、脅して造成しようとする。これに対抗する有効な手段であった。全国から一本一五〇〇円の立木を買いたいという人が五〇〇〇人集まり、一万五〇〇〇本の木の所有者になった。二七ヵ所でこの立木トラストを実行、二四ヵ所の開発を防いだ。

第6章

泥船のタヌキと花咲かす翁

元労相の預託金詐欺

山口敏夫元労働大臣(1)は、ワシントン国際大学を建設しようと、イ・アイ・イ―インタナショナルの高橋治則代表と組んだものの、イ・アイ・イ社が九〇年十二月から長銀の管理下になり、高橋が大学事業から撤退したため、資金調達ができず、建設を断念した。建設用地すら取得していなかった。ところが山口は九二年四月二十三日、秘書の森本次郎を伴って熊本工業大学東京事務所を訪ね、熊本工大を経営する学校法人「君が淵学園」理事長で大学学長を兼ねる中山義崇と会い、次のような口上を述べた。

(1) 一九七六年、ロッキード事件で自民党の金権体質を批判して、河野洋平らと共に新自由クラブを結成。八三年に過半数割れした自民党と連立を実現、八四年に第二次中曽根内閣で労働大臣に。八六年、自民党に復党、中曽根―渡辺派に所属。

「ワシントン国際大学建設の土地はすでに取得している。建設資金は財界からの寄付でまかなうメドも立っており、すでに建設にとりかかるところまできている。ワシントン国際大学はジョージ・ワシントン大学とも提携することとなっている。

熊本工業大学から支出してもらう金は、預託基金であり、土地取得代金や大学建設資金とはちがい、プールして運用し、運用によって得た利益をワシントン国際大学の運営費にあてる。預託期限が来て要請があれば、全額を返済する」

山口は「早急に決断してほしい」といい、預託基金二〇〇万ドルの拠出を求めた。

森本はウソ話であることを知っていても、山口に背くわけにいかず、加担することにした。森本は、五月十五日の熊本工業大学の説明会に「ワシントン国際政策交流財団企画室長」というニワカ名刺で出席、山口の指示通り、「ワシントン国際大学は九五年五月にはオープンさせる予定です。預託基金は、一二年後に預託期限が来て要請があれば、きちんとお返しする」と説明した。

中山理事長兼学長は、君が淵学園の理事会で、預託基金の額を一三〇万ドルに減額できるなら応じるという決定をした。山口は了承、一三〇万ドル相当の一億六九〇〇万円がワシントン国際政策交流財団名義の普通預金口座に振り込まれた。

山口は、詐取した金のうち四四〇〇万円を自分のために使い、八五〇〇万円を睦商事[2]をはじめ関連会社の借金返済にあてるなどして、三ヵ月で全額使い果たしてしまった。

(2) 埼玉県東松山市にあって山口敏夫が実権を握っていた建材会社。しかし、会社には運搬車はなくブローカーのような仕事だった。社長は実弟の根本勝人。倒産の危機にあったため高利の融資を受けていた。このままいけば山口敏夫の政治生命にもかかわるので、東京協和信組と安全信組は、実姉の山口仁枝が経営するゴルフ場会社「むさしの厚生文化事業団」に貸し付ける形で、十分な担保をとらず睦商事の資金繰りを助けた。

これは、初公判での検察側冒頭陳述の「詐欺」の部分のあらましである。このほか、山口は背任、業務上横領、偽証（議院証言法違反）や証拠隠滅工作でも起訴されている。

政治家としてより詐欺師の方が才能がありそうだ。ここにでてくる預託基金は、ゴルフ場建設の際の預託金とそっくりの仕組みである。山口は詐欺の手口を預託金制会員権に学び、逆に預託金制会員権は詐欺的手法であることを立証してしまった。

山口らが熊本工業大学から一億六九〇〇万円を欺し取っていたころ、埼玉県比企郡小川町では、山口一族がすすめるプリムローズカントリー倶楽部の工事と、会員権募集が進められていた。埼玉県の工事認可がおりる前から会員権の募集をしており、異常なほどのカネへの執着であった。ところが、九三年になってプリムローズCCの工事が中断してしまう。山肌がムキ出しになり、ブルドーザーやショベルカーの重機が放置されていた。豪雨がくれば土砂が山をくだり谷へ向うから、谷間の家は危険にさらされそうだった。

中断の段階で、幻の会員は一二五九人になっていた。内訳は次の通りである。

〈会員の種類〉	〈会員権募集価格〉	〈人数〉
正会員	五〇〇〜四五〇〇万円	一一六七人
平日会員	一五〇〇〜一七〇〇万円	九二人

あさひ銀行（埼玉銀行と協和銀行の合併行）は会員権の購入をすすめ、買った人にローンを組ませた。東京財資ゴルフ倶楽部のところでみたように、手口はまったく同じだ。

プリムローズCCは、山口のファミリー会社で、やはり背任・業務上横領で逮捕され有罪が確定した根本勝人（山口の実弟）が社長である。山口の実姉・山口仁枝《よしえ》もゴルフ場経営会社「むさしの厚生文化事業団」にからむ背任と業務上横領で逮捕されており、一家の頂点に代議士である山口がいるという構図である。

プリムローズＣＣ（一八ホール）は、どんなにかかっても一三〇億円とか一五〇億円でできそうに筆者にはみえる。それが銀行からの借金を含めて、負債総額は四一三億八四六〇万円（九六年二月現在）にもなっているのだ。

〈積務の種類〉	〈金額〉
抵当権債務	九八億六〇〇〇万円
会員権債務	二三三億七九〇〇万円
連帯保証債務	六七億一一〇〇万円
一般債務（工事未払分）	三億七二〇〇万円
公的債務（税金等）	一億一六〇〇万円

会員権は、完全に何の値うちもない紙くずとなってしまった。一次募集に応じた五〇〇〇万円の人も、最終募集の四五〇〇万円の人も、地獄に突き落とされた思いだ。小川町でプリムローズＣＣをウォッチしてきた「小川町・緑と水といのちを考える会」の佐藤章代表のところには、深夜に悲痛な電話がかかってくる。「銀行のローンで会員権を二五〇〇万円で買わされました。今は一枚の紙切れです。生活が苦しい」

プリムローズＣＣに所有の土地を貸した地権者が契約書を持って佐藤のところに相談にくる。

「地代を払ってもらえないのに、税金は取られる。どうしたらいいか」

山口ファミリーと金融機関がぐるになった壮大な詐欺としかみえない。プリムローズCCに四〇億円の根抵当権を設定した小川信用金庫は破綻した。工事を中断した山は、売買価値は三億円ぐらいだろうから、過剰に設定し過剰に貸出していることになる。あさひ銀行は関連（あさひ銀行ファクター）も含めて一二〇億円の設定。こんな乱脈融資をごまかしてもらうために、あさひ銀行のMOF担[3]は、大蔵省検査官を飛行機で高知、青森、宮崎、石川などのゴルフ場へ連れて行き接待していた。この銀行は乱脈融資の結果、同じ業績不振の大和銀行などと合併、二〇〇三年三月からりそな銀行と埼玉りそな銀行に再編され、今や「あさひ銀行」の名はない。持株会社は大和銀ホールディングスという名称を経て、りそなホールディングスとなった。ダメ同士が合併しても市場の信用は得られず、株価は一〇〇円を大きく割ったままだ。預託金詐欺に加担し、銀行を信用した国民を裏切ったのに、国民の税金を自己資本に注入してもらうというのは筋が通らない。読者はどう思うだろうか。

（3）銀行の大蔵省担当者で接待費など特別な権限をもっていた。MOFはMinistry of Financeの略。

プリムローズCCの用地購入費は、四五・三四ヘクタールで約一八億円。あとは借地であるから地権者に地代を払わなければならない。会員権販売の売上げ総額は約二〇〇億円、金融機関の債権は、あさひ銀行系と小川信用金庫のほか東銀リース六〇億円、東洋建設一五億円、松本祐商事一五億の合計二五〇億円の設定になっている。[4]先に述べたように会員権債務は二三三億七九〇〇万円となっており、集めた金・使った金は五〇〇億円近くにのぼる。政治家が銀行、大蔵省と一体となって日本をメチャクチャにした事例の一つである。元大臣、自民党代議士の肩書が錬金術に使われたことは、熊本工大詐欺事件でも明らかである。

（4）これらの数字は、佐藤章が小川町役場とつき合わせたものである。『財界展望』誌（二〇〇二年十二月号）の「建設中断ゴルフ場二〇〇コース総チェック――東日本編」のプリムローズCCの項の数字がちがっているのでとくに註記しておく。

ところで山口敏夫の実姉・山口仁枝の「むさしの厚生文化事業団」は、埼玉県比企郡都幾川村で武蔵丘陵カントリークラブを経営していた。「事業団」が二〇〇〇年十一月に破産したため、武蔵丘陵ＣＣは競売に付され、ホテル経営のエヌジーエスが落札、「さいたま梨花《りか》カントリークラブ」として再出発した。会員は預託金はゼロ、プレー権のみの会員権となった。預託金は丸々失ったことになる。

関西には、こんな例がある。

兵庫県のある中小企業が一九九五年、幸福銀行系の大宝塚ゴルフ場（三六ホール）の会員権を銀行に売りつけられた。「入会金五一五万円、預託金三五〇〇万円」は同じ銀行からの借り入れだ。幸福銀行は九九年五月に倒産、ゴルフ場の債権は整理回収機構（ＲＣＣ）に引き継がれた。ゴルフ場自体、一四〇億円の借入金負担に耐えられなかった。新規の会員募集で金利だけは支払っていたものの、募集中止で金融機関への返済も滞っていた。ＲＣＣは貸金の回収を図るためゴルフ場について会社更生法の適用を申立てた。負債総額は預託金を含めて三一〇億円にのぼる。その企業の担当税理士（伊丹市在住）は「経営状態は銀行の無理をきく必要がない内容。懸念のある銀行だったので乗換えをすすめていたのに。おれの税法やったら、こんなもん銀行に対する寄付金や！　損失が出ても損金算入は論外」と憤慨していた。幸福銀行はもともと山持ちのオーナー社長・頴川《えかわ》徳助の同族会社。姻戚に自民党代議士の木村義雄がいて、木村は自民党幹部や金融庁幹部に救済を頼んでいたという。

バブルに踊った、踊らされたという構図だが、踊った方は多額の損をしながら、踊らせた方の責任はとられていないのが現実である。

プリムローズCCを三回目に訪れた筆者は、小川町で和紙づくりをしているリチャード・フレイビンが「山のお葬式」と名づけた、あの裸になった茶色の山が、クズやススキやセイダカアワダチソウにおおわれているのを見た。アカマツ、シラカバ、ニセアカシア（「アカシアの雨にうたれて……」という、あのアカシアと同じ。ハリエンジュともいう）の幼木が成長していた。鳥や虫や小さなケモノたちも返ってきただろう。自然の回復力は驚異的であった。

登山家でもあり、詩人でもある佐藤章は、平安期の歌を想い出していた。

人はいさ心も知らずふるさとは
花ぞむかしの香ににほひける
紀貫之

ここまで書いてゲラになった段階で、プリムローズCCの会員にとって朗報が飛び込んできた。会員七人に対し会員権の資金を融資したノンバンク「あさひ銀リテールファイナンス」(東京都豊島区)が、ローン残額約八〇〇〇万円を支払うよう求めた訴訟で、東京地裁は二〇〇三年一月二十七日、「ゴルフ場の破綻は予見できた」としてノンバンクの請求を棄却する判決を言い渡した。判決は「ノンバンク側が融資した一九九二年一月ごろ、開発業者の経営状況を調べれば、ゴルフ場完成が危ぶまれたことは容易に判明した」「破綻が予見できたのにローン契約を結んでおり、会員がローン残額の支払いを拒む特段の事情にあたる」としている。七人は計一億二四二〇万円で会員権を購入していた。ローン残額約八〇〇〇万円の債務の不存在を確認する訴訟を九八年に起こし、ノンバンク側が反訴していた。ゴルフ場の倒産や工事中断が相次いでいるとき、金融機関が支払えといっていた債権が存在しないというのだから、影響は大きい。

暴力団の錬金術

兵庫県東条町の天神地区でゴルフ場造成に反対した田中幸典の家に首のない犬の死体が投げ込まれた。地上げを担当したのは許永中がバックの会社だった。田中が勤務している病院にも押しかけてきて脅すチンピラがいた。背後に暴力組織があることをうかがわせる。

政府や与党の合理性のない、税金支払者の利益に反する「利権の臭気のある政策」について、暴力団・右翼・総会屋といったパラメーター（媒介変数）を使って考察すると納得できることがある。道路族の動きは、その典型だ。業界を転々としてペーパーだけで取引し、最後にババをつかんだ企業が倒産する「業転玉」（玉は品物の意味）のケースでは、暴力団企業が介在することが普通だ。

一三〇人の乳児が死に、一万二〇〇〇人が後遺症に苦しんだ森永砒素ミルク中毒事件では、静岡県清水市から出された「有毒廃棄物」が関西を転々として最後に徳島県の森永乳業工場で乳質安定剤として使われた。ここに暴力団が介在したかどうかは不明だが、業界を転々としているうちに中身の「有毒性」がどこかへいってしまったことがわかる。代議士の山口敏夫が差配した睦商事も、建材や生コンを扱ったが、トラックやダンプを持っていたわけではない。右から左へ資材をペーパーで動かして、利ザヤを稼いでいたようだ。このような品物の取引は、消費者の利益にならず、中間に入った業者が儲けるだけの仕組みである。日本のコスト高の一因であり、直接取引を本来の取引とする外国資本が参入したら、脱落するしかないだろう。

一九九二年から「ヤクザ不況《リセッション》」という概念を使って、バブル崩壊後の日本経済が従来の循環論だけでは回復しないと見通していた人に宮脇磊介《らいすけ》がいる。宮脇は、警察庁畑をずっと歩み、静岡県警本部長、皇宮警察本部長、初代内閣広報官（中曽根内閣）を経て、現在はシンクタンク「お茶の水アソシエイツ」を主宰している。

後に許永中や河村良彦（イトマン社長）と組み、商社のイトマンを食いつぶすことになる伊藤寿永光は、東京・銀座一丁目の四〇七坪を、相場の一〇倍以上の資金をつぎ込んで地上げしたことで知られる。伊藤は山口組系暴力団池田組の池田保次組長に、池田が経営権を握っていた東京・目黒の「雅叙園観光」の債務保証で二七〇億円を融資していた。その池田は、巨額の借金をして経営権を握るべくタクマ株の仕手戦をやると同時に、大阪の一等地・曽根崎の一角を〇・五坪二億円で地上げしたりもした。一九八七年十月十九日のニューヨーク株式市場は五〇九ドル安。東京市場も暴落。ブラック・マンデーで仕手は崩壊。池田は、巨額の金利を払えず追われる身となる。そして、池田は突然、失踪してしまう。後述するように、伊藤寿永光は、イトマン常務になると、ゴルフ場を錬金術の舞台の一つとして計画を立てていく。(5)

(5) 参考にした本に『野望の系譜　闇の支配者　腐った権力者』(共同通信社社会部、講談社+α文庫)と『追跡二〇年！闇の帝王〈許永中〉』(一ノ宮美成+グループ・K21、宝島社文庫)。

許永中の周辺とヤクザの関係の一端を記したが、宮脇は、このようにいっている。

「バブルのとき、地上げを中心に暴力団と企業との間に深刻な関係ができあがってしまいました。銀行・証券はもとより、学校や宗教法人・公益法人にも拡大していきました。都市の場合はオフィスをつくろうとするのですが、地方では企業はゴルフ場やレジャー施設をつくろうとした。土地のまとめ買いが必要なので、自分の土地を手放したくない人たちにも無理やり売らせるため暴力や威嚇を職業とする暴力団の独壇場となりました」

「銀行は、あらゆる企業の中で最も警察に被害を出したがらない。一方、暴力団はトップとの付き合いを深めたがります。暴力団・右翼・総会屋は、一流のホテルに集まって情報を交換しており、同じ類と考えていい。（大口案件については）一〇〇％情報を握っています」「宴のあとに暴力団と企業との間に残ったものは、クサレ縁などといえる生易しいものではない。国土法違反、出資法違反、証券取引法違反、外国為替法違反などの共犯関係にあるのです」

宮脇はこの「国土法違反、出資法違反、証券取引法違反、外国為替法違反」というフレーズを、二回電話で話したとき、二回とも繰り返した。

伊藤寿永光や池田保次のような地上げをしていたら、その土地が不良債権化するのは明白である。宮脇は、その著『騙《だま》されやすい日本人――覆い隠されている危機の構造』（一九九九年、新潮社）の「第四節　なぜ日本経済はマフィア化していくのか」の中で、「暴力団による金融支配への道」と題してこう記している。

企業と暴力団の構造で、特に重要な問題が二つある。一つは、不良債権問題の処理に当たり、不良債権への暴力団の深い関わりの実態を国民が知らされていないと行政上、大変な不公正がまかり通るおそれがあるということである。バブルの最中、暴力団は不動産物件について、例えば、東京の都市部と地方のレジャー施設については百パーセント情報を掌握していた。他の都市でも有力物件やうまい話は、ことごとく彼らの視野の内に入っていた。そして地上げに参入したのはもとより、様々なかたちでこれらの転売、建設等に介入を試みたのである。バブルが終わって歳月を経た今、暴力団に流れた莫大なカネは何処かへ移転し、暴力団関連企業が抱えていた借金は複雑な操作で回収が困難となっている。「時すでに遅し」である。暴力団はカネを借りても、もともと返す気はない。返済することがあっても、それは次なる借金のための便宜でしかない。借金の棒引きをさせることも、弱みを持つ貸し手との力関係で容易な環境にある。資産隠しもすでに完了、担保にとられているビルやマンションなど本来失うべきはずのものも、彼ら独特の手口で温存され、このままでは、丸儲けになりかねない状況になった。

一方、国民は虎の子の預貯金を超低金利政策で銀行をうるおすためにがまんさせられている上に、不良債権処理のために税金を投入させられるわけで、暴力団や大口借り手が得る利益に見合った分を国民は不利益として蒙るかたちとなる。行政上の著しい不公正と言わざるをえないであろう。銀行は債権の取立てを自力でやることは怖くてできないにもかかわらず、いまだにのうのうとしていて省みることを知らない。そうかといって、このような状況の中で、住専各社が尻込みをしてきた「危ない」貸し出し先に対する債権回収に、住宅金融債権管理機構、整理回収機構（RCC）として努力を傾注してきた中坊公平氏を褒め讃えるジャーナリズムや財界の人びとが、それでは中坊氏と同じような生き方を貫いてくれるようになるかというと、観客席に座ったままである。不公正がはたしてどこまで是正されるにいたるかは、何ともいえない。

不良債権問題がもたらす重大な問題の二点目は、暴力団による金融支配をどう処理するかである。金融機関などが抱えている個々の暴力団がらみの不良債権について、当該金融機関または行員と暴力団との関与の中身が、それら二者間だけの秘密で、大蔵省も国税当局も警察も把握できないというかたちで先送りされると、大変なことになる。迂回融資や脱税やキックバックなど違法行為を共にした数々の事実が、金融機関または行員と暴力団との間の「二人だけの秘密」の関係として温存され続けてゆく限り、そのブラック・ボックスの中では、いつまで経っても当該金融機関の者は当該暴力団の存在、脅しに怯え続けなければならない。あるいは開き直って暴力団とグルになって「企業内舎弟」（表向きは企業幹部の仮面をかぶった暴力団の弟分）に成り果てるかである。この構図は、すでに「暴力団による金融支配」を意味する以外の何物でもない。このままでは、早晩、日本経済は〝マフィア経済〟化するであろう。野村証券・第一勧銀等と総会屋との事件は、闇社会による金融支配の実態の氷山の一角をのぞかせたが、これこそ、一般預金者や一般投資家の犠牲において総会屋など一部の者がぬれ手で粟の利益を得る構造である。暴力団なんて別の世界だ、会ったことも見たこともない、と言っている民間人や預金者たちも、間接的にせよ例外なく暴力団などに汚染され支配力が深まりつつある〝マフィア経済〟の一犠牲者なのである。

たしかに、闇の社会にはびこる暴力装置を媒介して考えると、日本の公共事業が先進諸国に比べてべらぼうに高いことが理解できる。「新幹線は予算の半分でできる。一兆五〇〇〇億円かけてできた関西新空港は、似て非なる漁業権やダンプカーの利権などで暴力団にたっぷり吸い上げられ三分の一でもできた。ということも、関係者の間では常識のように語られていることである」とも、宮脇は書く。関空の一期工事を放置したため、九九年から始まった二期工事で早くも、政治家が暴力団以上に吸い上げていることが暴露された。自民党政調会長代理の久間章生の秘書・中尾國光のペーパー会社に工事代金六億円の八％強に当たる五〇〇〇万円がキックバックされていた。

しかし、メディアやエコノミストと称する人たちは、マフィア経済の実態をどうして語らないのだろうか。銀行はこの一〇年間で六七兆円とも七〇兆円ともいわれる不良債権を処理してきたのに、不良債権はいっこうに減らない（二〇〇三年になっての報道では処理額は九〇兆円）。政府のデフレ政策のせいにしているが、それだけではないはずだ。テレビ朝日系の「サンデープロジェクト」で、星浩朝日新聞編集委員（政治部）が不良債権について観念的なことを述べたら、自民党の麻生太郎政調会長から「これまで銀行がどれだけ不良債権を処理してきたか、知っていますか」と突っ込まれ、答えられなかった。六七兆円とか七〇兆円とか答えたうえで「暴力団との関係で減らない部分も相当あり、自民党の責任は大きい」と切り返すべき場面であったのに、惜しい。

ことほど左様に、暴力団＝ヤクザと不況の関係は軽視され、国民の常識になっていない。筆者もゴルフ場について調べるまでは、さほど重視していたとはいえない。一流の弁護士たちが主に執筆している『銀行法務21』二〇〇二年十月増刊号の特集「ゴルフ場の倒産・再生と金融機関」

でも、暴力団とゴルフ場のつながりには全く触れていない。

宮脇が認識しているように、暴力団・右翼・総会屋の類《たぐい》は一体のものと考えると、この種の闇の世界とゴルフ場の黒い関係は、けっこう多いのである。闇の組織から足を洗ったようにみえる人でも、過去の実績を買われて、ゴルフ場開発会社に利用されることがある。

一九九〇年前後のこと、堤義明が社長をする国土計画（現・コクド）は、群馬県水上町ですでにオープンした三六ホールのゴルフ場に隣接する湯ノ小屋地区に一八ホールのコースを開設しようとした。「飲料水の取水口が、このゴルフ場の真ん中にあり、農薬たっぷりの汚水が集まってくる」として、地元では「湯ノ小屋地区の飲料水を守る会」をつくり、民宿経営の大久保林《はやし》を会長に反対する住民運動が起こった。「このとき、住民の口封じのために国土計画の番犬として働いたのが、ダム工事で流れてきた男で、そのときは一匹狼でしたが、暴力団あがりのようでした」と大久保はいう。

別の地元民が当時証言するには、「Nというこの男は、傷害と誘拐・監禁で二回刑務所に入ったことがある。ノコギリで人に切りつけたこともあるとんでもない奴なのに、国土計画はこの男を非常勤で雇ったんです。このNが脅しと暴力で住民を国土計画の意のままに動かしているんです。湯ノ小屋地区に新たに一八ホールのコースをつくろうとしたときも、Nが住民代表の区長を自宅に軟禁し、五時間もしばりあげていた」(6)

（6）『週刊文春』一九九〇年二月二十二日号、「農薬汚染、飲料水枯渇……日本一のゴルフ王堤義明が日本を喰い荒す」での証言。

こう証言した人もNも、今は亡くなっている。しかし、民宿「照葉荘《てるは》」の主人・大久保は「証言はその通りだ。残念ながら、新設のコースはできてしまいました」といった。新設ゴルフ場は「こぶしコース」といい、既設の「白樺コース」と「から松コース」と一体となって、水上高原ゴルフ場（計五四ホール）をなしている。水上高原プリンスホテルも付設され、冬はスキー場と化す。しかし、地元の人の話では、経営はかんばしくはないようだ。

コクドと西武ゴルフの西武グループ二社は、全国に四二ヵ所のゴルフ場を有している。地上げや住民の反対運動に対して、水上町でのようなことが行われたのかどうか、読者の方は情報を寄せてほしい。総理大臣級の政治家とゴルフに興ずる堤義明のような経営者が、闇の力を利用すると、「紳士面《づら》しているけれど、なんだ俺たちと同じじゃないか」と、暴力団・右翼・総会屋は考え、歯止めが効なくなり、この国がますます凋落の方向をたどる要因になるからだ。

茨城県西茨城郡岩間町にある岩間カントリークラブ（＝経営主体は岩間開発。現・西茨城カントリークラブ＝経営主体は西茨城興産）は、ジャンボ尾崎エンタープライズの設計で、間組（現・ハザマ）が施工した。一九八五年、稲川会二代目会長の石井進の北祥産業は、東京佐川急便（渡辺広康社長）の債務保証で、平和相互銀行系の太平洋クラブが開発中の岩間CCの土地取得に乗り出した。八六年十二月、東京佐川急便は、岩間開発の全株式を太平洋クラブから買いとる契約を結んだ。立会人は旧川崎財閥の資産管理会社社長・佐藤茂だった。八九年一月、佐藤茂は岩間開発社長となり、監査役に石井進側近の大場俊夫（前北祥産業監査役）がなる。石井は、三ヵ月後の八九年四月、岩間CCの「会員資格保証金預り証」（預託金証書）を川崎定徳（旧川崎財閥の資産管理会社）社長・佐藤茂の名前で発行、八月にかけて一二社一個人から三八四億円を集める。東京佐川急便がこのうち八〇億円出しているから、ゴルフ場の預託金証書を利用した暴力団による金の収奪といっていい。石井は、この金をもとに仕手集団「光進」代表・小谷光治の指南で、野村証券と日興証券を通じ東急電鉄株の買い占めを始める。石井はさらに翌九〇年五月にかけて日興クレジットから五回にわたり二〇二億円の融資を受ける。さらに石井は野村ファイナンスから三回にわたり計一六〇億円の融資を受け、東急電鉄株の三％にあたる三二七〇万株を買い占め、この株は最高値三〇六〇円に達した。

つまり、ゴルフ場の預託金は、暴力団会長によって株投機に使われたのである。九〇年一月四日の大発会は、円が急落したのを受けて株も下落。石井は慶応大学病院に入院、脳腫瘍の手術を受ける。三月、石井は東急電鉄に株の引き取りを迫ったが、断られる。石井は翌九一年九月三日、慶応大学病院で死亡した。六十七歳だった。

世に「政官業の癒着」というけれど、指定暴力団・稲川会の石井進と側近たちの周囲をみると、「政業暴の癒着」という構造が浮かび上がってくる。石井のケースでは、「政」は首相・竹下登、自殺した竹下の秘書・青木伊平、自民党副総裁・金丸信、その秘書の生原正久。「業」は、野村証券と野村ファイナンス、日興証券と日興クレジット、平和相互銀行、東京佐川急便、川崎定徳、青木建設、福島交通などである。石井はゴルフ場開発会社「北東開発」を設立して、茨城県つくば市で谷田部カントリークラブの開発を手がけたり、石井系の「仙台産業」に千葉県のゴルフ場会社「ゴールドバレーカントリークラブ」の全株式を取得させたりもした。

ゴルフ場が核となって政業暴が「日本の危機」といわれる今日の状況をつくり出した一例であり、NHKは仕方がないにしても、日本テレビ系の「ウェークアップ」(土曜日)、フジテレビ系の「報道二〇〇一」(日曜日)、テレビ朝日系の「サンデープロジェクト」(日曜日)などでも、コメンテーターや司会者が威勢がいいわりには、この観点からの追及がほとんどないのは不思議な現象である。新聞各紙も真実にフタをしているとしか思えない。高速道路の建設をめぐって、道路族がピンハネをしている、というのはテレビでも語られ、常識となりつつある。阪神大震災の復興事業で甘い汁をたっぷり吸った暴力団やその類も、おいしい話として参入しているにちがいない。しかし、政治家は自分たちもピンハネをしているのだから暴力団を排除できない。

イトマン事件の許永中(不動産管理会社代表)、河村良彦(住友銀行出身のイトマン社長)、伊藤寿永光(地上げ屋からイトマン常務)の三人は、いずれもゴルフ場への融資で特別背任に問われている。このほか、許は絵画取引の特別背任と脱税、河村は商法違反と業務上横領と霊園開発の特別背任、伊藤は絵画取引と霊園開発融資の特別背任、大阪府民信用組合不正融資の背任、株式偽造の罪に問われた。

三〇〇〇億円といわれるイトマンから流出した融資のほとんどは住友銀行から出ている。このときの住友銀行会長は磯田一郎(7)であった。しかし、ここでは、ゴルフ場にかかわる事件についてのみ記述する。

（7）倒産した安宅産業が所有する東洋陶磁のコレクションが分散するのではないか、と心ある人が憂えていたとき、磯田一郎は住友グループにはかり、住友でまとめて買い上げて大阪市に寄贈するという決断をした。当時、朝日新聞名古屋本社で整理部次長（デスク）をしていた筆者は、夕刊に飛びこんできたそのニュースに感動して、一面で大きく扱った。それが大阪市立東洋陶磁美術館の基礎となった。初代館長は、安宅コレクションのブレーンだった伊藤郁太郎。伊藤館長は「（イトマンの絵画取引にかかわった）娘のことで会長を辞任されて残念でした」と、当時を回想して筆者に語った。

岐阜県瑞浪《みずなみ》市のウイング蘭仙ゴルフクラブへは、イトマンから開発資金として二三四億円、鹿児島県松元町のさつまカントリークラブ（地元会社から許が買収したさつま観光経営）へはイトマンからゴルフ場の規模拡大を名目に二〇〇億円が流出した。これらの合計四三四億円は、許らの地上げや株投機に使われた。

このほか、伊藤プロジェクトといわれる東京都八王子市の相武《そうぶ》カントリークラブ(8)と岐阜県関市の関カントリークラブの開発名目で、イトマンから一回目の融資で一六四億円が流出した。『追跡二〇年！闇の帝王〈許永中〉』（一ノ宮美成＋グループ・K21、宝島社文庫）によると、関市のゴルフ場への融資は六四〇億円という信じられないような数字になっている。伊藤がイトマン側に差し出した相武CCの担保としての株券は、名古屋市内の印刷所で偽造されたものであることが後で判明している。

（8）日本生産性本部の御司浩平らが一九六三年に開設した。イトマン事件のあと、第一勧業銀行の紹介で福井市のワシ興産が一九九二年に取得した。ワシ興産は、車のアルミホイールなどを製造、ゴルフ場経営は相武ＣＣだけである。

東京・目黒の雅叙園観光は、実質的経営が山口組系暴力団の池田組組長・池田保次の仕手集団「コスモポリタン」であった。一九八七年十月のブラックマンデーで世界的に株価が暴落、コスモポリタン関連企業が次々と倒産、池田は失踪してしまう。雅叙園観光に投資していた許は、その経営を引き継ぐ。その雅叙園観光の再建で伊藤と一致した許は、自分が所有していた新広島カントリークラブと小倉南カントリークラブの株を、雅叙園観光を通じてイトマンに二二〇億円で買い取らせた。

こうしたゴルフ場を介して融資された巨額な資金は、ゴルフ場に使われたのではなく、伊藤寿永光の協和総合開発研究所を中心とする企業の借金返済、許永中のコスモ・タイガー・コーポレーション（ＣＴＣ）中庸会系の企業の借金返済、雅叙園観光の簿外債務を処理するために消えてしまった。

埼玉県で山口敏夫、根本勝人、山口仁枝の山口一族がゴルフ場を利用した構図とそっくりである。暴力団顔負けの選良の行為である。睦商事など山口の関連企業の借金返済のため東京協和信組や安全信組から融資を受け、高額会員権で金集めをして、ゴルフ場は工事中断のまま放置してドロンした。今、東松山市の生家に山口一族はいないし、山口の選挙責任者であった元東松山市長（故人）の妻は「さあ、どこに行ったのか、わかりません」といっている。故郷には戻れないらしい。
欲を出して泥船に乗ったカチカチ山のタヌキの図である。

産廃処分場として格好の場所

いらない家電を処理してもらおうと電気製品販売店に持っていくと、けっこうな金をとられる。だから、目立たない谷や森に車で運んで捨てる人がふえている。家電リサイクル法が消費者負担の制度になっているからだ。こうした家電製品を撤去するのに自治体は多額の出費をしている。人の目につきにくいところは放置しているから、家電リサイクル法は自然を汚す役割をしている天下の悪法といっていい。このような法律を作った官僚は無能であるから、タックスペイヤーとしては、役所をやめてもらいたい。製造者責任は当然で、そのうえで価格競争すべき性質の問題であろう。

官が無能・無神経なら、産廃処理業者は右へならえである。注意すべきは、工事中断のゴルフ場やゴルフ場跡地をねらう産廃処理業に暴力団が資金源として多数参入していることだ。

暴力団が背後に控える「フロント企業」というのが登場してきたのである。「フロント企業」というのは、暴力団を背景とした企業活動を行い、その利益を暴力団に提供している企業や経営者のことをいう。九二年三月に成立した暴力団対策法によって、指定暴力団と認定された暴力団の組員が暴力的要求行為を行えば、公安委員会の中止命令で止めさせることができ、違反すれば罰則が課せられることになった。このため、指定暴力団は、法の適用をまぬがれるカモフラージュに「フロント企業」を設立、形式的に組を脱退した組員を送り込んだのである。「フロント企業」は、金融業・土木建設業・不動産業・風俗営業・飲食業などに多く、ごく最近では人材派遣業や産業廃棄物処理業にも進出している。

したがって、「フロント企業」は倫理・道徳に反する営業活動をしがちである。産廃の不法投棄もその一例である。トラブルが発生すると、背後の暴力団の威嚇力を利用する。「民暴」「ミンボー」と呼ばれる民事介入暴力事件のほとんどは、合法を装った「フロント企業」によって起こされている。こういう「フロント企業」の暴力装置を利用して、結果的に暴力団に資金を提供している一般企業が多数ある。はじめから詐欺的商法である預託金制会員権で資金稼ぎをしようとするゴルフ場業者は、地上げの段階で「フロント企業」に頼むこともある。ここで、ゴルフ場業者、暴力団、銀行、大蔵省をはじめとする官僚、政治家の輪ができていることに気づくだろう。銀行は暴力団にきわめて弱い。かつて同じ選挙区で自民党候補が二人出馬し争う場合、背後にそれぞれ別の暴力団がついていたこともあった。警察庁では、自民党派閥につながる右翼・暴力団の系譜をつかんでいる。

表「全国ゴルフ場分布状況」(三三五頁)にある「建設中コース数」一二三のうち約一〇〇ヵ所は「開場未定」、「認可済み未着工」八二のうちほとんどが「着工時期未定」である。つまり、大半が放置されたままになる。工事費の五分の一の二〇億円か二五億円で、破綻したゴルフ場が買えるので、「申請中の計画数」一七九も、申請が認められても着工はわずかだろう。

業界では、放置ゴルフ場は墓地か産業廃棄物の捨て場になるだろうとみている。暴力団フロント企業の活動の場である。戦前、戦中の世代は、食糧難になったら芋畑にと考えるが、前述したようにゴルフ場の土壌の構造が特殊なので、急には畑にならない。

三越が四四六億円の損失を出して撤退したゴルフ場[9]について、ある大手会員権業者は「墓園にしたらどうか」と薦めたことがある。林地開発許可など法的問題をクリアーした広大な用地は、産廃業者にとって垂涎の的なのだ。

(9) 一九九七年十一月に千葉県八街《やちまた》市の空き地で八街カントリークラブの起工式が、代議士・市長・市議ら三百人が集まって催された。しかし、工事は進む気配はなく山林や畑のまま。すでにその一ヵ月前に巨額の損失が発覚して坂倉芳明会長は辞任。もともとこのゴルフ場の開発は一九八八年から始まり、三越の一〇〇%子会社「レオ・エンタープライズ」が五八〇億円を投資した。資金は別の子会社の「三正クレジット」からで、三越本体もそこを通じて約二〇〇億円融資している。土地の評価は一三四億円なので、損失は四四六億円という計算だ。五八〇億円というのはゴルフ場を三つ造れる金額で、「なぜ?」と業界では今でも不思議がっている。この損失が引き金になって、九八年二月期の決算は大幅赤字、十二月には東京の新宿南館を閉店して大塚家具に賃貸、さらに翌年一月にはティファニーの保有株式売却を決め、二月にゴルフ場開発事業からの撤退と社員六〇〇人の希望退職募集を発表した。

埼玉県小川町にある山口敏夫系のプリムローズCCの跡地に目をつけたのが産廃処理業者だった。まず九八年春、根本勝人社長らがゴルフ場跡に穴を掘り、ダンボールに入った使い捨てカメ

バブルに浮かれた“夢の跡”。工事中断のゴルフ場造成地に産業廃棄物が大量に捨てられた。住民が発見、行政が協力して撤去させた。(2001年5月25日、埼玉県東秩父村の「和紙の里ゴルフ倶楽部」にて。撮影＝足立宗助氏)

ラを大量に埋めるという出来事があった。次に九九年十一月、ゴルフ場跡にプレハブの仮設小屋ができ、産廃業者によってダンプ三台分の産廃が持ち込まれた。産廃は土にまぜて偽装していた。業者は初め「(産廃ではなく) 外から土を持ってきた」といった。住民一〇〇人以上が抗議、町と協力して撤去させた。しかし、その産廃はいずれどこかに投棄されることになる。

三回目は二〇〇一年五月、ダンプ五、六台と乗用車がどっと来て、ダンプを置いて立ち去った。春日部《かすかべ》ナンバーの車で、闇の世界とつながっていた根本社長に対する闇の世界の脅しではないかとみられている。もし住民や行政が動かなければ、そのまま産廃処分場にされていたかもしれない。

小川町に隣接する東秩父村の和紙の里ゴルフ倶楽部も、やはり工事中断のゴルフ場である。二〇〇一年五月、ここにダンプ四〇〇台分の産廃が土にまぜて偽装され投棄された。プラスチック、ビニール、ゴムなどの破片で、悪臭がただよっていた。ここに降った雨は、小瀬田川から槻川に流れ込み、その下流に小川町の上水道の取水口がある。

住民が気づき、行政が動いた。和紙の里GCを管理する「東秩父カントリークラブ」と造成工事の五社がかかわっていたため、埼玉県はこれら業者に撤去計画書を出させ、川越市の元あった場所に撤去させた。その際は、ダンプの積載量通りの量で運んだため、ダンプは八〇〇台以上になったそうだ。毎日新聞記者は現場を訪れ、「ゴルフ場造成地に産廃　ダンプ四〇〇台分不法投棄　県が管理会社ら5社指導」（二〇〇一年五月三十一日付）と報じた。

産廃処理業者の「亜興」（東京都港区赤坂）は、福島県相馬市玉野地区のゴルフ場用地二三〇ヘクタールを、一九九九年に競売で入手している。ここは二七ホールのゴルフ場用地として、国際土地開発が認可を取得、このときは霊山《りょうぜん》グリーンフィールズという事業名だったのが、競売時には相馬ゴルフ・ホテル・アンド・リゾートとなっていた。国際土地開発に問い合わせても「知らぬ、存ぜぬ」。あとは野となれの応対だった。現在は、「亜興」から、「亜興」の役員である個人の所有になっていると、登記簿を見た相馬市の担当者はいっている。融資の代物返済とのことだ。

福島県や相馬市には、開発認可を与えた責任があるのだから、破綻したゴルフ場については、自治体の予算で買上げ、住民の福祉に役立てたらいいと筆者は思う。長野県では、職員給与の削減も含め、従来の予算の仕組みを大幅に変え、森林整備などの予算を捻出、雇用もふやしている。

宇沢弘文東京大学名誉教授（経済学）が、日本の荒廃した状況を的確な文章で述べているので、紹介しよう。

「農山村では、ゴルフ場、リゾート開発の名目を掲げて、山林や農地の買収がなされた。これもまた究極的には大銀行から融資を受けた不動産業者たちが中心になって強行したものである。これらの土地の多くは現在、きわめて中途半端な、開発のかたちだけを残して、農山村の荒廃を決定的なものとしている。特にかつての村の生活を支え、文化を守っていた里山の破壊は凄まじいものがある」（『エコノミスト』二〇〇一年九月四日号の「学者が切る」シリーズ31、「官僚の傲慢さが生んだ補助金行政という悪弊」から）

神父に宿る少数民族の心

長野県諏訪郡富士見町の高森に、自然林に囲まれた美しい湧水「大泉」と「小泉」がある。小泉への道は田んぼの畔道のようで、小泉から流れ出る小さな水路の脇は、秋にヤマトリカブトの青が美しい。ハナイグチなど食用のキノコもある。ヘビやカエルもいる。小泉に近づくと、森の入口とみえるところに赤い花を点々とつけたミズヒキの群落がある。水量はさほどではないが、絶えず清らかな水を流している。今は農業用水として使われ、押田成人神父《しげと》の高森草庵の自然農法の水田も、小泉の水を使っている。そこから二〇分ほど歩き、中央自動車道の陸橋を渡って坂道をのぼると、二〇〇年三〇〇年四〇〇年のヒノキやスギの自然林がうっそうと林立する中に「大泉」がある。水量も多く、この清らかな水は小川となって下っている。高森地区の簡易水道の水源である。

八ヶ岳山麓には、八ヶ岳の伏流水が湧き出す泉がいくつもあり、山梨県側の「三分の一湧水」は名水として知られている。しかし、この湧水は、上流のペンションや別荘地の開発で近年よごれてきている。それでも、東京や大阪の水よりはいいから、わかして飲めば大腸菌も死滅するだろう。

なぜ汚れるのかというと、地下の地質構造に起因する。大体、地下四〇メートルまでが火山灰起源の赤土で、その下一〇〇メートルが固い岩盤になっている。地下水脈はこの四〇メートル下を岩盤にそって流れているという。岩盤を掘って地表から約一五〇メートルに達すると、そこにも地下水脈がある。湧水は地下四〇メートルの水脈から湧き出してくる。したがって地表の汚れが何年かたって地中深くに浸透すると、その影響が出てくるのである。今日の汚れは、七年とか一〇年とか前の地表の汚れというわけである。

普通の一軒家のトイレは汲取式で、生活雑廃水は簡単な処理で地下に浸透させる。ペンションなど大型施設は合併浄化槽で糞尿を処理するのだが、冬はマイナス一〇度、二〇度の山地だ。凍って微生物が活動できないようなのだ。電気であたためれば膨大な費用がかかるので、しない。どうしても汚れが地下に浸透していく。

一九八〇年代後半、同友興産という別荘地開発業者が、「大泉」「小泉」の上流に高級ゴルフ場をつくろうとした。下請けは大手の大成建設である。

同友興産は、それ以前に、小泉湧水の水量の半分を一般の住民の知らない間に高森地区の区長らとの間でこっそり売買契約をしたことがあった。この事実を知った高森と信濃境の住民が一九八四年に長野地裁諏訪支部に提訴、二年後の八六年に「小泉湧水とその流水の原状を変更してはならない」という判決を得て勝訴している。

「舌の根も乾かぬ間」のゴルフ場造成計画であった。計画地は「大泉」「小泉」の上流の山林で、水源涵養林である。筆者はその地域の森でシカの群れやフクロウを見ている。高森草庵に事務局を置いた「八ヶ岳南麓を守る会」では八八年五月、当時の吉村午良《ごろう》長野県知事に質問書を出した。回答は「ゴルフ場については、利用者が年々増加し、ゴルフは一般的なスポーツになっている」という認識を示し、質問書が要求した総量規制については「行わない」となっていた。こうした県政の連続が県民の批判をあび、八十二銀行の頭取までが「これじゃ、長野県はダメになる」と考え、田中康夫の登場となった。

同友興産＋大成建設の計画は、反対運動の盛り上がりで地権者が動かず、結局あきらめざるをえなくなった。同友興産は、ある程度の資金を使って環境アセスメント調査をしたが、その程度の費用分ですんだことは、今思えば幸いであったといえる。もし、同友興産が強引にゴルフ場造成をすすめていたら、他のゴルフ場の例から見て何百億円かの負債をかかえ、倒産していたかもしれない。瀬戸内海に弓削《ゆげ》島と佐島という島が並んである。九ホールずつ造って船で巡ってゴルフをしようという計画を大阪のアパレル業者が立て、工事事務所もできた。が、環瀬戸内海会議が立木トラストで阻止をした。そうしたら、そのアパレルメーカーの社長が、環瀬戸内海会議の阿部悦子代表に「あれを止めてくれてありがたかった。あれをやっていたら、今ごろ二〇〇億円は損をしていた」と、人を介して伝えてきたという事例がある。

同友興産の計画が頓挫しかけたころ、すでにオープンしている富士見高原ゴルフ場（町も出資した第三セクター経営、社長は町長）の九ホール増設計画がもち上がっていた。やはり「大泉」と「小泉」の上流で、汚染の危険がある。元東京高裁判事の中平健吉らそうそうたる弁護団が組織され、長野地裁に町費の支出をするなという住民訴訟を起こした。筆者は、高森草庵で開かれた七、八人の弁護団と押田らの会合を取材したことがある。その中に、筆者が秘かに尊敬する森田宗一弁護士（元家庭裁判所判事）もいた。斎藤隆裁判長は現場検証を行い、七年間審理をつづけ、和解となった。内容は「当分の間、原状を維持しゴルフ場計画を推進しない」というもので、この和解は九六年十一月に成立、事実上ゴルフ場計画は凍結された。住民側の勝訴といっていい。

和解に到る間、信州大学理学部の小坂共栄助教授（地質学）、京都大学防災研究所の奥西一夫教授（土石流災害）、大阪市立大学理学部の熊井久雄教授（地下水研究）が調査に協力、土石流の危険性があり、地下水の枯渇や汚染の危険性あり、と証言した。
押田成人の直観と省察の正しさが証明されたのである。「小泉」の清流をつかっての長年の米づくりは、水に対する感性を養ったともいえる。それにもまして、押田は、高森草庵の背後の森にアボリジニとかアイヌとか迫害を受けた少数民族を一本一本の木に見立て、祈りを捧げるという基本的な姿勢に貫かれた思想の持主であることが大きい、と筆者は見る。

大地がやぶれる、
山が落ちてくるのを見ろ。
太陽が燃えている。
納屋には火がつけられた。
今朝、目覚めたら
地球が半分崩壊していた。

このアメリカ南部黒人のブルースバンドの歌について、押田はこう書いている。（『孕みと音』思草庵刊、七六年四月初版）

数世紀の間、屈辱と涙と血の犠牲の中で、黒人の中に生まれた痕々《こんこん》と湧くエネルギーの、その強烈なリズムと叫びとが、体制の側にではなく、ひとたび「人間」の側にくみしたとき、白人の若者たちを、その渦の中に捲き込み去ったことは確かなことであります。

今やそのエネルギーと叫びとが、全アメリカを急速な速度で回転させてゆくのがきこえるのであります。

同じ本で押田は、「今、彼ら（アメリカの若い世代）はインディアンの古き知恵の前に、頭を垂れざるをえないでありましょう」として、ナバホ族の「夜の歌」を紹介している。

あけぼのでできた家《うち》
夕ぐれの光でできた家
黒い雲でできた家
黒雲は　戸口に在り
戸口からの道は　黒い雲
ジグザグの稲妻は　その上に高く立ち……
幸せに　歩けるように
幸せに　あふれる雨の中を
幸せに　こぼれる植物の中を

幸せに　花粉の道を歩けるように
私の前が美しく
私のうしろが美しく
私の下が美しく
私の上が美しく
私の周りじゅうが美しくあるように
ものみなは美の中に極まるのです

アメリカのコロラド州は、インディアンの白人の争いの舞台であった。インディアンが共有していた土地を、白人の宣教師は、ここは自分たちの土地、あとはおまえたちの土地といった。なかでも、ロッキー山脈を水源とする水をめぐる争いは激しかった。このため、アメリカでは水の法律が発達した。筆者は、この話を州都デンバーで聞いてから、アメリカ映画の西部劇の見方が変わった。

「八ヶ岳南麓を守る会」で、押田は「悪名高きワンマンでした」と、富士見町の環境派の町会議員をしている藤田孝広はいう。「ゴルフ場の九ホール増設について、町では断念したわけではない、といっていますが、実質的には中止ということです。そのまえの同友興産＋大成建設との闘いといい、押田さんがいなければ成功しなかったでしょう」

ワンマン的性格は人間社会では敵をつくる。「八ヶ岳南麓を守る会」を脱ける人もいた。しかし、そういう強い性格だからこそ、信仰する神によって打ちくだかれる。「神に押されるようにして」山添村の浜田耕作はゴルフ場反対運動をすすめた。押田もまた、「神に押されて」信念を貫いたのであろう。そして、山添村も富士見町も、現状以上の自然破壊を阻止したのである。山口敏夫らがカチカチ山のタヌキなら、こちらは花咲爺ではないか、とふと思った。

ゴルフは健康にいいか

「ゴルフ場の古い会員名簿からシングルプレーヤーを選び出し、その人たちの寿命や病名を調べて全国平均と比べてみたら、何か結果が出るかもしれませんよ」

筆者が朝日新聞の現役記者だった一九九〇年、北里大学の石川哲教授（眼科）からいわれた提案が今でも頭に残っている。石川教授は〝ゴルフ場症候群〟を「オメメのシビレ」という言葉にまとめていた。「オ」はおなかの痛み、「メ」はめまい、次の「メ」は目のかすみやチカチカ、「の」はのどの痛みやいがらっぽさ、そしてシビレ。ゴルファーの患者を診察しているうちに、疫学的な調査の必要があると考えていたのだ。

しかし当時、ゴルフ場問題を批判的に取材していたのは、東京本社内では筆者ひとりだったし、上層部や同僚のゴルファーから煙たがられていたから、プロジェクトを組んで調査することは不可能だった。

ゴルフ場に降った雨水は蒸散して農薬とともに人体に侵入するから、〝ゴルフ場症候群〟と関係がある。そのうえ、ゴルフ場の保水力をきわめて弱いものとするので経済的損失をもたらす。学者が実際に一年間観察した結果を一例として示す。

降水量の六二・五％は地表を川のように流れ去り、このとき農薬や化学肥料を溶かし込んで、谷へ流れていく。

八・七五％は地下に浸透し、保水される。この量は森林の四・八分の一である。この保水量（年間）の差に着目して筆者が計算したところ、二三五〇ヵ所のゴルフ場からは有効貯水量一億三八〇〇万トンの黒部ダム一〇個分の水が毎年ムダに流出していることがわかった。

二八・七五％は地表から蒸散する。雨が降ったあとのカンカン照りのときには、とくに蒸散水分のなかに農薬が含まれていて、プレーヤーの眼に付着したり、肺に侵入したり、皮膚から浸透したりする。

健康意識が高まった今日、ゴルフ場は「農薬を散布していませんので、ご安心ください」と宣伝せざるをえなくなっている。しかし、雑草のはえていない芝生には除草剤が散布され、モグラのいない芝生にはモグラのエサになるミミズを殺すための殺虫剤が撒かれている。

熊本県内のゴルフ場支配人がこういっている。

「秋と春先に除草剤を撒くが、ラフには撒かないようにした。これで三〇〇万円ぐらい浮く。でも、雑草が出てくる。支出は減らしたけど、見た目が悪くてお客さんが来ないと困る。どっちがいいか、わからない」(『週刊ダイヤモンド』一九九九年五月一・八日合併号の特集「日本のゴルフ」から)

この発言は、ゴルフ場がいかに経費の削減を迫られているかという観点からだが、農薬についてポロリと本音が出ている。

ゴルフ場の周囲を歩くと、風向きで消毒くさい臭気がすることがある。農薬の危険性を早くから調査、警告したのは長野県臼田町の佐久病院の若月俊一院長である。(9) だが、やむにやまれず農薬を使う人がいる。長野県大鹿村で有機農業をやっていた知人は、子どもが四人生まれ、花の方が儲かるからと温室で花卉《かき》栽培を始めた。儲かる花をつくるには農薬散布をしなければならない。密室での農薬散布である。彼はまだ働き盛りのときガンで死んだ。北海道出身の妻は、幼い子ども四人を抱えて札幌の両親の元へ帰ってしまった。農薬が原因かどうか、因果関係はわからない。

しかし、筆者の友人たちにはゴルファーで病気持ちが多い。航空工学を学んだある学者は、生花店で売っている花は農薬臭いといって嫌っていた。彼は八十歳をすぎて病床にあるとき、見舞いに来た人が持ってきた花を病室からよけさせた。先に紹介した加古川市生まれの俳人・永田耕衣は、九十七歳で特養老人ホームに入っているとき、枕元にナズナ(ペンペン草)の鉢植えを置いていた。生花店で売っているような花は好きではなく、俳句にも詠まない。そのかわり「野菊」を詠んだ俳句はいくつもある。

(9) 長野県は男性の平均寿命は日本一、女性は三位の長寿県である。高齢者の医療費は一人当たり年間約五〇万円で、日本一安く、北海道の二分の一である。若い医者の目標となる「医師らしい医師」が幾人もいる。若月俊一はその一人である。若月について知るには、例えば『信州に上医あり——若月俊一と佐久病院』（南木佳士著、岩波新書）がある。

アメリカでは、一九八二年に二日間連続してゴルフをした海軍大尉が殺菌剤ダコニールの中毒で二週間後に心臓の激痛を訴え死亡している。ゆっくりと作用が出てくるのが農薬の特徴である。ダコニールは魚毒性がC類の分類で、A類やB類より使用規制が厳しく定められている発ガン物質である。

ゴルフ場には、農薬散布で虫が死滅するため野鳥がおりてこない。使われる農薬は、殺虫剤・殺菌剤・除草剤で約三〇種類。幼虫は芝生の根を傷め、成虫は葉を食べるとして、スジキリヨトウ、マメコガネ、ヒメコガネ、チビサクラコガネなどが殺される。筆者の畑にもヨトウムシはけっこういて、土の中にもぐっているのが出てきて葉菜類を食う。しかし、虫も食わないような葉菜類の方が怖いというのが筆者の感覚だ。手でつぶすのだが追いつかない。でも、その方が農薬をまくより安全で土が生きている。

アメリカ科学アカデミーはトマト、牛肉、ジャガイモ、オレンジなどの残留農薬による発ガン率を調べ、八七年、農薬による発ガンは年間二万人と推定した。日本は、人口はアメリカの二分の一だが、単位面積当たりの農薬使用量は五倍だという。ガン患者の相当数が農薬によるものと推定される。(10)

（10）『自由と正義』（日本弁護士連絡会、一九九〇年七月号）の「ゴルフ場の造成と農薬汚染」（谷川鉄郎筆）を参照。

「地元の発想」が蘇生の基本

その土地に愛情をもたない企業より地元の人たちが身の丈に合った運営をするのが、解決策としては最もよいようだ。

千葉県市原市石塚の大福山（二九五メートル）の北側に拡がる地域を、九五年から九七年にかけて日新緑化土木がゴルフ場にすべく買収を始めた。隣接して梅ヶ瀬渓谷自然環境保全地域があり、豊かで貴重な自然が残されているので自然保護団体から「ゴルフ場にするな」という声があがった。市原市民の片田勇もゴルフ場反対運動に加わった。なぜか公明党は開発側だった。反対する市民は、現地で石を投げられたりした。開発側が買収した土地は八一ヘクタールになっていた。しかし、工事に着工する前に手放す気になり、千葉県土地開発公社が三二億円で取得した。北部自然環境保全地域とし、今のところ自然をそのまま残すことにしている。

この地域は、房総半島を分布の北限とする暖地性植物と冷涼な気候に適した山地性植物が混在している。スダジイ、アカガシ、ウラジロガシの常緑照葉樹林と、コナラを中心とした落葉広葉樹林が、混淆した自然性の高い樹林を形成している。沢筋にはクサアジサイ、フサザクラが茂り、北斜面にはイヌシデやイロハモミジが目立つ。野鳥はオオルリ、ツツドリ、センダイムシクイと南房総を代表する種類が生息する。市域の一〇・五％もゴルフ場としてハゲ山にした人間の、野生の動植物に対するせめてもの罪の償いである。

ハイカーが年間数万人訪れる埼玉県小川町の宮ノ倉一帯を、ゴルフ場など二十世紀の負の遺産を克服してプラスに転換していく宮ノ倉里山文化圏構想というのがある。山口敏夫、根本勝人らがかかわり、最高四五〇〇万円で会員権を売りつけた、プリムローズCCの用地も「町民の森」としてその構想の地域に入っている。埼玉県では「事業廃止」の届け出をせよと、プリムローズCC側にいっているが、根本社長は従わない。バックにいる闇の勢力にプリムローズCCの債権をにぎられている可能性もある。しかし、小川町は、宮ノ倉里山文化圏構想を町の環境基本計画に盛り込んだ。

高校の数学教師をしながら世界各地の山々に行ったアルピニストでもある佐藤章は、小川町の住民運動の代表的存在だ。二〇〇一年三月に『詩と写真集　氷河から砂漠まで』（東銀座出版社）を出している。佐藤は宮ノ倉里山文化圏構想に自分の所有する休耕田を活用してもらうつもりだし、プリムローズCCと借地契約をしていた地権者たちは「ゴルフ場とはっきり縁を切りたい」といって、裁判を起こし勝訴して、土地は返ってきた。小川町はゴルフ場用地内に町道をいくつも持っていたが、その借地契約も解除された。あさひ銀行（現・りそなホールディングス傘下の埼玉りそな銀行）など金融機関が「ゴルフ場の不良債権」を放棄すれば、構想は前進する。

リゾート法（一九八七年施行）のモデルになったのが、北海道占冠《しむかっぷ》村に一九八三年十二月にオープンしたアルファトマムだった。スキー場、ゴルフ場、宿泊施設のほかにテニスコートや室内造波プールも建設した。事業主体のアルファ・コーポレーションは預託金制度で規模を拡大しようとしてバブルがはじけ、過大な計画は頓挫してしまった。銀行八行からの借金とゼネコン三社への工事未払い代金が合わせて七〇〇億円に達した。

その結果、一九九八年五月に会社は倒産。銀行やゼネコンが債権を放棄して、結局占冠村が五億円で買い取った。しかし、その代金は加森観光（本社・札幌市、加藤公人社長）が五億円寄付するという方法でまかなわれた。村には実質的に負担がかからず、加森観光も不動産取得税をまぬがれた。現在は運営のノウハウを蓄積している加森観光が村から委託を受けてマネジメントしている。預託金制度は廃止した。占冠村への観光客は二〇〇〇年は八五万人で、前年より四万人減ったが、アルファトマムが倒産した九八年よりは一〇万人増加している。

荒廃したリゾート地やゴルフ場を住民の利益にかなう形で再生するには、江戸後期の疲弊した各地の農村を再生させた二宮尊徳の思想が役立つと思う。「世人、富貴を求めて止まる事を知らざるは、凡俗の通病《つうびょう》なり。是れを以て、永く富貴を持《たも》つ事能《あた》はず」「凡《およ》そ事を成さんと欲せば、始めに其の終りを詳《つまびらか》にすべし。譬《たと》へば木を伐《き》るが如き。未だ伐らぬ前に、木の倒るる處を詳に定めざれば、倒れんとするに臨んで如何共仕方無《いかんともしかたな》し」「分度を守るは我が道の第一なり」（『二宮翁夜話』から）

現代風に直せば「企業や銀行は自分の経済的実力を知らず、限度を定めなかったため倒木の下敷きになった。開発は地域を知る地元の人にまかせ、身の丈に合った生活に戻ろう」ということである。

筆者は、長野県諏訪郡富士見町の標高一〇五〇メートルの八ヶ岳山麓で二反八畝の畑を耕している。眼前に甲斐駒ヶ岳が迫る南アルプス、背後に八ヶ岳、東の森の彼方に富士山が望める。周辺は無農薬有機栽培で、ゴルフのクラブより鍬や鎌を愛する人びとが何人も移住してきて、勉強会も開いている。

ロシア人には余暇をダーチャとよばれる農園ですごす習慣がある。日本では「別荘」と訳されているが、実体は肉体を働かせる農業の場。筆者が招かれたシベリアのバム鉄道沿線のダーチャでは、野菜約三〇種類のほか乳牛やニワトリも飼っていて、公務員の家族が交替で電車で通い、面倒をみていた。都会の店から食糧品がなくなったとき、ロシア人がしたたかに生き抜いた裏には、このダーチャの存在があったのである。

ドイツ人は、クライン・ガルテンという小農園で余暇に働くことを楽しみにしている。八ヶ岳山麓にも、このクライン・ガルテンをモデルにした二〇〜三〇坪の貸し農園がいくつかある。筆者は費用をかけて、ゴルフ場やリゾート地に出かける気にはならない。

終章　時の流れ　人の意思

個の喪失者はいらない

一九六五年ごろ、札幌に勤務していた筆者は、雪印乳業会長だった佐藤貢《みつぐ》にインタビューしたことがある。質実剛健の風格があって、こういう人が今いたら、社員は右へならえで、雪印乳業の製品汚染事件や雪印食品の牛肉偽装事件は起こらなかったと思う。「黒いミルクを飲む」という内容のパウル・ツェラン(1)の『死のフーガ』という詩があるけれど、テレビに映し出される雪印の幹部たちが頭を下げるたびに、その「黒いミルク」という言葉を思い出した。

(1) ユダヤ系ドイツ人の詩人。両親と家族のほとんどをホロコースト(ナチスによる大量虐殺)で失った。「死のフーガ」はホロコーストの挽歌。一九七〇年、もはや書きつづけるべき理由が見出せなくなったとして自殺した。

佐藤貢は一八九八年生まれだから、そのとき六十七、八歳であった。北海道に生まれ、北海道帝国大学を卒業後、オハイオ州立大学に留学、細菌学と乳業を学ぶ。一九二三年に帰国すると、牧場自助園を開設する。二五年に北海道製酪販売組合の技師となり、雪印ブランドのバターを製造する。製酪販売組合は、戦時体制下の一九四〇年に北海道興農公社となるが、敗戦後の五〇年に企業分割で雪印乳業が設立され、社長として雪印乳業を業界屈指の企業に育て上げた。

健康法に話がおよんだとき、佐藤貢は「ゴルフをしています。しらずしらずに五キロを歩いてしまう。(ゼイタクと思われるかもしれないが)年寄りにはいいスポーツです」といった。今日、全国トップの一七八のゴルフ場を抱える北海道には、当時数えるほどのゴルフ場しかなく、筆者は「ゴルフは老人のスポーツ」という位置づけをした。序章で紹介したように「球を打って走らないなんて三流のスポーツ」と阿部牧郎がゴルフについて書いているが、なるほどそういう見方もあるのかと感心した。

農林省官房長を経て自民党参議院議員になった中西一郎は、ゴルフをしなかった。中西は、ラグビーに夢中になって東京大学卒業を二年遅らせたほどのスポーツマンである。農薬と化学肥料の現代農業に疑問をもつようになり、有機農業研究議員連盟を結成して会長になった。有機農業にとって、農薬を大量に散布するゴルフ場は大敵である。

『自然真営道』という著作のある江戸期の町医者・安藤昌益は、「自然」を「自《ひと》り然《す》る」とも読ませた。「独りする」にも通じると筆者は思う。

個の尊重という意味での個人主義《インディビジュアリズム》は、欧米の発祥のように錯覚している人が多い。だが、少くとも安藤昌益は個人主義者であり、別の形で二宮尊徳もそうである。尊徳というと「勤倹節約」とオウム返しの言葉が返ってくる。相当知名度の高い政治学者もそうだった。個人主義者とは認めない。だが、釈迦がいったとされている「天上天下唯我独尊」について、尊徳はこう説いている。

「世界皆《みな》、我も人も、唯此《ただこれ》、我こそ、天上にも天下にも尊き者なれ、我に勝《すぐ》りて尊き物は、必《かならず》無きぞと云《いう》、教訓の言葉なり。然《しから》ば則銘々各々《そくめいめいおのおの》、此《この》我が身が天地間《てんちのあいだ》に上無き尊き物ぞ。如何《いかん》となれば、天地間我なければ、物無きが如くなればなり。されば銘々各々皆、天上天下唯我独尊なり。

犬も独尊なり鷹も独尊なり、猫も杓子《しやくし》も独尊と云て可なる物なり。世人皆、聖人は無欲と思へど然《しか》ず、其実《そのじつ》は大欲にして、其大《そのだい》は正大《せいだい》なり」

明らかな個人主義の思想である。「天地間我なければ、物無きが如くなればなり」は、デカルトの認識論と同じである。「聖人は大欲」というのは、聖人は人一倍天上天下唯我独尊の念が強いということだ。筆者は高森草庵の押田成人神父を想起する。押田の本を六冊読んだ筆者の妻は高森草庵に電話して感想を述べ、「ずいぶん傲慢な方ですね」といった。電話を受けたシスターは笑って「あなたとぴったりですよ。ぜひいらっしゃい」と言葉を返してきた。傲慢にみえるのは、唯我独尊の念が強いからで、神父であるから聖書には通じているが、草庵には座禅堂もあって座禅ができるようになっていた。

ゴルフ場問題の根底には集団順応主義《コンセントレートコンフォーミズム》がある。「右向け右」の風潮だとみんなが右を向く。しかし、序章でも述べたように時の流れは変わった。日本には天皇制がある。世界でエンペラーといわれる人は、エチオピアが共和制になったので日本だけになった。エンペラーというのは王の上に位する。個人主義をさまたげている要因の一つに天皇制の桎梏《しっこく》がある。日本人は集団順応主義に陥りやすい。それは全体主義に通じる。

夏目漱石が一九一四年（大正三年）に学習院で行った講演『私の個人主義』で面白いことをいっている。

「（漱石は西洋の尻馬にのって騒ぐ文学というものに不安を抱いたままロンドンに留学、下宿で煩悶しながら考えつづけていた）此時私は始めて文学とは何んなものであるか、その概念を根本的に自力で作り上げるより外に、私を救ふ途はないのだと悟つたのです。今迄《まで》は全く他人本位で、根のない萍《うきぐさ》のやうに其所《そこ》いらをでたらめに漂よつてゐたから、駄目であつたといふ事に漸《ようや》く気が付いたのです」

「私は此自己本位といふ言葉を自分の手に握つてから大変強くなりました。彼等何者ぞやと気概が出ました。今迄茫然と自失してゐた私に、此所に立つて、この道から斯う行かなければならないと指図をして呉れたものは実に此自我本位の四字なのであります」

「学習院といふ学校は社会的地位の好い人が這入る学校のやうに世間から見傚されて居ます。さうして夫が恐らく事実なのでせう。もし私の推察通り大した貧民は此所へ来ないで、寧ろ上流社会の子弟ばかりが集まつてゐるとすれば、向後貴方に附随してくるものゝうちで第一番に挙げなければならないのは権力であります。換言すると、あなた方が世間へ出れば、貧民が世の中に立つた時よりも余計権力が使へるといふ事なのです」

「権力といふものを吟味して見ると、権力とは先刻《さつき》御話した自分の個性を他人の頭の上に無理矢理に圧し付ける道具なのです。道具だと断然云ひ切つてわるければ、そんな道具に使い得る利器なのです。

権力に次ぐものは金力です。是も貴方がたは貧民よりも余計に所有して居られるに相違ない。この金力を同じくさうした意味から眺めると、是は個性を拡張するために、他人の上に誘惑の道具として使用し得る至極重宝なものになるのです。

して見ると権力と金力とは自分の個性を貧乏人よりは余計に、他人の上に押し被せるとか、又は他人を其方面に誘《おび》き寄せるとかいふ点に於て、大変便宜な道具だと云はなければなりません。斯ういふ力があるから、偉いやうでゐて、其実大変に危険なのです」

「元来をいふなら、義務の附着して居らない権力といふものが世の中にあらう筈がないのです」

「金力に就いても同じ事であります。私の考によると、責任を解しない金力家は、世の中にあってはならないのです」

「苟《いや》しくも倫理的にある程度の修養を積んだ人でなければ、個性を発展する価値もなし、権力を使ふ価値もなし、又金力を使ふ価値もないという事になるのです。それをもう一遍云ひ換へると、此三者を自由に享《う》け楽しむためには、其三つのものの背後にあるべき人格の支配を受ける必要が起つて来るといふのです。もし人格のないものが無暗に個性を発展しやうとすると、他《ひと》を妨害する、権力を用ひやうとする、乱用に流れる、金力を使はうとすれば、社会の腐敗をもたらす。随分危険な現象を呈するに至るのです」

学習院の学生たちは、この三つのものに最も接近しやすいから、人格を磨く必要がある、と漱石はいう。最後に引用したフレーズは、こう言い換えることができる。

「高橋治則や許永中のような者が無暗にゴルフ場を造ろうとして、自分の個性を発展させようとすると、住民の生活を妨害する、政治家と結んで政治権力を利用しようとする、ゴルフ場乱造に流れる。特別背任・詐欺・暴力など社会の腐敗をもたらす」

こういう風潮と訣別する時代が来ている。イエスマンの重役ばかりが集まって東京・品川のパシフィックホテルでいくら鳩首協議を繰り返しても、結局山一証券は破綻せざるをえなかった。個性喪失の人間は企業も必要としなくなりつつある。「自分もゴルファーと呼ばれたい」と人びとが思わなくなれば、ゴルフ場の数も適当なところに落ち着き、ゴルフは元の品格あるスポーツに戻るかもしれない。

森と水とバイオリニスト

最後に、森と水が一人のバイオリニストも蘇らせた話をして、結びとする。

二〇〇二年十月のある日、渡辺玲子というバイオリニストと母親、それに彼女を幼児のころに指導した鈴木才能開発教室の教師（故人）の妻の三人が、筆者の家に来た。彼女の無伴奏バイオリンのバッハを筆者は八ヶ岳高原音楽堂でその一ヵ月前に聴いていた。圧巻だった。めったにほめない筆者の妻も感動していた。

渡辺玲子はニューヨークにふだん住んでいる。たまに日本に来ると、日本の人間関係に疲れるのだと脇から聞いた。「ニューヨークではなにをしても変な目で人は見ない」と彼女は語ったことがある。日本に来て、格好よくタクトを振る美人指揮者と共演したことも疲れを加速させたようだ。「指揮に合わせたらダメだと気づき、自分の思うように弾いたら、オーケストラもついてきて

「八ヶ岳南麓を守る会」がゴルフ場開発を阻止、水質汚染から守った自然林に囲まれた大泉。（長野県諏訪郡富士見町高森）

くれた」といっていた。「星を見たい」というので、元天文学者を招いて打ち合わせをした。たまたま朝日新聞の現役の編集者もいて、写真を撮りまくっていた。彼女はホワイトリカーでつくったブルーベリー酒（富士見高原産ブルーベリー）を、おいしそうに飲んだ。

「日本人にすばらしいバイオリニストがいる」といって彼女を認めたのは、ジュゼッペ・シノーポリという指揮者である。[2]シノーポリにインタビューしたことのある筆者は、なにか因縁を感じた。イタリアのベネチア生まれのシノーポリは、親の方針で精神科医になったが、音楽学校にも通って音楽家になった。古代エジプトの象形文字ヒエログリフを解読してフランス語に訳していた。「音楽と医学と考古学を結びつけるものは何か？」と問うと、「私はさまざまな分野で人間を探し求めているのです」と彼は答えた。

（2）イタリアのヴェネチア生まれ。九二年からドレスデン国立歌劇管弦楽団の首席指揮者。二〇〇一年四月二十日、ドイツで「アイーダ」を指揮中に倒れ死去。五十四歳。筆者がインタビューをしたとき、浅田彰京大助教授も同席していた。「マーラーとフロイトを一身に兼ねそなえたような存在」と浅田。

その夜はときおり雨が降る曇天だった。仕方なく、元天文学者が用意した天文のビデオを夜おそくまで見た。翌朝、押田成人神父たちの「八ヶ岳南麓を守る会」が守り抜いた「大泉」という湧水に彼女たちを案内した。彼女は頭痛がするといってずっと寝ていて朝食をとっていなかった。車を途中で止め、森の中の道を登ると、うっそうとしたヒノキやスギの自然林が現われ、水が湧き出し、小川となって流れていた。樹齢三、四〇〇年のヒノキもある。高森地区の水道水源であり、人びとは大木の枝切りをして陽が射すように空間をつくり、森と水を保護している。キノコを見たりして、しばらく時をすごした。彼女は森へ入っていって放尿した。帰途、車に乗るころには「頭が痛いのが治った」といって、さっぱりした顔をしていた。

この自然林に囲まれた大泉を訪れると、押田成人の強い意志と渡辺玲子の強いバイオリンの音色とが妙にマッチして筆者の耳に響いてくる。

千葉県の市原市や君津市一帯、兵庫県の東条町や吉川町一帯は、こういう深い森と清らかな水を失っている。埼玉県小川町のゴルフ場跡地のように、自然の回復力は大きいから、住民がその気になれば復元も可能である。開発を選ぶのか、良い環境を選ぶのかは住民の意思にまかされている。

拾遺・あとがき

六〇〇〇万円の収賄容疑で逮捕された元厚生事務次官・岡光序治が『官僚転落』（二〇〇二年、廣済堂出版）という本を書いている。最高裁判決を前に「六〇〇〇万円は借金だった」と主張していた。六〇〇〇万円を贈賄した小山博史は、国民の税金から施設づくりの七五％[1]もの補助金をもらって、いくつもの特別養護老人ホームを経営していた。特養ホームはそんなに儲かるものなのか、弱い立場の年寄りの待遇を落として利益を吸い上げているのではないか、と税金支払者は考える。しかし、厚生省の官僚は、まったくそうは考えなかったらしく、小山とゴルフに興じていた。ただ「六〇〇〇万円は借金。借金は借金なのだ」と繰り返すだけだ。経歴とはちぐはぐな幼児性格まる出しという印象である。いくらゴルフ仲間とはいえ、三万円や五万円の金ではない。巨額の金を借りて借用証もないというのでは、世の中は納得しない。

（1）特別養護老人ホームをつくりたい人は、まず市町村に計画を出し、市町村から都道府県に上げられ、そこで調査して国に要望するという段取りになっている。計画が認可されると、国が全体の建設費の二分の一を補助し、残り二分の一の半分、つまり全体の四分の一を都道府県が負担する。実に全体の四分の三、七五％が税金によってまかなわれる。

岡光は、小山から岡光名義のゴルフ会員権も贈られている。が、そのことにはまったく触れていない。

岡光は、役人生活の中で公私とも最も充実していたのは栃木県に課長として出向していた四年間だった、と書いている。筆者は、栃木県足利市の障害者施設「こころみ学園」の川田昇園長に会ったとき、川田が「（岡光は）栃木県の課長時代は、とても福祉に理解のある人だった。どこで狂ったのだろう」と語っていたのを思い出す。（拙著『人物十一景』青木書店）

この時代の岡光は、まともな考え方をしていた。

岡光は、こう書いている。

「ちょうどそのころ栃木県を南北に通る東北自動車道が部分的ながらも開通をした。それと同時にインターチェンジごとにゴルフ場計画が持ち上がり用地買収が始まった。昭和四十六年（一九七一年）から四十八年（七三年）ごろまでに提出された開発申請は百数十ヵ所にも上った。それ以前、栃木県にはゴルフ場は十五ヵ所しかなかったのだから、東北自動車道の影響は大きいものがあった。しかし、申請の出された開発がすべて許可されて実際にゴルフ場ができたとすると、なんと山地を含めた栃木県の全面積の五％にも及んでしまうことになってしまう。そうした県内の動きに加えて、ちょうど当時は昭和四十七年（一九七二年）七月に成立した田中角栄内閣が発表した『新全国総合開発計画』[2]、つまり『日本列島改造論』で土地ブーム、列島改造ブームが日本全国を席巻し始めていたころだった」

（2）二全総が一九六九年、三全総が一九七七年だから、岡光の記憶の誤り。「日本列島改造論」は、田中角栄が首相になる直前の通産相のときに発表した。

栃木県は農業県で、台地が多い。台地に防風林をめぐらせて農業をやっていた。農家は、補助金つきの土地改良事業などのため、返済金を抱えていた。そういう農民の目の前に、札束が積まれた。一反歩（三〇〇坪）いくらが、急に一坪いくらの世界になった。

「このままでいったら県内の農地の崩壊は火を見るより明らかだった。私はこの時代の新しい流れに非常に強い怒りを覚えた。そこで農務部の連中といっしょになって開発規制を考えることにした。土地利用計画などなかったので、開発要綱は自分で書くことにした。『ゴルフ・コースのあいだの樹林帯は三〇メートル必要である』『傾斜角度が何度以上になったらこれこれの調整池をつくれ』。まさに『おれが法律だ！』だった。わからないところは土木部や農務部の技術屋に聞いて書いた。県も知事や関係部長が参加して、申請を一件ごとに審査する審査会を設置してくれた」

「当然、開発業者からの反発はすさまじかった。『申請を認めろ！』と言って脅迫のようなものが何度もあった。また業者の息のかかった県会議員からの圧力もあった。さらには国会議員にまで手を延ばした業者までいた。私自身いちばん腹が立ったのは、厚生省の上のほうの人間から私あてに電話がかかってきて露骨に具体的なゴルフ場の名前をあげて様子を聞かれたことだった。結局、百ヶ所近くの開発は許可することになってしまった。

当時の自治省出身の副知事(3)はたいへんなゴルフ好きで、本気で『栃木県をゴルフのメッカにしたい』『栃木県はゴルフ場の通り道でいい』などということを面と向って言い放っていた。これではいくらがんばってもしかたがないのではと思ったこともあった」

(3) 荻山《おぎやま》義夫副知事のこと。自治省大臣官房調査官から栃木県総務部長となり、一九六七年―七五年まで副知事を二期つとめた。その後、宇都宮市の自動車販売会社「本田ベルノ栃木中《なか》」の社長となった。

二〇〇二年末現在の栃木県内のゴルフ場は一三七ヵ所を数え、北海道、兵庫、千葉についで四番目に多い。

◇

岡光の一文からも、ゴルフ場業者が脅しと金と政治家の圧力を使って、手段を選ばず開発を進めようとしていた実態が目に浮かぶ。脅迫は栃木だけではなく全国各地であったから、さながら脅迫列島の様相も呈していた。ゴルフ場にからむ汚職も数えきれないほどある。公務員にカネを贈れば贈賄罪になる。しかし、地主の区長あたりをカネと供応で動かしても犯罪にはならない。そういう地区長が、地位を利用して、地権者に「土地を売れ」と迫ったケースは、これも全国各地であった。

いくつか「ゴルフ場汚職」の事例を筆者のスクラップからあげておこう。

▼千葉県山武《さんぶ》郡成東《なるとう》町の斎藤昌三町長と五木田和夫町議は、一九八八年九月から八九年三月にかけて、ゴルフ場開発会社の「緑地計画」側から三回にわたり合計一億円を受けとり、四度にわたって温泉接待を受けた。それだけではなく、二人は町議たちに対する根回し費用として一千万円、右翼対策費として二千万円を提供させた。九一年十一月、東京地裁の中山善房裁判長は、さらに「他のゴルフ場開発業者からも多額のカネを受け取った疑いがある」「事件発覚後、罪障隠滅の工作をしている」として、斎藤に懲役三年、追徴金八〇〇〇万円、五木田に懲役二年四月、追徴金二〇〇〇万円の実刑判決を言い渡した。

「緑地計画」の元社長・山本卓男と元常務・犬山健一は、ともに懲役二年執行猶予五年だった。

カネを贈る相手が公務員であろうと、核燃処理施設ができた青森県六ヶ所村の農民のような民間人であろうと、贈る側は札束で相手をひっぱたくという感覚だから内心では軽蔑している。ひとたび逮捕されれば、洗いざらい話して自分は少しでも刑を軽くしてもらおうとする心理が働く。

▼群馬県多野郡万場《まんば》町の沢本富弥町長は、「本庄カントリー倶楽部」をめぐる収賄で一九八八年一月二十一日、逮捕された。造成業者の「市川造園土木」(本社・東京都練馬区)が県の許可を得やすいように意見書を出す際に有利に取り計らった謝礼として一五〇万円を受け取った疑い。贈賄側の市川造園土木取締役・市川弘も逮捕された。沢本は、八七年に四選されたものの、八八年二月に辞任した。

▼一九九〇年四月には、巨額の手形乱発で倒産した社団法人「邦楽普及振興協会」の仙波光晴代表理事の周辺の人物が、生命保険会社の「八八億円の融資証明書」を偽造し、兵庫県姫路市のゴルフ場用地買収に利用しようとしたことが明るみに出た。「融資証明書」は、生命保険会社が邦楽普及振興協会あてに出した形になっていて、「現況　姫路城北約3・5キロメートルの地域で山林・標高220—320の地域」「上記購入地を担保として諸条件完了後、社団法人邦楽普及振興協会希望額　金八拾八億円を融資いたします」などとあり、最後に保険会社名と部長名、押印がある。

「さらに、仙波氏らは昨年暮れごろから、都内の外資系銀行から総額約百十億円の融資を受け、一ヵ月間だけ他の大手都市銀行に預けて『残高証明』を発行させていたこともわかった。これは静岡県下田市のゴルフ場用地買収交渉に利用されていたとみられる」(一九九〇年四月十四日付『朝日新聞』)と記事にはある。

記事には書いてないが、これらの証明書を見せることによって地権者を信用させて用地買収を容易にし、実際の用地費や造成費は預託金制会員権を発行することによって稼ぐ計画だったと考えられる。

このほか、ユニバーサル双書編集委員会編『ゴルフ危険白書　知らねばならぬ18ホールの真実』(一九八九年、マルジュ社)には、ゴルフ場汚職の項目とアウトラインが末尾に多数収録されている。汚職事例発生の年月がわかるから、詳細は新聞縮刷版、または地方版を新聞社のデータベースで検索することによって知ることができる。

岡光の一文から、ゴルフ場開発業者の側に立って自治体に圧力をかける国会議員がいることがわかる。

すでにバブルのはじけた一九九〇年三月の時点で、八七年に鈴木善幸(元首相)を代表して設立された「ゴルフ産業振興議員連盟」には約一七〇人の国会議員が参加していた。この議員連盟の設立趣意書には「利用希望者数に比してゴルフ場は未だ十分とは言えない状況にあり、各種規制の緩和等を通じてゴルフ場の建設を円滑化する必要がある」とある。

議員連盟の効果として、①八八年六月、「ゴルフ場建設を目的とした農地転用の許可規制を緩和する」という農水省通達を各地方農政局に出した②八九年十二月、林地開発許可の規制を緩和してゴルフ場をつくりやすくした「森林の保健機能の増進に関する特別措置法」成立などがあげられる。

この議員連盟には環境庁長官もつとめた小沢辰男、土屋義彦、梶木又三、志賀節らも名を連ねている。

◇

過大な計画と過剰投資、詐欺的商法の預託金制度の崩壊、〝ヤクザ不況〟といわれる一〇年以上にわたる不景気——これらがゴルフ場に足を運ぶ人たちを減少させ、ゴルフ会員権の暴落をもたらしたと考えられている。確かに大きな要因ではある。しかし、筆者はそれだけではないと思う。

筆者の妻の叔父は、北海道で映画館や娯楽施設を展開する須貝興業（現・スガイ・エンタテインメント）の経営者であった。ひところボウリングのブームで、北海道の主要都市でボウリング場を運営して稼いでいた。やがて人びとのマインドが変わり、ブームが去ると、もはや客が来なくなった。一〇〇億円ほどの負債をかかえて撤退、札幌に経営資源を集中して息をついた。そういう姿を見ているので、ゴルフ場の場合も「人びとのマインドの変化」が、経済的要因とは別の大きな要因であると考えられる。

日本のゴルフ場は高すぎるのである。高すぎるということは不愉快である。アメリカで高速道路を車で走った人は一〇〇キロ走っても一ドルか二ドル（一ドル札を二回払う）であることを知っている。日本の高速道路は不愉快の最たるものだが、ゴルフのプレー料金もそうだ。

東京（在住者、一人当たり）	一四、七二〇円
ニューヨーク	二、五〇〇円
ロンドン	四、五七六円
パリ	三、九五六円
ベルリン	四、一一四円

（二〇〇一年十一月の内閣府による「主要な消費財及びサービスに係わる内外価格差調査結果」）

東京在住者はニューヨーク在住者の約六倍のプレー料である。東京はニューヨークと比べて、ビールやガソリンも二・五倍だが、ゴルフのプレー料金ほどではない。

国民に時間を与えれば余暇で財布のひもをゆるめるだろうと、休日をふやしてきた。しかし、余暇のために使う費用は、近年減る傾向にある。時間の要素は、余暇市場の拡大には役に立っていないのだ。

失業、賃下げ、老後、病気の不安で、心理的な萎縮現象が起こっている。ゴルフやスキーのように金のかかるレジャーは敬遠する傾向が強まっている。波多野元国連大使は、来日した外国人の知合いから「安くて、うまいレストランはどこか」と聞かれた。安さとうまさが両立するレストランは、見つけるのがなかなかむずかしい。困った彼は「外国人がたくさん入っているところを探したらいい」と答えたそうだ。ことほどさように、国内旅行をするより海外へ行った方が、場合によっては安価で快適というのが現実である。

こういう状況から人びとはレジャーに実質を求めるようになっている。ゴルフ場へ足を運ぶ人たちは、統計上は一〇〜一五%の減少である。しかし、ゴルフの人気は、もっと激しく落ち込んでいる。

ビデオ・リサーチが調べた関東地区のゴルフ競技のテレビ視聴率の変化を見てみよう。(数字は%)

競技名	一九八九年	二〇〇二年
フジ・サンケイ・クラシック	一二・六	五・〇
仙台放送クラシック	七・三	三・九
ミズノ・オープン	六・九	四・二

日本プロ選手権	一二・八	六・五
ANAオープン	一〇・八	五・二

こうした数字を軽視して何事かを企画しても、人々の心にピタリとははまらないだろう。「ゴルフは奥が深い」と、田中義久は『ゴルフと日本人』に書いており、そういう意見の持主として大岡昇平や大橋巨泉が登場する。その通りであろう。だが、ゴルフ場が破壊した森は、あるいはもっと奥が深いかもしれない。日本の森を愛し長野県信濃町の黒姫山麓に住みついてしまったC・W・ニコルの『自然記』などを読んでも、奥深さはひしひしと伝わってくる。

森の中に住んでいる筆者は、身のまわりに未知の事柄がたくさんあって、けっこういそがしい。畑で栽培したヒマワリの種子を置いておくと、野鳥やリスがやってくる。あの鳥は何というのだろう、あの鳴き声はどういう意味だろうと判定するのは大変だ。食用キノコだと自信をもっていえるのは、ジゴボウ（ハナイグチ）、ムラサキシメジ、チヨコダケ（ホテイシメジ）ぐらいしかない。あと不確かなのが三〜四種類あって、採集すると地元の名人の判断をあおぐ。野草も興味は尽きない。漢方薬になるゲンノショウコは、種子を採取してきて敷地にまいたら一面にふえて、白い小さな花を咲かせる。しかし、「当帰」というのがどういう薬草なのか、似たものがあっていまだに分からない。

山では天候の変化をいち早く察知することが快適に暮らすコツだ。観点望気は欠かせない生活上の術である等々、切りがないのである。一九六ページにある千葉県君津市のゴルフ場に隣接する古い林道や、二六六ページの長野県八ヶ岳山麓の湧水の写真を見ただけでも、読者に森の奥深さを感じ取っていただけるだろう。

◇

倒産してみると負債総額がどっと増え、巨額の債務超過になっていた、ということが、ゴルフ場倒産ではよくある。土地や施設を売却しても、弁済すべき債務に遠く及ばない。それで、預託金は限りなくゼロに近く、あるいはゼロそのものにカットされ、金融債務もひどい例では九八%カットというのがあった。金融機関にとって大半のゴルフ場は実質不良債権であろう。

日本は粉飾国家である。元金を返済できないから金利だけ払って息をしている低空飛行の企業を要注意先債権として不良債権に入れていない。そごうやマイカルも要注意先に分類されていて不良債権でないのに、あえなく倒産した。

個人の金融資産は一四〇〇兆円あるから、これが市場に出てくれれば景気は好転、ゴルフ・ブームの再来などと考えている一群の政治家やエコノミストと称する人たちがいる。筆者は、その人たちに問いたい。国と地方の債務が七〇〇兆円に達したことは常識である。それでは、特殊法人の債務はどれくらいですか。そのほか、隠れ借金というのもありますね。個人資産一四〇〇兆円のうち、個人の事業資金はどのくらいあって、それはそっくりそのまま使える仕組みになっていますか。

特殊法人の借金は実に三〇〇兆円もあるのだ。つまり、国（国家公務員一一〇万人）、地方（地方公務員三四〇万人）、特殊法人（みなし公務員五〇万人）、合わせて五〇〇万人の公務員が一〇〇〇兆円の借金をしていると考えてもいい。公務員一人当たり二億円の借金である。本文でもふれたように、税金の性格からいって、公務員内部の問題として解決すべき性質の事柄であると筆者は考えている。読者はどう思うだろうか。

また、個人の事業資金は、金融機関から借金をするために半ば強制的に預金させられる歩積両建の部分を何百兆円という規模で含んでいる。これらを総合すると、個人の金融資産と日本全体の債務の総額はプラスマイナスではほぼゼロになる。わずかにプラスなのは、海外にもっている一七〇兆円ほどの債権である。

こういう日本の状況からみて、これから長期にわたってかつてのようなバブル現象の再来はない。一二分の一に暴落したゴルフ会員権が、現在の三倍、四倍になることも当分ない。ゴルフ場自体が適正な規模まで縮小していくに違いない。残るべきゴルフ場だけが残り、一定のステータスを回復していくかもしれない。日本の企業や銀行が暴力団や右翼や総会屋と縁を切ったとき、ゴルフもかつての品格を取戻すかもしれない。

一流企業といわれる新日鉄やＮＫＫや凸版印刷が、一〇年以上にわたって暴力団が支配する企業と茶や植木リースの取引をしていたというのは、気持ちの悪い話だ。社員やその企業を訪れる客は、その茶を飲まされ、その観葉植物を眺めていたことになる。暴力団の影がついているとも知らずに。

◇

筆者は一九八八年からゴルフ場問題の新聞記事を書いていた。しかし、『週刊朝日』には一回も書いたことがない。別冊『環』③の「生活 - 環境革命」に「ゴルフ場問題の現在」を書くようにという依頼が来たのは、この冊子の企画に主要な役割を果たした山田國廣京都精華大学教授の「『週刊朝日』にも書いていた」という誤解が多分に含まれていたからのようだ。しかし、その「美しき誤解」からこの本が生まれることになった。

『ゴルフ場廃残記』は、ゴルフ場の経済、不良債権化した実態に力点を置いている。したがって山田國廣編著『ゴルフ場亡国論』のような環境問題中心の内容とはやや趣が異なる。また、環境を守る立場の人だけでなく、ゴルフ場開発業者や会員権業者も取材対象とした。そういう人たちの理のある意見も取上げた。取材に協力していただいたすべての方々に感謝します。

藤原書店の藤原良雄社長には一貫した出版の意思があり、その一角に参加できたことは幸いであった。近年は書店の校閲力が落ちていて、「日本浪曼派」といくら直しても、校正者に「日本浪漫派」と直されて、そのまま出版されたことがあった。刈屋琢編集者は閲のある原稿の読み方をしてくれて助けられた。

二〇〇三年三月一日

松井覺進

ゴルフ場と日本社会　略年譜　（一九〇一～二〇〇二）

一九〇一（明治34）年
イギリス人の紅茶貿易商アーサー・グルームが、神戸・六甲山の山頂付近に四コースの私設コースを造る。
＊**12・10**田中正造、議会開院式から帰る途上の明治天皇に足尾鉱毒問題を直訴。「公害」が初めて世の中の耳目を集める。

一九〇二（明治35）年
＊**1・30**日英同盟に調印、即日実施。ロシアの東アジア進出を牽制し、中国・朝鮮での日英の権益を守るのが目的。

一九〇三（明治36）年
神戸ゴルフ倶楽部六甲コースが九ホールで開場。メンバー一三一人のうち日本人は七人だった。

一九〇四（明治37）年
神戸ゴルフ倶楽部六甲コースの冬季代替コースとして、兵庫県横屋に六ホールの横屋ゴルフ・アソシエーションが開設される。創設者ウィリアム・ロビンソンの常雇いキャディーだった福井覚治は、日本最初のプロとなる。
＊**2・10**中国・朝鮮の支配をめぐって日露戦争勃発（～05・12・18）

一九〇五（明治38）年
貿易商・小倉庄太郎は六甲山に別荘をもち、神戸ゴルフ倶楽部に入会、本格的にゴルフにうち込んだ日本人ゴルファー第一号とされている。小倉の妹・末子も、日本女性で最初にゴルフをした。

一九〇六（明治39）年
横浜・根岸に外国人向け九ホールのニッポン・レースクラブ・ゴルフィング・アソシエーションが創設される。関東で初のゴルフコース。競馬場の中のコースなので、競馬のある日はプレーができなかった。
＊日露戦争後のバブル景気。鈴木久五郎は株で巨万の富を築き、「成金」という言葉が流行。

一九〇七（明治40）年
日本アマチュア・ゴルフ選手権が、神戸ゴルフ倶楽部六甲コースで開催される。実態は「在日イギリス人ゴルフ選手権」。
＊**1・21**東京株式市場が大暴落。日露戦争後の恐慌始まる。

一九一二（明治45／大正元）年
＊明治天皇没（五十九歳）。

＊日本の人口は、内地五二五二万人、朝鮮一四五六万人、台湾三二一万人。

一九一四（大正3）年

6・1日銀ニューヨーク支店に在勤中にゴルフをおぼえた井上準之助（横浜正金銀行頭取、後の蔵相）を中心とする約三〇人の実業家が創設した東京ゴルフ倶楽部が、東京・駒沢に六ホール（後に九ホール）のゴルフ場をオープン。会員は、家柄・爵位・交遊関係が重んぜられた。借地料が高騰したため三二年に埼玉県朝霞へ移転、そこが陸軍に買収されたため、現在の狭山市に再び移った。

＊**7・28**自国の皇太子夫妻がセルビアのサラエボでセルビア人に暗殺されたオーストリアが、セルビアに宣戦布告。第一次世界大戦始まる。

一九一五（大正4）年

＊大戦で「成金」が続出。

一九一七（大正6）年

＊**3・12**ペトログラードの軍隊が蜂起（ロシア二月革命）。**11・7**ボリシェビキがペトログラードで武装蜂起、ソビエト政府樹立（十月革命）。

一九一八（大正7）年

東京ゴルフ倶楽部駒沢コースで開かれた第一二回日本アマチュア選手権で、日本人として初めて井上信が優勝。井上は三井物産社員としてアメリカに滞在中にゴルフを修得。

＊**11・11**ドイツが連合国と休戦協定に調印、第一次世界大戦が終結。

一九一九（大正8）年

＊**1・16**パリ講和会議（〜6・28）。

一九二二（大正11）年

程ヶ谷カントリー倶楽部が本格的なゴルフコースとして開場。当初九ホール、翌23・4に一八ホール。アメリカ人のウォルター・フォーバーグ設計。

一九二三（大正12）年

＊**9・1**関東大震災。翌二日から四日にかけて、東京・神奈川・埼玉・千葉などに戒厳令。

一九二四（大正13）年

日本ゴルフ協会（ＪＧＡ）設立。神戸・根岸・東京・鳴尾・舞子・程ヶ谷・甲南の七倶楽部が参加。

一九二六（大正15／昭和元）年

第一回日本プロ選手権。茨木カンツリー倶楽部で開催。宮本留吉が優勝。

一九二七（昭和2）年

第一回日本オープン選手権が程ヶ谷カントリー倶楽部で開催され、アマチュア一二人、プロ五人が参加、アマの赤星六郎が優勝。

＊**3・14**片岡直温蔵相が衆議院で「東京渡辺銀行が破綻」と発言、金融恐慌の発端に。

一九二八（昭和3）年
＊6・4関東軍の河本大作らによる張作霖爆殺事件。
一九二九（昭和4）年
埼玉県川越市に霞ヶ関ゴルフ倶楽部東コース開設。藤田欽哉、石井光次郎、清水楊之助、井上信の合議で設計。
＊10・24ニューヨークの株式市場が大暴落、世界恐慌始まる。
一九三〇（昭和5）年
赤星四郎・六郎設計の我孫子ゴルフ倶楽部がオープン。
＊世界恐慌、日本に波及（～三二年）。自殺者急増、一万三九四二人。
一九三一（昭和6）年
赤星六郎設計の相模ゴルフ倶楽部オープン。
＊9・18関東軍参謀ら柳条湖の満鉄線路を爆破。満州事変。
一九三二（昭和7）年
宮本留吉プロ、全英オープン（6・6～6・12）、全米オープン（6・22～6・25）に出場。
＊3・1満州国の建国宣言。5・15海軍青年将校ら犬養首相を射殺（五・一五事件）。
一九三三（昭和8）年
＊1・30ヒトラー、ドイツ首相に就任。3・27日本、国際連盟を脱退。10・14ドイツも脱退を通告。
一九三六（昭和11）年
日本ゴルフ協会への参加が三〇倶楽部に。
一九三七（昭和12）年
8・1戦時態勢に入り、ゴルフボールは各倶楽部あての配給制に決まる（十月から実施）。
＊2・26皇道派将校が政府要人殺害（二・二六事件）。8・24国民精神総動員実施要綱を決定。
一九三八（昭和13）年
4・1国家総動員法を公布。
一九三九（昭和14）年
12ボールの材料不足のため、ボールの製造が不可能となり、配給制を打切る。
＊9・1ドイツ軍、ポーランドに侵攻、第二次世界大戦始まる。
一九四〇（昭和15）年
ゴルフ人口一一万人。七一コース一〇一七ホールに。
＊「大政翼賛会」「八紘一宇」「ぜいたくは敵だ」が戦意高揚のスローガンに。9・12日本軍、北部仏印に進駐。9・27日独伊三国同盟調印。
一九四一（昭和16）年
5・8～10戦前最後の日本オープン選手権（第一四回）が程ヶ谷カントリー倶楽部で開かれ、延徳春（当時は延原徳春といった）が優勝、カップは京城（ソウル）に渡った。カップはその後行方不明に。

12・13日本ゴルフ協会主催の各競技は当分見合わせるという通知書を各倶楽部に発送。
＊12・8日本軍がマレー半島に上陸、真珠湾を奇襲、太平洋戦争始まる。

一九四二（昭和17）年

2・26日本ゴルフ協会、キャディー廃止を各倶楽部に通知。六十歳以上は例外とした。

4・8大日本体育会が発足し、日本ゴルフ協会は解消、統合されることになった。まだ一部の階層の遊びでしかなかったゴルフは、存続の危機に直面した。日本ゴルフ協会の石井光次郎理事長は、文化映画「奈良朝の打毬（だきゅう）」を思い出し、「ゴルフは日本古来の遊戯を復活させたものだ」と力説して、ゴルフ抹殺の危機を救った。

9・12日本ゴルフ協会は十月七日で解散することを決め、事業は大日本体育会の打球部門に引継がれた。解散時の加盟倶楽部三九、非加盟は三四、ゴルフ場は九三ヵ所だった。
＊6・5ミッドウェー海戦、日本、四空母を失う。
11・19ソ連軍、スターリングラードでドイツ軍に対して大反撃開始。

一九四三（昭和18）年

1・21関東打球大会、関西打球大会などの事業計画を、打球部会が錬成部に提出。

＊9・8イタリア無条件降伏。

一九四四（昭和19）年

打球大会はこの年開催されず。
＊7・18東条内閣が総辞職。

一九四五（昭和20）年

12・28大日本体育協会は日本体育協会として発足、日本ゴルフ協会は加盟団体として復帰したが、ゴルフ場の復旧が伴わず活動遅れる。
＊5・7ドイツが無条件降伏。8・15日本敗戦。

一九四六（昭和21）年

日本各地でゴルフ場の復旧工事が進む。
＊1・1昭和天皇が神格化否定の人間宣言。3・5チャーチルが「鉄のカーテン」演説。冷戦の始まり。11・3日本国憲法公布。

一九四八（昭和23）年

8月関東プロ選手権が米軍基地の施設として接収されていた東京ゴルフ倶楽部で開催される。戦後初のプロ競技。
＊物価、倍々式で上昇するインフレ。

一九四九（昭和24）年

9・14〜15日本プロ選手権が我孫子ゴルフ倶楽部で復活。林由郎が優勝。
＊超均衡予算、健全財政主義の徹底で不況は深まったが、物価上昇は止まる。

一九五〇（昭和25）年

＊**6・25**朝鮮戦争始まる（57・7・27休戦協定）。日本は特需で、金へん景気、糸へん景気。

一九五一（昭和26）年

＊**9・8**対日平和条約、日米安全保障条約調印。（52・4・28発効）

一九五二（昭和27）年

7・13林由郎、中村寅吉、高村祐正、石井迪夫の四人が、全米トーナメントと世界プロ選手権に出場のため渡米。プロの戦後初の海外遠征。

＊一人当たりの国民所得、ほぼ戦前の水準に回復。

一九五三（昭和28）年

＊NHK、東京地区でテレビの本放送開始。日本テレビも民間初のテレビ本放送。

一九五四（昭和29）年

＊電気洗濯機、電気冷蔵庫、電気掃除機が「三種の神器」と呼ばれる。

一九五五（昭和30）年

＊神武景気始まる（～五七年上期）。

一九五六（昭和31）年

7・17『経済白書』が「もはや戦後ではない」と規定。

一九五七（昭和32）年

ゴルフ場は一一六ヵ所。延べ利用者一八二万人。

一九五八（昭和33）年

五八年下期～六一年下期、岩戸景気。

第一次ゴルフブーム（～六二年）。

＊「スバル三六〇」登場。マイカー時代の幕開け。

一九五九（昭和34）年

＊**4・10**皇太子の結婚パレード。テレビ視聴者は推定一五〇〇万人。

一九六〇（昭和35）年

12・27国民所得倍増計画を閣議決定。

＊「マイホーム主義」が流行語に。

一九六一（昭和36）年

ゴルフ場、前年より六八ヵ所（三五％）ふえ二六三ヵ所に。利用者は、前年より一四〇万人ふえ延べ五九一万人に。

＊実質経済成長率一四・五％と高度成長期の最高を記録。レジャーブーム。スキーや登山も盛ん。

一九六二（昭和37）年

10・5高度経済成長への移行、所得倍増計画などを背景に全国総合開発計画（一全総）を閣議決定。

＊農村人口が大都市へ流出、東京都の常住人口は一〇〇〇万人を超す。世界初の一〇〇〇万都市。東京で光化学スモッグが深刻化。

一九六三（昭和38）年

＊東京オリンピック景気。（～64・10）「じいちゃん・

ばあちゃん・かあちゃん」の三ちゃん農業広がる。
一九六四（昭和39）年
＊10・10東京オリンピック開催（〜10・24）。
一九六五（昭和40）年
＊消費者物価七・四％上昇。
一九六六（昭和41）年
＊いざなぎ景気（〜七〇年）。3・31日本の総人口、一億人を超す。
一九六七（昭和42）年
＊農業就業人口、初めて二〇％を割る。テレビ受信契約二〇〇〇万を超す。8・3公害対策基本法を公布。
一九六八（昭和43）年
＊GNP、米国についで世界第二位に。国際収支も黒字基調が定着。
一九六九（昭和44）年
5・30新全国総合開発計画（二全総）を閣議決定。開発可能性の全国土への拡大。
＊初の『公害白書』を政府発表。
一九七〇（昭和45）年
＊カドミウム汚染、農薬汚染が全国に広がる。
一九七一（昭和46）年
日本のゴルフ大衆化第二期（〜七四年）。
12・18一九三〇年に全英オープン、全英アマチュア、全米オープン、全米アマチュアのグランド・スラムを達成した〝球聖〟ボビー・ジョーンズ没。六十九歳。本名、ロバート・タイア・ジョーンズ・ジュニア。
＊日米貿易摩擦が問題化。8・15ニクソン大統領、金・ドルの交換一時停止、一〇％の輸入課徴金などドル防衛策を発表。ドル・ショック。
一九七二（昭和47）年
6・11田中角栄通産相、政権構想の柱として「日本列島改造論」を発表、土地ブームの引金に。
＊6・22自然環境保全法を公布。大気汚染防止法、水質汚濁防止法各改正も公布。7・7第一次田中角栄内閣。7・24津地裁、四日市ぜんそく訴訟で六社共同不法行為を認定。六社控訴を断念。
一九七三（昭和48）年
第二次ゴルフ大衆化のピーク。ゴルフ場七七三ヵ所（前年比一〇四ヵ所増）、延べ利用者三三六五万人（前年比五〇三万人増）、ゴルフ場一ヵ所当たりの利用者数四万三五〇〇人。
＊日本、変動相場制に移行。10・25第一次石油ショック。
一九七四（昭和49）年
卸売物価三一・三％、消費者物価三四・五％上昇の狂乱物価。GNPマイナス〇・五％で、戦後初のマイナス成長。第二次ゴルフブーム終わる。

＊1・1現在の公示地価三二・四％の上昇（5・1建設省発表）。

一九七五（昭和50）年

＊戦後最大の不況。**2・17**第一回サミットで「不況克服へ国際協調」合意。**8・28**興人倒産、負債総額二〇〇〇億円は戦後最大。

一九七六（昭和51）年

6・10〜13樋口久子、米国女子プロ選手権で優勝。日本女子プロがメジャー制覇。その後、二〇〇二年までメジャーを制覇した日本人はいない。

＊**7・27**ロッキード事件で田中角栄逮捕。

一九七七（昭和52）年

11・4第三次全国総合開発計画（三全総）を閣議決定。安定成長、資源の有限性の顕在化が背景に。

＊平均寿命、男七二・六九歳で世界一、女七七・九五歳でスウェーデンとともに世界一。

一九七九（昭和54）年

＊EC、日本の住宅を「ウサギ小屋」にたとえる。

第二次石油ショック。

一九八〇（昭和55）年

＊自動車生産台数が世界一位に。

一九八一（昭和56）年

2月パレスゴルフクラブが一五二億円の負債を抱えて倒産。このゴルフ場の建造費は、二万三〇〇〇人の会員から集めた預託金であることがわかった。経営者は逮捕されたが、預託金は返ってこなかった。

＊ガンが脳卒中を抜いて死因の第一位に。

一九八三（昭和58）年

6・6中曽根首相、国有地の有効利用の検討を大蔵省に指示。地価高騰の引金に。

＊「サラ金」が社会問題化。**12月**北海道占冠村にアルファトマムがオープン。リゾート法のひな型。

一九八四（昭和59）年

1月農水相の諮問機関、林政審議会が「国有林野事業の改革推進について」を答申。**2月**林野庁長官は「森林空間総合利用整備事業(ヒューマングリーンプラン)の実施について」という通達を出し、国有林内での第三セクターによるゴルフ場造成を認める。**11・1**山口敏夫、第二次中曽根内閣の労相に。リクルートから六三〇万円の政治献金を受け、リクルート主催のゴルフツアーにたびたび参加。

一九八五（昭和60）年

第三次ゴルフブーム（〜九〇年）。

9・22プラザ合意。五ヵ国蔵相・中央銀行総裁会議が、ドル高是正のため為替市場への協調介入を強めることで合意。以後、円高が進み、一ドル＝二四〇円から一二〇円へ。

一九八六（昭和61）年
6・30第四次全国総合開発計画（四全総）を閣議決定。多種分散型国土の構築が目標。
＊**4・7**前川リポート。「内需主導への経済構造転換」を求めた構造調整研究会の報告書を中曽根首相に提出。大都市の地価が高騰、「地上げ」が社会問題化。財テクブーム。
一九八七（昭和62）年
3月奈良県山添村の農民がゴルフ場の農薬による水の汚染を調査、開発反対運動を起こす。
5・22リゾート法（総合保養地域整備法）制定。①民間施設の固定資産税や不動産取得税を軽減②民間事業者の資金確保のための地方債発行を認める③農地・国有林・港湾を利用しやすいように規制緩和。
＊地価高騰、都市郊外に波及。
一九八八（昭和63）年
6・18リクルート事件の発端。川崎市助役がリクルートの未公開株を譲り受け、一億円の利益をあげていたことが発覚。森田康日本経済新聞社社長、丸山巌読売新聞社副社長、真藤恒NTT会長、宮沢喜一蔵相、長谷川峻法相ら次々と辞任。竹下登首相も辞任を表明。リクルートのゴルフ場も舞台になった。
11月一九の都道府県から五三の市民団体が東京に集まり、第一回ゴルフ場問題全国交流集会が開かれた。消費者運動、有機農業運動、自然保護運動が合流。
一九八九（昭和64／平成元）年
5月山田國廣編著『ゴルフ場亡国論』出版。
＊**1・7**裕仁天皇没（八七歳）。
一九九〇（平成2）年
3月多くのゴルフ場で会員権相場がこれまでにピークをつけ、以後、下降トレンドへ（株価は89・12・29三万八九一五円がピーク）。
6月阿部悦子らが瀬戸内一一府県のゴルフ場反対運動が手を結ぶことをめざし「環瀬戸内海会議」を結成。立木トラスト方式で一本一五〇〇円でゴルフ場計画のある土地の木を買い、木の所有権を主張して開発を阻止。
3・8千葉県、新設のゴルフ場での農薬使用を禁止。
一九九一（平成3）年
9・6茨城カントリークラブの開発会社、常陸観光開発が倒産。五万二〇〇〇人もの会員から約一〇〇〇億円を集め、関連会社に流していた。主犯の水野健は92・2・29に脱税で逮捕。詐欺罪も成立。
一九九二（平成4）年
5・20「ゴルフ場等に係わる会員契約の適性に関する法律（ゴルフ場適正化法）」公布。会員権債務保証制度を日本ゴルフ場事業協会が担当して実施。一九九九年までに九件受付け、債務保証は合計二四二億円。二〇〇〇年～二〇〇二年には申込みなし。

7・16住宅金融専門公社（住専）七社の九二年三月時点での債務は一三兆九七〇〇億円と判明。

10・30都市銀行二一行の九月末の不良債権は一二兆三〇〇〇億円と大蔵省発表。三月末より五四％増。

一九九三（平成5）年

ゴルフ参加人口、翌九四年にかけて約一五〇〇万人でピーク（『レジャー白書』による）。

一九九四（平成6）年

バブル期の不動産への放漫融資のツケが表面化。

12・9ゴルフ場にも巨額の融資をしていた東京協和信用組合（高橋治則理事長）と安全信用組合が破綻。「今日は（協和）安全、明日は危険」といわれた。

一九九五（平成7）年

金融機関の破綻相次ぐ（8・1コスモ信用組合。8・30兵庫銀行と木津信用組合）。

12・25六八五〇億円の税金投入で住専の処理を閣議決定。住宅だけでなくゴルフ場・風俗店・パチンコ店にも融資していた。

一九九六（平成8）年

2・9住専の焦げつき債権に税金を投入する住専処理法案を国会に提出、6・18参院で法案可決、6・21公布。六八五〇億円の財政支出決定。

3月末全国の銀行、一三・三兆円の不良債権処理。前年度の二・六倍。

6・25 97・4・1から消費税を五％へ引上げることを閣議決定。首相・橋本龍太郎、蔵相・久保亘。12・13新進党の据置き法案否決、五％確定。特別減税の廃止、医療費アップが加わり合計九兆円の国民負担増で回復基調だった景気は再び下降トレンドへ。橋本失政。

11・19岡光序治厚生事務次官が収賄で辞任、12・4岡光逮捕。ゴルフ会員権ももらっていた。

11・21阪和銀行（和歌山市）に業務停止命令。

一九九七（平成9）年

三洋証券倒産でデフォルト発生。金融システム不安。破綻ラッシュ。銀行・証券株に売り殺到。

7・4中堅ゼネコンの東海興業（負債総額五一一〇億円）。上場ゼネコンの倒産は初めて。

11・3三洋証券（負債総額三七三六億円）。

11・17北海道拓殖銀行(公表不良債権九三四九億円)。

11・24山一証券（負債総額三兆五一〇〇億円）。

11・26第二地銀の徳陽シティ銀行（仙台）。

12・23中堅の丸荘証券。

一九九八（平成10）年

リゾート開発にも大型融資をしていた長銀・日債銀が破綻。

10・23日本長期信用銀行、四六年の歴史に幕（債務超過三四〇〇億円）。国有化第一号に。

12・12日本債券信用銀行も債務超過で一時国有化。

＊1・12一四六行の不良債権自己査定は七六兆円、総貸出額六二四兆円の一二・一六％と大蔵省発表。しかし『ニューヨーク・タイムス』紙はその後不良債権は一兆ドル（一三〇兆円）と書く。小渕恵三首相は国会答弁の中で「一〇〇兆円」という。

一九九九（平成11）年

3・24奈良地裁葛城支部は、住民が七年前に提訴していた吉野の山に建設中の「吉野桜カントリークラブ」に対する建設工事差止請求を認める判決。ゴルフ場への融資も一因。銀行破綻止まらず。

4・11国民銀行。

5・22幸福銀行。

6・12東京相和銀行。

8・7なみはや銀行（九八年十月に福徳銀行となにわ銀行が合併してできたばかり）。

10・2新潟中央銀行。

＊3・31大手一五行に七・五兆円の税金投入。

9・11〜13ゴルフが国民体育大会の正式競技となり、熊本県の第五四回大会で四種目が行われる。

二〇〇〇（平成12）年

企業の大型倒産が続出。

2・13中堅スーパー長崎屋（負債総額三〇三九億円）。

4・25大手ノンバンク日貿信（負債総額二八九九億円）。

5・1第一火災海上保険（債務超過四八八億円）。

5・19信販大手ライフ（負債総額九六六三億円）。

5・26第一ホテル（負債総額一一五二億円）。

5・31第百生命保険（債務超過一二二二億円）。

7・12百貨店そごうグループ（負債総額一兆八七〇〇億円）。

7・18セゾングループ西洋環境開発（負債総額五五三八億円）。

10・9千代田生命保険（負債総額二兆九三六六億円）。

10・20協栄生命保険（負債総額四兆五二九七億円）。

二〇〇一（平成13）年

一九〇一年にイギリス人アーサー・グルームが神戸六甲山に造ったゴルフコースを第一号とし、日本のゴルフ百年を記念した式典が、日本ゴルフ協会とゴルフ関連団体との共同で行われる。

年末のゴルフ場数は二三五四ヵ所。雲取山から江戸川までの東京都全域の面積に匹敵。ゴルフ参加人口は一三四〇万人に減る。

2・19四つのゴルフ場（計九九ホール）を擁する宮崎市の第三セクター「シーガイア」が倒産。負債総額三二六〇億円。6月米投資会社リップルウッド・ホールディングスが一六二億円で買収。

＊12・6その株式が「竹下銘柄」といわれた青木建設が倒産。負債総額三七二一億円。

二〇〇二（平成14）年

ゴルフ場経営会社の大型倒産が続発。

1・28国内三〇ヵ所、海外五ヵ所にゴルフ場を展開するスポーツ振興（会員六万五〇〇〇人）。負債総額三六五〇億円（うち預託金一二三〇億円）。

7・5近畿日本鉄道グループで六ヵ所のゴルフ場を経営していた大日本土木。本業の土木・建築に特化して再建を目指す。負債総額二七一二億円。

7・15国内三〇ヵ所、海外五ヵ所、会員七万三〇〇〇人の日東興業が、九七年の和議を反故にして民事再生法の適用を申請して再倒産。負債総額四二六九億円（うち預託金二六四一億円）。

8・26国内一四ヵ所、海外二ヵ所の地産（会員四万一〇〇〇人）。ホテル二七や霊園も含め負債総額三二〇〇億円。

10・18国内の一一ヵ所を経営するエスティティ開発。親会社に対する債務保証一七三三億円を含め負債総額四九二二億円。

リゾート法破綻。承認基本構想は一道一府三九県の四二に達する。しかし、施行から一五年を経過して進捗率は四分の一程度。第三セクターによる開発は、倒産した宮崎県のシーガイアをはじめ多くが赤字。

＊**5・31**米格付け会社ムーディーズ・インベスターズサービスが日本長期国債を途上国並みの「Ａ２」に格下げ。**9月末**全国銀行（大手、地銀、第二地銀）の不良債権は、依然四〇・一兆円（金融庁調査）。

〈略年譜の参考資料〉

『朝日新聞縮刷版』朝日新聞社、各年度版
『近代日本総合年表　第四版』岩波書店、二〇〇一年
『決定版　二〇世紀年表』小学館、二〇〇一年
『ＪＧＡゴルフ年鑑』日本ゴルフ協会、各年度版
『世界年鑑』共同通信社、各年度版
『世界国勢図会』『日本国勢図会』国勢社、各年度版
『レジャー白書二〇〇二』財団法人・自由時間デザイン協会、二〇〇二年
佐藤昌『佐藤昌が見た世界のゴルフコース発達史――日本ゴルフ伝来一〇〇年記念出版』インタラクション、二〇〇一年
摂津茂和コレクションI『ゴルフ史話』ベースボールマガジン社、一九九二年
田中義久『ゴルフと日本人』岩波新書、一九九二年
中村政則編『年表　昭和史』岩波ブックレット、一九八九年
リゾート・ゴルフ場問題全国連絡会編『検証・リゾート開発〈東日本編〉』緑風出版、一九九六年
――『検証・リゾート開発〈西日本編〉』緑風出版、一九九六年

著者紹介

松井覺進（まつい・かくしん）
1937年鎌倉市生まれ。1962年早稲田大学政治経済学部卒業。農業兼ジャーナリスト。戦争と環境問題に関心をもつ。
著書に『パタゴニア自然紀行』（朝日選書）『水』（朝日ＮＤブックス）『偽作の顚末　永仁の壺』（講談社文庫）『学徒出陣50年』（朝日ソノラマ）『人物十一景』（青木書店）など。

ゴルフ場廃残記《はいざんき》

2003年3月30日　初版第１刷発行©

著　者　松　井　覺　進
発行者　藤　原　良　雄
発行所　株式会社　藤　原　書　店
〒162-0041　東京都新宿区早稲田鶴巻町523
電　話　03（5272）0301
ＦＡＸ　03（5272）0450
振　替　00160-4-17013

印刷・製本　美研プリンティング

落丁本・乱丁本はお取替えいたします
定価はカバーに表示してあります
Printed in Japan
ISBN4-89434-326-6